von Luxburg
Das neue Kindschaftsrecht

Das neue Kindschaftsrecht

Von
Harro Graf von Luxburg
Rechtsanwalt in München

1. Auflage, 1998

JEHLE REHM

Die Deutsche Bibliothek – CIP-Einheitsaufnahme

Luxburg, Harro von:
Das neue Kindschaftsrecht / von Harro Graf von Luxburg. – 1. Aufl. – München; Berlin: Jehle Rehm, 1998

ISBN 3-8073-1322-2

Bei der Herstellung des Buches haben wir uns zukunftsbewußt für umweltverträgliche und wiederverwertbare Materialien entschieden. Der Inhalt ist auf elementar chlorfreiem Papier gedruckt.

ISBN 3-8073-1322-2
Verlagsgruppe Jehle Rehm GmbH
Einsteinstraße 172, 81675 München
und
Friedrichstraße 130 a, 10117 Berlin

Satz: Forthaus S., 84494 Neumarkt-St. Veit
Druck: Schoder-Druck, Gersthofen

Umschlaggestaltung: NETWORK! GmbH München

Geleitwort

Mit der Kindschaftsreform wird der Sprung zu einem modernen Kindschaftsrecht aus einem Guß gewagt. Endlich. Die letzte grundlegende Reform des Kindschaftsrechts fand 1980 mit dem Gesetz zur Neuregelung des Rechts der elterlichen Sorge statt. Doch zur Ruhe gekommen ist dieses Rechtsgebiet seitdem nicht. Einige damalige Entscheidungen wurden vom Bundesverfassungsgericht für verfassungswidrig erklärt, so zum Beispiel der Ausschluß der gemeinsamen Sorge für geschiedene Eltern, die Einschränkung des Kindes auf Kenntnis der eigenen Abstammung und die nicht ausreichende Berücksichtigung, daß Väter nichtehelicher Kinder generell Träger des verfassungsrechtlich geschützten Elternrechts sind.

Die Kindschaftsrechtsreform ist getragen von dem Prinzip der Freiheit des einzelnen, das in bezug auf die Erreichung des Erziehungsziels „eigenverantwortliche Persönlichkeit" die Aufgabenteilung zwischen den Eltern auf der einen und der staatlichen Gemeinschaft auf der anderen Seite strukturiert. Aus diesem Erziehungsziel der eigenverantwortlichen Persönlichkeit ergibt sich unmittelbar selbst, daß sich die staatliche Gemeinschaft aus dem Eltern-Kind-Verhältnis herauszuhalten hat, da zur Personalautonomie nur jemand erziehen kann, dessen Autonomie von der Gesellschaft selbst geachtet wird. Die Reform ist deshalb so gestaltet, daß die Eltern in die Lage versetzt werden, die sich aus der Zunahme an Handlungsfreiheit im Partnerverhalten ergebenden Probleme der Kinder möglichst selbst unter Vermeidung fremdbestimmter Einflüsse zu bewältigen. Auf der anderen Seite erfordert dies aber auch die Beseitigung der Benachteiligung nichtehelicher Kinder gegenüber ehelichen Kindern.

Die Kindschaftsrechtsreform ist ein Vorhaben, das zu Recht den anspruchsvollen Namen Reform verdient. Es greift tief in die vielfältigen Beziehungen der Menschen in einer Gesellschaft ein, reagiert nicht nur auf gesellschaftliche Veränderungen, sondern bereitet mit dem gemeinsamen Sorgerecht den Weg zu einer selbstverständlich ausgeübten Verantwortung beider Elternteile gegenüber ihren Kindern. Gerade daran hat sich die Auseinandersetzung in der Fachöffentlichkeit, aber auch in der breiten Öffentlichkeit, besonders zwischen Müttern und Vätern, zwischen Frauen und Männern, entwickelt. Die Reform des Kindschaftsrechts führt zu einer angemessenen Berücksichtigung der unterschiedlichen Interessen und Anliegen, stellt aber – richtigerweise – das Wohl des Kindes, die Wahrnehmung seiner Rechte, in den Mittelpunkt. Kinder haben ein Recht auf beide Elternteile, unabhängig davon, ob sie verheiratet sind oder nicht. Unabhängig davon, ob sie zusammen leben, getrennt leben oder sich haben scheiden lassen. Die Rechte der Eltern sehr viel mehr am Wohl des Kindes zu orientieren und dem Kind eigene Rechte gegenüber den Eltern zu geben, ist eine der wesentlichen Reformschritte des neuen Kindschaftsrechts. Unterschiede zwischen ehelichen und nichtehelichen Kindern werden weitestgehend beseitigt: Im Sorgerecht, das erstmals auch für nichtverheiratete Eltern bei übereinstimmender Willenserklärung begründet werden kann, im Umgangsrecht, das sehr viel stärker auch den nichtverheirateten Vater in den Mittelpunkt rückt, im Abstammungsrecht, das den Kindern sehr viel mehr Möglichkeiten einräumt, Kenntnis der eigenen Abstammung und des eigenen leiblichen Vaters zu bekommen, im Erbrecht, das endlich die Sonderstellung nichtehelicher Kinder beseitigt und sie zu gleichberechtigten Erben neben den ehelichen Kindern macht.

Abgerundet wird die Reform des Kindschaftsrechts auch durch eine Änderung des derzeitigen Züchtigungsrechts im Bürgerlichen Gesetzbuch. Künftig sind entwürdigende Erziehungsmaßnahmen, insbesondere körperliche und seelische Mißhandlungen unzulässig. Diese eine Entscheidung des Bundesgerichtshofs aufgreifende Änderung wird hoffentlich dazu beitragen, daß Erziehung gewaltfrei erfolgt und ein entsprechender Umdenkungsprozeß in der Gesellschaft damit einhergeht.

Die Abschaffung der gesetzlichen Amtspflegschaft für die Mutter eines nichtehelichen Kindes beseitigt endlich die Bevormundung durch den Staat. Künftig kann das Jugendamt freiwillig der Mutter eines nichtehelichen Kindes Beistand leisten, wenn es um die Feststellung der Vaterschaft und die Sicherung des Kindesunterhaltes geht. Dies erfolgt eben dann, wenn die Mutter es wünscht. Zum Ende des zwanzigsten Jahrhunderts ist dies eine überfällige Entscheidung des Gesetzgebers.

Nicht unerwähnt darf zum Schluß der sogenannte „Anwalt des Kindes" bleiben, der vornehmlich bei Verfahren, die Maßnahmen bei Kindeswohlgefährdung und die Herausnahme des Kindes aus einer Pflegefamilie mit dem Ziel der Rückführung in die Herkunftsfamilie zum Gegenstand haben, in Betracht kommen kann. Nicht nur Rechtsanwälte können tätig werden, sondern auch Sozialarbeiter oder Personen aus dem Bereich der Jugendarbeit. Wichtig ist die Stärkung des Gedankens, daß es in diesen das Kind extrem betreffenden Verfahren helfen kann, die Interessen des Kindes gegenüber den Interessen der Eltern mit Nachdruck wahrzuneh-

Geleitwort

men und damit zu einer sachgerechten Entscheidung des Familiengerichts beizutragen.

Mit der Kindschaftsrechtsreform, die über fünf Jahre lang vorbereitet, beraten und in vielen Anhörungen diskutiert wurde, werden gesellschaftliche Veränderungen seit 1980 aufgenommen und Weichen für künftige Entwicklungen gestellt. Ein gelungenes Beispiel, wie seriöse Gesetzgebungsarbeit auszusehen hat.

Bonn, im Januar 1998   Sabine Leutheusser-Schnarrenberger,
MdB, Bundesministerin a. D.

Vorwort

Am 3. 11. 1982 hat das Bundesverfassungsgericht entschieden: Der Gesetzgeber des 1980 in Kraft getretenen Sorgerechtsgesetzes hat gegen das Grundgesetz verstoßen, indem er in § 1671 Abs. 4 Satz 1 BGB geregelt hat, daß die elterliche Sorge bei der Scheidung einem Elternteil allein zu übertragen ist. Seit dieser Entscheidung, seit mehr als 15 Jahren, war der Gesetzgeber aufgerufen, eine verfassungsmäßige Regelung zu verabschieden und das Recht der elterlichen Sorge zu reformieren.

Die Reform des Kindschaftsrechts ist jetzt im Spätherbst 1997, mehr als 20 Jahre nach der im Juli 1977 in Kraft getretenen Reform des Scheidungsrechts, verabschiedet worden. Sie setzt sich zusammen aus drei Gesetzen, dem Gesetz zur Reform des Kindschaftsrechts (**Kindschaftsrechtsreformgesetz – KindRG**, BGBl. I S. 2942), dem Gesetz zur Abschaffung der Amtspflegschaft und zur Neuordnung des Rechts der Beistandschaft (**Beistandschaftsgesetz**, BGBl. I S. 2846) und dem Gesetz zur erbrechtlichen Gleichstellung nichtehelicher Kinder (**Erbrechtsgleichstellungsgesetz – ErbGleichG**, BGBl. I S. 2968). KindRG und Beistandschaftsgesetz treten am 1. 7. 1998 in Kraft, das ErbGleichG am 1. 4. 1998.

Das Gesetz zur Vereinheitlichung des Unterhaltsrechts minderjähriger Kinder (**Kinderunterhaltsgesetz – KindUG**), das – im weiteren Sinne – ebenfalls der Kindschaftsrechtsreform zuzuordnen ist, liegt bis jetzt nur im Entwurf vor. Mit der Verabschiedung ist jedoch in der ersten Jahreshälfte 1998 zu rechnen. Das Inkrafttreten ist ebenfalls für 1. 7. 1998 geplant.

Die Kindschaftsrechtsreform hat den Charakter einer echten, großen Reform auf dem Gebiet des Familien- und des damit verbundenen Verfahrensrechts. Sie wird auf die Arbeit aller Berufsgruppen, die in familienrechtlichen Angelegenheiten und Verfahren tätig sind, insbesondere auf die Arbeit der Rechtsanwälte, Familienrichter und Jugendämter erhebliche Auswirkungen haben. Zu hoffen ist auch, daß das neue Recht positive gesellschaftliche Veränderungen bewirkt, daß sich insbesondere im Zusammenhang mit Trennung und Scheidung von Ehe- und Lebenspartnern das Leitbild durchsetzt: Ehepartner können sich als Eltern nicht scheiden lassen; sie behalten die elterliche Verantwortung!

Die tragenden Leitgedanken der Reform haben in den letzten Jahren bei der überwiegenden Zahl der Angehörigen der Berufsgruppen Anerken-

Vorwort

nung gefunden, die sich auf familienrechtlichem Gebiet bzw. in der Trennungs- und Scheidungsberatung betätigen. Viele maßgebliche Fachleute sind seit langem für gesetzliche Neuregelungen eingetreten.

Streit gab es nur darüber, ob auch in Zukunft bei den Ehescheidungen das Gericht von Amts wegen die elterliche Sorge regeln oder ob dies nur auf Antrag geschehen soll.

Die wesentlichen Leitgedanken des neuen Kindschaftsrechts verdienen es, immer wieder in das Bewußtsein der beteiligten Berufsgruppen und der Öffentlichkeit gerückt zu werden:

- Stärkung der Rechte aller Kinder ohne Rücksicht darauf, ob ihre Eltern verheiratet oder nicht verheiratet sind;
- Respektierung der Autonomie der Familie, insbesondere der Scheidungsfamilie durch den Staat;
- Recht der Kinder auf Umgang mit beiden Eltern und sonstigen Bezugspersonen;
- Recht der Kinder auf Sorge und Betreuung durch beide Eltern insbesondere, wenn die Eltern getrennt sind;
- Förderung der Elternverantwortung bei Trennung und Scheidung;
- Anspruch auf Beratung und Hilfe für Eltern und Kinder durch die Jugendämter;
- Unterstützung statt amtlicher Bevormundung nicht verheirateter Mütter;
- Beendigung der Diskriminierung nicht verheirateter Väter.

Diese tragenden Gedanken sind in einer Vielzahl von Gesetzesänderungen umgesetzt worden, die keineswegs nur den Bereich von elterlicher Sorge und Umgang betreffen. Geändert wurden u. a. Vorschriften des BGB, verfahrensrechtliche Vorschriften (GVG, Rechtspflegergesetz, ZPO, FGG), ferner das SGB VIII, das Nichtehelichengesetz sowie das Reichs- und Staatsangehörigkeitsgesetz (RuStAG) mit einer Neuregelung zugunsten der Kinder deutscher Väter und ausländischer Mütter.

Das vorliegende Buch hat es sich zum Ziel gesetzt, eine erste Orientierung über die Gesetzesänderungen zu geben und denjenigen als Denkanstoß zu dienen, die mit dem neuen Recht arbeiten werden.

In Teil A werden die Neuerungen – nach Sachgebieten strukturiert – im Zusammenhang erläutert. Für die schnelle Orientierung ist **jedem Kapitel eine Übersicht mit einer inhaltlichen Kurzzusammenfassung angefügt.**

Vorwort

Die wichtigsten durch KindRG, Beistandschaftsgesetz und ErbGleichG geänderten Gesetzestexte sind im Teil B abgedruckt, wobei für die Neufassung *Kursivdruck* gewählt wurde. Soweit zum Verständnis der neuen Vorschriften notwendig, wurden auch nicht geänderte sowie aufgehobene/gestrichene Passagen abgedruckt. Letztere sind durch ~~Streichung~~ gekennzeichnet.

In der Vergangenheit haben viele Betroffene und Rechtsanwender die teils verfassungswidrigen, teils unsinnigen bzw. überholten gesetzlichen Regelungen beklagt und gegen die schleppende Arbeitsweise des Gesetzgebers protestiert. Auch wenn die jetzige Reform ein großer Fortschritt ist und die Rechtsstellung der Kinder in unserer Gesellschaft wesentlich verbessert, gibt es weiterhin unzureichende Vorschriften und Mißstände bei gesetzlichen Normen.

Es ist deshalb Aufgabe der Rechtsanwälte, Familienrichter und aller anderen, die auf dem Gebiet des Kindschaftsrechts, insbesondere im Zusammenhang mit Trennung und Scheidung der Eltern tätig sind, für den einzelnen Fall Lösungen zu finden, die dem Wohl der Kinder und Eltern dienen. Dies kann durch Anwendung gesetzlicher Vorschriften erfolgen oder auch im Rahmen freier Vereinbarungen. Dabei können gesetzliche Institute als Anregung für vertragliche Regelungen dienen. Dies gilt auch für solche Institute, die jetzt beseitigt werden, wie den vorzeitigen Erbausgleich.

Ganz besonders sind die Rechtsanwälte aufgefordert, in ihrer Berufspraxis noch stärker als bisher das Wohl der Kinder und der Familien zu berücksichtigen. Sie sind nicht nur Interessenvertreter eines Elternteils, für den es Prozesse zu gewinnen gilt. Vielmehr sind sie, wenn sie in Familiensachen ihren Beruf verantwortlich ausüben wollen, als Organ der Rechtspflege, als Träger und Gestalter der Rechtskultur in ganz besonderem Maße für die Umsetzung der Reform verantwortlich.

Aus diesem Grund war es mir ein besonderes Anliegen, in das vorliegende Werk einige Gedanken und Anregungen zur künftigen Arbeitsweise der Anwälte in Scheidungssachen aufzunehmen.

Bei der Arbeit an diesem Buch haben mich die Kolleginnen Ute Müntinga, Marion Wolf, Christine Wessolek und Petra Mühling tatkräftig unterstützt. Ihnen sei herzlich gedankt.

München, im Januar 1998   Harro Graf von Luxburg

Inhaltsverzeichnis

	Seite
Geleitwort	V
Vorwort	IX
Abkürzungsverzeichnis	XXVII
Literaturverzeichnis	XXIX

Teil A
Erläuterungen

Kapitel 1
Elterliche Sorge

I.	Entwicklung		1
	1.	Bisherige Rechtslage	1
	2.	Neuregelung	2
II.	Elterliche Sorge allgemein		3
	1.	Inhalt der elterlichen Sorge, § 1626 BGB	4
	2.	Vertretungsrecht, § 1629 BGB	4
	2.1	Alleinvertretung bei Gefahr im Verzug	4
	2.2	Vertretungsrecht betreffend Unterhaltsansprüche des Kindes	4
	2.3	Prozeßstandschaft	5
	2.4	Alleinvertretung bei Getrenntleben	6
	3.	Übertragung der elterlichen Sorge auf Pflegepersonen, § 1630 BGB	6
	4.	Verbleibensanordnung für Pflegekinder, § 1632 Abs. 4 BGB	7
	5.	Eingriffe in die elterliche Sorge bei Kindeswohlgefährdung, §§ 1666, 1667 BGB	7
III.	Unzulässigkeit entwürdigender Erziehungsmaßnahmen und Mißhandlungsverbot, § 1631 Abs. 2 BGB		8

Inhaltsverzeichnis

		Seite
IV.	Subsidiäre elterliche Sorge	9
	1. Tod des Sorgerechts-Inhabers, § 1680 BGB	9
	1.1 Regelung bei gemeinsamer elterlicher Sorge	9
	1.2 Regelung bei Alleinsorge nach Trennung	10
	1.3 Regelung bei Alleinsorge der nichtverheirateten Mutter	10
	1.4 Rückübertragung nach Sorgerechtsentzug	10
	1.5 Verbleibensanordnung bei Stiefelternteilen und Pflegepersonen	10
	2. Sorgerechtsentzug, § 1680 Abs. 3 BGB	11
V.	Elterliche Sorge bei nicht verheirateten Eltern	11
	1. Bisherige Rechtslage	11
	2. Neue Rechtslage	12
	2.1 Gemeinsame Sorge durch Sorgeerklärungen	12
	2.2 Alleinsorge der Mutter	13
VI.	Elterliche Sorge bei Trennung und Scheidung	14
	1. Bisherige Rechtslage	14
	2. Neuregelung der elterlichen Sorge bei Trennung, § 1671 BGB	14
	2.1 Voraussetzungen der Übertragung der elterlichen Sorge	14
	2.2 Übertragung eines Teils der elterlichen Sorge	15
	2.3 Kein Vetorecht des Kindes	16
	2.4 Inhalt des Parteivortrags im Rahmen des § 1671 BGB	16
	2.4.1 Einigkeit der Eltern über den Aufenthalt des Kindes	16
	2.4.2 Keine Einigkeit der Eltern über den Aufenthalt des Kindes	17
	3. Regelungen über die Ausübung der gemeinsamen elterlichen Sorge bei Trennung, § 1687 BGB	19
	3.1 Gegenseitiges Einvernehmen der Eltern	19
	3.2 Alleinzuständigkeit in Angelegenheiten des täglichen Lebens	19
	3.3 Alleinzuständigkeit für den Nichtsorgeberechtigten gem. § 1687a BGB	19
	4. Neuregelung bei nicht verheirateten Eltern, § 1672 BGB	20
	4.1 Übertragung von der Mutter auf den Vater	20
	4.2 Weiterübertragung vom Vater auf beide Eltern	20

Inhaltsverzeichnis

		Seite
VII.	Generalklausel – Maßstab Kindeswohl	21
VIII.	Erweitertes Beratungsangebot der Jugendämter	21
	1. Anspruch auf Beratung gem. § 17 SGB VIII	21
	2. Rechte gem. § 18 SGB VIII beim Umgang	22
	3. Beratungsanspruch des nicht mit der Mutter verheirateten Vaters	22
IX.	Übersichten zur elterlichen Sorge	23
	1. Synopse: §§ 1671, 1672 a. F. und n. F.	23
	2. Neuregelung der elterlichen Sorge	24
	3. Elterliche Sorge bei nicht verheirateten Eltern	25
	4. Elterliche Sorge bei Trennung und Scheidung	26

Kapitel 2
Umgangsrecht

I.	Bisherige Rechtslage	29
	1. Umgang mit dem ehelichen Kind	29
	1.1 Umgangsrecht und Umgangspflicht des nicht ständig betreuenden Elternteils	29
	1.2 Wohlverhaltensklausel	30
	1.3 Rechte des Kindes	30
	1.4 Einschränkung und Ausschluß des Umgangsrechts	31
	1.5 Kreis der Umgangsberechtigten	32
	2. Umgang mit dem nichtehelichen Kind	32
II.	Neue Rechtslage	33
	1. Gewährleistung des Umgangs	33
	2. Umgangspflicht und Umgangsrecht, § 1684 BGB	34
	3. Wohlverhaltensklausel	34
	4. Regelung des Umgangs durch das Familiengericht	34
	5. Einschränkung und Ausschluß des Umgangsrechts	35
	6. Beschützter Umgang	36

			Seite
	7.	Umgangsrecht für Großeltern, Geschwister, Stiefelternteile und Pflegepersonen	37
	8.	Telefonate mit dem Kind	37
	9.	Auskunftsrecht	38
	10.	Vertretungsbefugnis des den Umgang ausübenden Elternteils	38
	11.	Anspruch auf Beratung und Unterstützung beim Umgang	38
	11.1	Eigenes Recht der Kinder und Jugendlichen	38
	11.2	Rechte der Eltern und anderen Umgangsberechtigten	39
	11.3	Weitere Mitwirkung durch das Jugendamt	39
III.	Praxistip		39
	1.	Umgangsrecht für nicht verheiratete Väter	39
	2.	Umgangsrecht für verheiratete Väter	39
IV.	Übersicht zum Umgangsrecht		40

Kapitel 3
Abstammungsrecht

I.	Legaldefinition der Mutterschaft		43
II.	Legaldefinition der Vaterschaft – Angleichung des für eheliche und nichteheliche Kinder bisher unterschiedlichen Rechts		44
III.	Eingeschränkte Vaterschaftszurechnung		45
	1.	Nachehelich geborene Kinder	45
	1.1	Auflösung der Ehe durch Tod	45
	1.2	Auflösung der Ehe durch Scheidung, Aufhebung, Nichtigerklärung	45
	2.	Während des Scheidungsverfahrens geborene Kinder	46
IV.	Vaterschaftsanerkennung und Vaterschaftsfeststellung		46
	1.	Anerkennung der Vaterschaft gem. § 1592 Nr. 2 BGB	47
	1.1	Zustimmung der Mutter	47
	1.2	Zustimmung des Kindes	47

Inhaltsverzeichnis

		Seite
1.3	Einzelheiten der Anerkennungserklärung	47
1.4	Vorteile der Neuregelung	48
2.	Vaterschaftsfeststellung durch Klage beim Familiengericht	48
2.1	Vaterschaftsfeststellung beim minderjährigen Kind	48
2.2	Vaterschaftsfeststellung beim volljährigen Kind	49

V. Einheitliches Rechtsinstitut der Vaterschaftsanfechtung 49
    1. Vaterschaftsanfechtung durch die Mutter 50
    2. Vaterschaftsanfechtung durch das Kind 50
    2.1 Anfechtung durch das volljährige Kind 50
    2.2 Anfechtung durch das minderjährige Kind 51
    3. Keine Vaterschaftsanfechtung durch die Eltern des (Schein-)Vaters 51

VI. Internationales Privatrecht 51

VII. Übergangsregelung 52

VIII. Übersicht zum Abstammungsrecht 52

Kapitel 4
Wegfall der Vorschriften über die Legitimation nichtehelicher Kinder – Neuregelung für Altfälle

I. Bisherige Rechtslage 55
    1. Ehelicherklärung auf Antrag des Vaters 55
    2. Ehelicherklärung auf Antrag des Kindes 56

II. Neue Rechtslage 56
    1. Sorgerechtliche Neuregelungen 56
    1.1 Gemeinsame Sorge durch nachfolgende Ehe 56
    1.2 Wechsel der Alleinsorge von der Mutter auf den Vater .. 57
    1.3 Übertragung auf den Vater nach dem Tod der Mutter ... 57
    1.4 Übergangsregelung 57
    2. Sonderregelung für „Altkinder" 57

Inhaltsverzeichnis

Seite

    3. Änderung des RuStAG – Erklärungsrecht für vor dem 1. 7. 1993 geborene Kinder 58

III. Übersicht zum Wegfall von Vorschriften über die Legitimation nichtehelicher Kinder 59

Kapitel 5
Unterhalt aus Anlaß der Geburt und Betreuungsunterhalt

I. Zur Entwicklung 61
II. Neue Rechtslage 63
III. Rechtsnatur der Ansprüche aus § 1615l Abs. 1 und 2 BGB 63
IV. Voraussetzungen der Unterhaltsansprüche 64
    1. Feststellung der Vaterschaft 64
    2. Bedürftigkeit der Unterhaltsberechtigten 64
    3. Leistungsfähigkeit des Unterhaltsverpflichteten 64
V. Besondere Voraussetzungen des erweiterten Unterhalts gem. § 1615l Abs. 2 Satz 2 BGB 65
VI. Höhe des Betreuungsunterhalts 66
VII. Rangfolge 67
VIII. Sonstige Besonderheiten des Betreuungsunterhalts 68
    1. Verzicht oder Abfindung 68
    2. Mehrere Unterhaltsschuldner 69
    3. Betreuungsunterhalt für die Vergangenheit 70
    4. Stundung des Anspruchs auf Betreuungsunterhalt 70
    5. Tod des Vaters 70
    6. Verjährung 70
IX. Weitere Neuerungen durch das KindRG 71
    1. Unterhaltsberechtigung des Vaters 71
    2. Verlängerter Betreuungsunterhalt aus Billigkeitsgründen 71
X. Kritik 71
XI. Übersicht zum Unterhalt nach § 1615l BGB 72

Inhaltsverzeichnis

Kapitel 6
Namensrecht

Seite

I. Bisherige Rechtslage 75
   1. Eheliche Kinder 75
     1.1 Änderung des Ehenamens 76
     1.2 Namensänderung aus wichtigem Grund, § 3 Abs. 1 NamÄndG 76
   2. Nichteheliche Kinder 78
II. Neue Rechtslage 78
   1. Gemeinsame elterliche Sorge 78
     1.1 Gemeinsamer Ehename der Eltern 79
     1.2 Unterschiedliche Namensführung 79
     1.3 Nachträgliche Bestimmung des Ehenamens 80
     1.4 Änderung der elterlichen Sorge 80
     1.5 Vaterschaftsanfechtung 81
   2. Name des Kindes bei alleiniger elterlicher Sorge eines Elternteils 81
     2.1 Name der Mutter 81
     2.2 Name des Vaters 81
     2.3 Erteilung des neuen Ehenamens (Integration in die Stieffamilie), Doppelnamen 82
   3. Namensänderung gem. § 3 Abs. 1 NamÄndG 83
III. Übergangsregelung 83
IV. Praxistip 83
V. Übersicht zum Namensrecht 84

Kapitel 7
Adoption

I. Allgemeine Grundsätze der Neuregelung 87
II. Die Änderungen im einzelnen 88

XIX

Inhaltsverzeichnis

		Seite
	1. Anforderungen an den/die Adoptierenden	88
	2. Erforderliche Einwilligungen und deren Ersetzung	88
	2.1 Einwilligung des Kindes	88
	2.2 Einwilligung der Eltern	89
	2.3 Ersetzung der Einwilligung eines Elternteils durch das Vormundschaftsgericht	90
	2.4 Beschränkte Vaterschaftsvermutung	91
	2.4.1 Voraussetzungen	91
	2.4.2 Folgen	91
III.	Einheitliche Adoptionsfolgen	92
IV.	Schutzvorschrift gegen Kinderhandel	92
V.	Praxistip	93
VI.	Übersicht zur Minderjährigenadoption	94

Kapitel 8
Verfahrensrecht

I.	Bisherige Rechtslage	97
II.	Neue Rechtslage	97
	1. Neues Familienverfahrensrecht	97
	2. Zuständigkeit der Familiengerichte	98
	2.1 Sorge- und Umgangsrechtsverfahren	98
	2.2 Unterhaltsverfahren aufgrund Ehe und Verwandtschaft	99
	2.2.1 Sachliche Zuständigkeit	99
	2.2.2 Örtliche Zuständigkeit	99
	2.3 Unterhaltsverfahren aus Anlaß der Geburt, insbesondere Betreuungsunterhalt	100
	2.4 Abstammungsverfahren	100
	3. Regelungen für den Scheidungsverbund	100
	3.1 Sorgerechtsregelung nur noch auf Antrag	100

Inhaltsverzeichnis

			Seite
	3.2	Sorgerechtsantrag im Scheidungsverbund	100
	3.3	Isolierter Sorgerechtsantrag	101
	3.4	Abtrennung des Sorgerechtsverfahrens vom Scheidungsverbund	101
	4.	Der Inhalt des Scheidungsantrags nach der Neuregelung	101
	5.	Der „Anwalt des Kindes"	102
	6.	Förderung eigenständiger Konfliktlösung	102
	6.1	Beratung durch das Jugendamt nach §§ 17, 18 SGB VIII	103
	6.2	Neues gerichtliches Vermittlungsverfahren	103
III.	Der Rechtsmittelzug		104
	1.	Ausgestaltung des Rechtsmittelzugs	104
	2.	Rechtsmittelzug in den Familiengerichten zugewiesenen Verfahren	104
	2.1	Verfahren über die elterliche Sorge	104
	2.2	Unterhaltsklagen	104
	2.3	Abstammungsverfahren	104
	2.4	Unterhaltsansprüche nach §§ 1615k bis 1615m BGB	105
IV.	Übergangsvorschriften, Art. 15, 17 KindRG		105
	1.	Am 1.7.1998 anhängige Verfahren mit Zuständigkeitswechsel	105
	2.	Zulässigkeit von Rechtsmitteln und Zuständigkeit für die Verhandlung und Entscheidung über Rechtsmittel	106
	2.1	Vor dem 1.7.1998 verkündete Entscheidungen	106
	2.2	Nach dem 1.7.1998 verkündete Entscheidungen	106
	3.	Abstammungsverfahren	106
	4.	Verfahren zur Regelung der elterlichen Sorge	107
	5.	Verfahren betreffend die Ehelicherklärung	107
	6.	Kosten	108
	7.	Außerkrafttreten	108
V.	Übersichten zum Verfahrensrecht		108

Kapitel 9
Beistandschaft

		Seite
I.	Allgemeines	111
II.	Abschaffung bisheriger Regelungen und neue Beistandschaft	111
	1. Eintritt auf Antrag	112
	2. Jugendamt und Verein als Beistand mit Vertretungsmacht	112
	3. Antragsberechtigung	112
	4. Wirkungskreis des Beistands	113
	5. Beendigung der Beistandschaft	113
	6. Keine Einschränkung der elterlichen Sorge	113
III.	Beratung und Hilfe durch das Jugendamt	114
IV.	Überleitungsregelung	114
V.	Übersicht zum Beistandschaftsgesetz	115

Kapitel 10
Erbrechtliche Gleichstellung nichtehelicher Kinder

I.	Bisherige Rechtslage	117
	1. Erbersatzanspruch	118
	2. Vorzeitiger Erbausgleich	118
	3. Sonderregelungen für „Altkinder" und DDR-Fälle	119
	3.1 „Altkinder"	119
	3.2 DDR-Fälle	119
II.	Neue Rechtslage	120
	1. Allgemeines	120
	1.1 Gesellschaftliche Entwicklung	120
	1.2 Einigungsvertrag	120
	1.3 Entscheidung des BVerfG vom 7. 5. 1991	120
	1.4 Europarechtliche Vereinheitlichung	121
	2. Die Neuregelung im einzelnen	122

Inhaltsverzeichnis

			Seite
	2.1	Wegfall des Erbersatzanspruchs	122
	2.2	Abschaffung des vorzeitigen Erbausgleichs	122
	2.3	Keine Gleichstellung für „Altkinder"	122
	3.	Neuregelung für „Altkinder" durch das KindRG – notarielle Vereinbarung	123
	4.	Übergangsvorschriften	123
III.	Praxistip	124
IV.	Übersicht zum Erbrechtsgleichstellungsgesetz	124

Kapitel 11
Kindesunterhaltsgesetz

I.	Gleichstellung ehelicher und nichtehelicher Kinder	127
II.	Regelunterhalt für alle minderjährigen Kinder	127
III.	Dynamisierung des Unterhalts	128
IV.	Volljährige Kinder bis zur Vollendung des 21. Lebensjahres	128
V.	Unterhalt für die Vergangenheit	129
VI.	Ausweitung des Auskunftsrechts	129
VII.	Vereinfachtes Verfahren über den Regelunterhalt	129

Kapitel 12
Anmerkungen zur Arbeit von Rechtsanwälten in Familiensachen

I.	Einvernehmliche Scheidung	131
II.	Das Interesse des Scheidungsmandanten – das Familiensystem	131
III.	Wege zur einvernehmlichen Scheidung	132
IV.	Anwaltsstil in Familiensachen	133
V.	Berücksichtigung der Kinder bei Trennung und Scheidung	133
VI.	Kampf um die elterliche Sorge nach dem KindRG?	134

Inhaltsverzeichnis

Teil B
Gesetzesänderungen

Seite

I. Bürgerliches Gesetzbuch 137
II. Reichs- und Staatsangehörigkeitsgesetz 167
III. Gerichtsverfassungsgesetz 169
IV. Rechtspflegergesetz 172
V. Zivilprozeßordnung 174
VI. Gesetz über die Angelegenheiten der freiwilligen Gerichtsbarkeit 189
VII. Gerichtskostengesetz 198
VIII. Kostenordnung 201
IX. Bundesgebührenordnung für Rechtsanwälte 204
X. Einführungsgesetz zum BGB 206
XI. Sozialgesetzbuch Achtes Buch – Kinder- und Jugendhilfe 213
XII. Übergangsvorschriften, Art. 15 KindRG 225
XIII. Änderung sonstigen Bundesrechts 227
    1. Personenstandsgesetz 227
    2. Verordnung zur Einführung von Vordrucken für das Vereinfachte Verfahren zur Abänderung von Unterhaltstiteln . 230
    3. Gesetz zur Regelung von Fragen der Staatsangehörigkeit . 230
    4. Transsexuellengesetz 230
    5. Unterhaltsvorschußgesetz 231
    6. Bundesentschädigungsgesetz 231
    7. Beurkundungsgesetz 231
    8. Bundeszentralregistergesetz 231
    9. Insolvenzordnung 232
    10. Konkursordnung 232
    11. Sorgerechtsübereinkommens-Ausführungsgesetz 233
    12. Auslandsunterhaltsgesetz 233

Inhaltsverzeichnis

		Seite
13.	Gesetz über die Änderung von Familiennamen und Vornamen	233
14.	Verschollenheitsgesetz	233
15.	Gesetz zur Änderung von Vorschriften des Verschollenheitsrechts	234
16.	Ehegesetz	234
17.	Gesetz über die rechtliche Stellung nichtehelicher Kinder	234
18.	Adoptionsvermittlungsgesetz	235
19.	Strafgesetzbuch	235
20.	Jugendgerichtsgesetz	235
21.	Unterhaltssicherungsgesetz	236
22.	Soldatengesetz	237
23.	Soldatenversorgungsgesetz	237
24.	Lastenausgleichsgesetz	237
25.	Heimarbeitsgesetz	238
26.	Reichsversicherungsordnung	238
27.	Bundesversorgungsgesetz	238
28.	Höfeordnung	238

Stichwortverzeichnis 239

Abkürzungsverzeichnis

a.a.O.	am angegebenen Ort
a. F.	alte Fassung
Abs.	Absatz
AG	Amtsgericht
Alt.	Alternative
Art.	Artikel
BErzGG	Bundeserziehungsgeldgesetz
BGBl.	Bundesgesetzblatt
BGH	Bundesgerichtshof
BMJ	Bundesministerium der Justiz
BR	Bundesrat
BRAO	Bundesrechtsanwaltsordnung
BSHG	Bundessozialhilfegesetz
BT-Drucks.	Bundestagsdrucksache
BVerfG	Bundesverfassungsgericht
BVerfGE	Entscheidungen des Bundesverfassungsgerichts
BVerwG	Bundesverwaltungsgericht
DAVorm	Der Amtsvormund
Drucks.	Drucksache
-E	Entwurf
EGBGB	Einführungsgesetz zum Bürgerlichen Gesetzbuch
EheRG	Erstes Gesetz zur Reform des Ehe- und Familienrechts
ErbGleichG	Gesetz zur erbrechtlichen Gleichstellung nichtehelicher Kinder (Erbrechtsgleichstellungsgesetz)
f., ff.	folgende
FamRZ	Zeitschrift für das gesamte Familienrecht
FF	Forum Familienrecht
FGG	Gesetz über die Angelegenheiten der freiwilligen Gerichtsbarkeit
FuR	Familie und Recht

Abkürzungsverzeichnis

gem.	gemäß
GG	Grundgesetz
GVG	Gerichtsverfassungsgesetz
Hrsg.	Herausgeber
i. d. R.	in der Regel
i. S. d.	im Sinne des/der
i. V. m.	in Verbindung mit
KindRG	Gesetz zur Reform des Kindschaftsrechts (Kindschaftsrechtsreformgesetz)
KindUG	Gesetz zur Vereinheitlichung des Unterhaltsrechts minderjähriger Kinder (Kindesunterhaltsgesetz)
KJHG	Kinder- und Jugendhilfegesetz
LG	Landgericht
MüKo	Münchener Kommentar
MuSchG	Mutterschutzgesetz
NamÄndG	Gesetz über die Änderung von Familiennamen und Vornamen
NEhelG	Gesetz über die rechtliche Stellung der nichtehelichen Kinder
n. F.	neue Fassung
NJW	Neue Juristische Wochenschrift
Nr.	Nummer
OLG	Oberlandesgericht
Rn.	Randnummer
Rpfleger	Der Deutsche Rechtspfleger
RuStAG	Reichs- und Staatsangehörigkeitsgesetz
s. o./u.	siehe oben/unten
SGB	Sozialgesetzbuch
StGB	Strafgesetzbuch
VormG	Vormundschaftsgericht
ZEV	Zeitschrift für Erbrecht und Vermögensnachfolge
ZPO	Zivilprozeßordnung
ZRP	Zeitschrift für Rechtspolitik

Literaturverzeichnis

Barth/Wagenitz	Der Entwurf eines Gesetzes zur erbrechtlichen Gleichstellung nichtehelicher Kinder, ZEV 1994, 79
Dreher/Tröndle	Strafgesetzbuch und Nebengesetze, Kommentar, 48. Auflage, 1997
Edenfeld	Das neue Abstammungsrecht der Bundesrepublik Deutschland im nationalen und internationalen Vergleich, FuR 1996, 191
Finke/Garbe	Familienrecht in der anwaltlichen Praxis, 2. Auflage, 1997
Gernhuber/Coester-Waltjen	Lehrbuch des Familienrechts, 4. Auflage, 1994
Göppinger/Wax	Unterhaltsrecht, 6. Auflage, 1994
Kalthoener/Büttner	Die Rechtsprechung zur Höhe des Unterhalts, 6. Auflage, 1997
Liermann	Auswirkungen der Reform des Kindschaftsrechts auf das Recht der Adoption, FuR 1997, 217
Limbach	Die gemeinsame Sorge geschiedener Eltern in der Rechtspraxis, 1989
Michalski	Das Namensrecht des ehelichen Kindes nach den §§ 1616, 1616a BGB unter Berücksichtigung des Regierungsentwurfs eines Kindschaftsrechtsreformgesetzes, FamRZ 1997, 977
Münchener Kommentar	Münchener Kommentar zum BGB, 3. Auflage, 1992 ff. (zitiert: MüKo/Bearbeiter)

Literaturverzeichnis

Mutschler	Interessenausgleich im Abstammungsrecht – Teilaspekte der Kindschaftsrechtsreform, FamRZ 1996, 1381
Palandt	Bürgerliches Gesetzbuch, Kommentar, 56. Auflage, 1997 (zitiert: Palandt/Bearbeiter)
Peschel-Gutzeit/Jenckel	Gleichstellung von ehelichen und nichtehelichen Kindern – Altfälle, FuR 1996, 136
Schulz	Betreuungsunterhalt für Mütter nichtehelicher Kinder nach § 1615l BGB, DAVorm 1996, 463
Schwolow	Grundzüge zum Entwurf des Kindesunterhaltsgesetzes, FuR 1997, 4
Stintzing	Erbersatzanspruch und vorzeitiger Erbausgleich nichtehelicher Kinder, FuR 1994, 73
Wiesner	Beratung in Trennungs- und Scheidungssituationen als Angebot der Jugendhilfe, FuR 1997, 268

Teil A
Erläuterungen

Kapitel 1
Elterliche Sorge

I.
Entwicklung

1. Bisherige Rechtslage

Das Recht der elterlichen Sorge hat sich seit Inkrafttreten des Bürgerlichen Gesetzbuches erheblich gewandelt. Ursprünglich verwendete das Gesetz den Begriff „elterliche Gewalt". Bis zum Inkrafttreten des Gleichberechtigungsgesetzes (1. 7. 1958) hatte der Vater als Inhaber der „Hauptgewalt" die dominierende Stellung. Die Mutter war neben dem Vater auf die tatsächliche Personensorge beschränkt. Sie übte nur dann die Hauptgewalt aus, wenn die elterliche Gewalt des Vaters ruhte oder er an ihrer Ausübung tatsächlich verhindert war. Das Gleichberechtigungsgesetz sorgte für eine Angleichung der Rechtsstellung der Mutter an die des Vaters. Das Gesetz kannte jedoch noch den sogenannten Stichentscheid gem. § 1628 Abs. 1 a. F. BGB und das alleinige Vertretungsrecht des Vaters gem. § 1629 Abs. 1 a. F. BGB. Durch Urteil des BVerfG vom 29. 7. 1959 (BVerfGE 10, 59) wurden diese Vorschriften für verfassungswidrig erklärt.

Das Recht der „unehelichen" Kinder, erfuhr durch das Nichtehelichengesetz (NEhelG) vom 19. 8. 1969 eine grundlegende Reform. Im Gesetz wurde ab diesem Zeitpunkt der Ausdruck „nichteheliches Kind" verwendet. Die Stellung der nichtehelichen Kinder wurde im gewissen Umfang der der ehelichen Kinder angenähert. Vor allem gab es noch Unterschiede im Erbrecht und im Sorgerecht.

Im Rahmen der Reform des Ehe- und Familienrechts (EheRG vom 14. 6. 1976) wurde das Scheidungsrecht grundlegend reformiert. Die Regelung der elterlichen Sorge wurde in den sogenannten Scheidungsverbund aufgenommen: Das Familiengericht hat die Aufgabe erhalten, bei jeder Scheidung von Amts wegen im Hinblick auf die elterliche Sorge eine Regelung zu treffen.

4 Das Recht der elterlichen Sorge erfuhr mit dem **Sorgerechtsgesetz** vom 24. 7. 1979, in Kraft ab 1. 1. 1980, eine grundlegende Reform. Der Begriff „elterliche Gewalt" wurde durch den Begriff „elterliche Sorge" ersetzt. Hierdurch sollte der Pflichtencharakter der den Eltern eingeräumten Rechtsstellung deutlicher zum Ausdruck kommen. Das seit 1980 geltende Recht unterschied bei der elterlichen Sorge auch zwischen ehelichen und nichtehelichen Kindern. Eine gemeinsame elterliche Sorge nach Ehescheidung war ausgeschlossen.

5 § 1626 Abs. 1 Satz 1 a. F. BGB definierte die elterliche Sorge als das Recht und die Pflicht des Vaters und der Mutter, für das minderjährige Kind zu sorgen. Nach Satz 2 der Vorschrift umfaßte die elterliche Sorge die Sorge für die Person des Kindes (Personensorge) und für das Vermögen des Kindes (Vermögenssorge). Die Personensorge umfaßte insbesondere das Recht und die Pflicht, das Kind zu pflegen, zu erziehen, zu beaufsichtigen und seinen Aufenthalt zu bestimmen (§ 1631 Abs. 1 BGB a. F.). Unter Erziehung fällt auch die religiöse Erziehung. Zur Personensorge gehört z. B. die Entscheidung über die Einwilligung in eine Heilbehandlung, die Bestimmung des Umgangs und die Wahrnehmung schulischer Angelegenheiten. Entscheidungen in beruflichen Fragen spielen heute im Bereich der elterlichen Sorge keine so große Rolle mehr, da sie meist erst getroffen werden, wenn das Kind volljährig ist.

6 Die Vermögenssorge erfaßt das Kindesvermögen im weitesten Sinne, Eigentum ebenso wie Einkünfte. Nicht der Vermögenssorge, sondern der Personensorge wurde die Geltendmachung von Unterhaltsansprüchen des Kindes zugerechnet. Weiterer Bestandteil der elterlichen Sorge war die Vertretung des Kindes (§ 1629 a. F. BGB); soweit den Eltern die Sorge gemeinsam zustand, vertraten sie das Kind gemeinschaftlich. Ein Elternteil vertrat das Kind nur dann allein, soweit er die elterliche Sorge allein ausübte oder ihm die Entscheidung nach § 1628 Abs. 1 a. F. BGB übertragen worden war.

2. Neuregelung

7 Die Neuregelung der elterlichen Sorge wurde erforderlich durch zwei Entscheidungen des BVerfG, die das vorher geltende Recht (Sorgerechtsgesetz) in zweifacher Hinsicht für verfassungswidrig erklärten:

Bereits mit Urteil vom 3. 11. 1982 (BVerfGE 61, 358) hat das BVerfG entschieden, daß die Regelung des § 1671 Abs. 4 Satz 1 a. F. BGB, wonach die elterliche Sorge im Falle der Trennung und Scheidung der Eltern **einem Elternteil allein** zu übertragen war, das Grundrecht des Art. 6 Abs. 2 Satz 1 GG verletzt. Aufgrund dieser Entscheidung war es bekanntlich den Gerichten schon vor der gesetzlichen Neuregelung möglich, die elterliche Sorge nach der Ehescheidung auf beide Eltern zu übertragen. Hiervon wurde auch zunehmend Gebrauch gemacht. In der 1989 veröffentlichten Studie von Limbach ergibt sich noch eine Quote von 1–2 % aller Fälle, in denen die elterliche Sorge den Eltern gemeinsam belassen wurde (Limbach, Die gemeinsame Sorge geschiedener Eltern in der Rechtspraxis, Freie Rechtstatsachenforschung des BMJ). Nach einer Sondererhebung im Rahmen der Justizstatistik ergab sich für den Erhebungszeitraum Juli 1994 bis Juni 1995 bundesweit bereits ein Prozentsatz von 17,07 % für die gemeinsame elterliche Sorge (BT-Drucks. 13/4899, S. 37).

Mit der gesetzlichen Neuregelung wird allerdings die gemeinsame elterliche Sorge nach der Scheidung nicht zum Regelfall erhoben! Sie wird lediglich aus dem Zwangsverbund der Ehescheidung herausgenommen und Gegenstand eines **Antragsverfahrens** – das Gericht befaßt sich nur noch auf Antrag, nicht mehr von Amts wegen mit der Folgesache elterliche Sorge. 8

Die zweite Entscheidung des BVerfG vom 7. 5. 1991 (BVerfGE 84, 168) erklärte die bisherige Rechtslage für verfassungswidrig, wonach nicht miteinander verheiratete Eltern keine gemeinsame Sorge über nichteheliche Kinder erlangen können, auch wenn sie mit den Eltern zusammenleben. 9

Im Zuge der Reform ist nunmehr eine gemeinsame elterliche Sorge auch unverheirateter Eltern möglich geworden. Der Begriff „nichteheliches Kind" ist aus dem Gesetz entfernt. Es gibt nur noch Kinder verheirateter bzw. nicht verheirateter Eltern. Hierdurch wird der Status der Ehelichkeit oder Nichtehelichkeit nicht mehr den Kindern zugeordnet, sondern den Eltern. Um die gemeinsame Elternverantwortung zu betonen, spricht das Gesetz heute nicht mehr von „Vater" und „Mutter", sondern von „Eltern". Es betont auch die Pflichten gegenüber den Kindern, indem es heute heißt, „die Eltern haben die Pflicht und das Recht" und nicht mehr das „Recht und die Pflicht". 10

II.
Elterliche Sorge allgemein

In sämtlichen Vorschriften werden die Wörter „Vater" und „Mutter" durch „Eltern" ersetzt und das Begriffspaar „Recht und Pflicht" durch „Pflicht und Recht". 11

A Erläuterungen

1. Inhalt der elterlichen Sorge, § 1626 BGB

12 § 1626 BGB regelt nach wie vor in den Abs. 1 und 2 die elterliche Sorge. Nach altem wie nach neuem Recht umfaßt die elterliche Sorge die Personensorge und die Vermögenssorge. Die wachsende Fähigkeit des Kindes zu selbständigem Handeln ist von den Eltern zu berücksichtigen, in Fragen der elterlichen Sorge ist mit dem Kind Einvernehmen anzustreben, soweit es dessen Entwicklungsstand möglich macht.

13 Im Zuge der Neuregelung wurde dem § 1626 ein Abs. 3 angefügt, in dem ausdrücklich klargestellt wird, daß zum Kindeswohl der **Umgang** mit beiden Elternteilen und anderen Personen, zu denen das Kind Bindungen besitzt, gehört, wenn die Aufrechterhaltung dieser Bindungen für seine Entwicklung förderlich ist. Hier wird deutlich, daß die Reform dem Umgang des Kindes mit beiden Elternteilen und auch anderen Personen, zu denen es Beziehungen aufgebaut hat, einen hohen Stellenwert beimißt.

2. Vertretungsrecht, § 1629 BGB

2.1 Alleinvertretung bei Gefahr im Verzug

14 Das Alleinvertretungsrecht eines Elternteils bei Gefahr in Verzug war bislang ausdrücklich nicht gesetzlich geregelt. Die Neuregelung normiert in § 1629 Abs. 1 Satz 4 BGB ein ausdrückliches Alleinvertretungsrecht jedes Elternteiles bei Gefahr in Verzug. Jeder Elternteil ist in dieser Situation berechtigt, alle Rechtshandlungen vorzunehmen, die zum Wohl des Kindes notwendig sind. Er hat allerdings die Pflicht, den anderen Elternteil umgehend zu unterrichten.

2.2 Vertretungsrecht betreffend Unterhaltsansprüche des Kindes

15 Das bisherige Recht sah folgendes vor: Der Elternteil, in dessen Obhut sich das Kind befand, hatte gem. § 1629 Abs. 2 Satz 2 a. F. BGB für die Geltendmachung von Kindesunterhalt gegen den anderen Ehegatten ein Vertretungsrecht, wenn

– die Eltern verheiratet waren,

– getrennt lebten oder

– eine Ehesache zwischen ihnen anhängig **und** eine Sorgeregelung **noch nicht** getroffen war.

Die Rechtsprechung neigte dazu, diese Vorschriften nicht anzuwenden, wenn anläßlich der Ehescheidung beiden Eltern die gemeinsame Sorge belassen wurde, da damit bereits eine Sorgerechtsregelung getroffen war. Hieraus entstanden erhebliche Nachteile für den Elternteil, in dessen Obhut sich die Kinder bei gemeinsamer Sorge nach Scheidung der Ehe befanden. Er war nach der früheren Rechtslage zunächst gezwungen, sich die alleinige elterliche Sorge für diese Vertretung übertragen zu lassen. Dies provozierte nicht nur Streitigkeiten der Eltern, sondern brachte oft eine nicht unerhebliche Zeitverzögerung mit sich. 16

Da Unterhaltsansprüche für die Vergangenheit Verzug des Unterhaltspflichtigen voraussetzen und der Elternteil mangels Alleinvertretungsrechts nicht in der Lage war, den anderen Elternteil wirksam in Verzug zu setzen, bestand die Gefahr, daß die Unterhaltsansprüche für mehrere Monate verloren gingen. Dieses Problem der Alleinvertretung des Elternteils war ein verbreitetes und nur schwer zu entkräftendes Argument der Gegner der gemeinsamen elterlichen Sorge. 17

Das neue Recht normiert nun in § 1629 Abs. 2 Satz 2 BGB gerade für die Fälle der gemeinsamen elterlichen Sorge ein Alleinvertretungsrecht betreffend Kindesunterhaltsansprüche für einen Elternteil gegen den anderen, wenn sich das Kind **in der Obhut** des ersteren befindet. Damit sind Änderungen des Sorgerechts überflüssig geworden, wenn es um Kindesunterhaltsfragen geht. Diese können durch den betreuenden Elternteil im Namen des Kindes zeitnah und problemlos geltend gemacht werden. 18

Die Neuregelung fördert damit die Beibehaltung der gemeinsamen elterlichen Sorge auch nach Trennung und Ehescheidung. Die Angst des Elternteils, bei dem das Kind nach der Trennung leben soll, vor Handlungsunfähigkeit bei Gefahr und in Unterhaltsfragen, die ja unter Umständen existentiell sein können, hat in der Vergangenheit häufig dazu geführt, daß sich der betreuende Elternteil gegen die Beibehaltung der gemeinsamen Sorge nach der Scheidung sperrte. Dieses Argument ist mit der gesetzlichen Neuregelung weggefallen. 19

2.3 Prozeßstandschaft

Die gesetzliche Prozeßstandschaft des Elternteils, der Unterhaltsansprüche des Kindes **im eigenen Namen** geltend macht, ist für den Fall beibehalten, daß die Eltern verheiratet sind und getrennt leben oder eine Ehesache zwischen ihnen anhängig ist (§ 1639 Abs. 3 BGB). Für andere Fälle der gemeinsamen elterlichen Sorge (z. B. unverheiratete Eltern, die Sorge- 20 erklärungen abgegeben haben, oder geschiedene Eltern) hat der Gesetzgeber eine gesetzliche Prozeßstandschaft nicht für notwendig gehalten, da bei nicht verheirateten oder geschiedenen Eltern ein Zusammentreffen mit Scheidungs- oder Ehesachen nicht möglich ist.

21 Der Sinn der gesetzlichen Prozeßstandschaft ist es, die Kinder aus Streitigkeiten im Rahmen der Ehescheidung und aus Gerichtsverfahren herauszuhalten. Sie sollen nicht als Partei, insbesondere nicht als Kläger fungieren. Auch bei Unterhaltsansprüchen der Kinder handelt es sich letztlich um Streitigkeiten zwischen den Eltern. Der Elternteil, bei dem die Kinder leben, verwaltet und verteilt faktisch das der Familie zum Lebensunterhalt zur Verfügung stehende Geld. Hierzu gehört regelmäßig auch der Kindesunterhalt.

22 Der Gesetzgeber hat jetzt den Anwendungsbereich der gesetzlichen Prozeßstandschaft nicht ausgeweitet! Kinder, deren Eltern nicht verheiratet sind, müssen daher ihre Ansprüche gegen den anderen Elternteil im eigenen Namen geltend machen. Eine solche Ausweitung wäre jedoch wünschenswert gewesen. Die Parteistellung von Kindern kann dazu führen, daß sie in die Streitigkeiten der Eltern hineingezogen werden. Eine gesetzliche Prozeßstandschaft für alle Fälle der Geltendmachung von Kindesunterhaltsansprüchen hätte dazu beigetragen, dies zu vermeiden.

2.4 Alleinvertretung bei Getrenntleben

23 Für die Praxis von erheblicher Bedeutung wird die Neuregelung des § 1687 BGB sein, auf die unten eingegangen wird (vgl. Rn. 68 ff.). Danach hat der ständig betreuende Elternteil bei Fortdauer der gemeinsamen elterlichen Sorge in **Angelegenheiten des täglichen Lebens** die Befugnis zur alleinigen Entscheidung!

3. Übertragung der elterlichen Sorge auf Pflegepersonen, § 1630 BGB

24 § 1630 BGB regelt die Einschränkung der elterlichen Sorge bei Pflegerbestellung sowie die Familienpflege. Die Abs. 1 und 2 der Vorschrift bleiben unverändert. Abs. 3 regelt die Übertragung von Angelegenheiten der elterlichen Sorge auf die Pflegeperson. Hier müssen nach der Neuregelung die Eltern der Übertragung zustimmen. Dieses Zustimmungserfordernis gab es im bisherigen Recht nicht.

4. Verbleibensanordnung für Pflegekinder, § 1632 Abs. 4 BGB

Das alte Recht knüpfte die Voraussetzungen für die Verbleibensanordnung in Pflegekindfällen nicht nur an eine Gefährdung des Kindeswohls, sondern an zusätzliche Eingriffsmerkmale wie mißbräuchliche Ausübung der elterlichen Sorge, Kindesvernachlässigung, Versagen der Eltern (verschuldet wie unverschuldet) sowie Verhalten von Dritten.

Nach § 1632 Abs. 4 BGB kann das Familiengericht auf Antrag oder von Amts wegen das Verbleiben des Kindes bei der Pflegeperson anordnen, wenn das Kind seit längerer Zeit in Familienpflege lebt und die Eltern es von der Pflegeperson wegnehmen wollen. Voraussetzung ist eine Gefährdung des Kindeswohls durch die Wegnahme. Mit der Neuregelung, in der der Verweis auf § 1666 BGB entfällt, wird das Gesetz an die ständige Rechtsprechung angepaßt. Der Gefährdungsbegriff in § 1632 Abs. 4 BGB entspricht dem des § 1666 n. F. BGB, auch wenn auf diesen nicht mehr ausdrücklich verwiesen wird (BT-Drucks. 180/96, S. 106).

5. Eingriffe in die elterliche Sorge bei Kindeswohlgefährdung, §§ 1666, 1667 BGB

Die §§ 1666, 1667 BGB wurden als wichtigste Grundlage für Eingriffe in die elterliche Sorge bei vorhandenen Gefahren für das Kindeswohl ohne inhaltliche Veränderung neu strukturiert und übersichtlicher gestaltet.

Die Eingriffsgrundlagen für die Entziehung der Vermögenssorge, die bisher in den §§ 1666 Abs. 3, 1667 Abs. 1 und 5 a. F. BGB geregelt waren, sind nun in § 1666 Abs. 2 BGB zusammengefaßt. Danach ist in der Regel anzunehmen, daß das Vermögen des Kindes gefährdet ist, wenn der Inhaber der Vermögenssorge seine Unterhaltspflicht gegenüber dem Kind oder seine mit der Vermögenssorge verbundenen Pflichten verletzt oder gerichtliche Anordnungen nicht befolgt. Abs. 2 ergänzt die Generalklausel des Abs. 1 und gestaltet die Eingriffsmöglichkeiten in die Vermögenssorge als Regelbeispiele aus.

In der Neuregelung dient die Generalklausel des § 1666 Abs. 1 BGB als Grundlage zum Schutz sowohl der persönlichen Belange des Kindes als auch seiner Vermögensinteressen. Der neue Abs. 1 verpflichtet das Familiengericht, Maßnahmen zu treffen, wenn das körperliche, geistige oder seelische Wohl des Kindes oder sein Vermögen durch mißbräuchliche Ausübung der elterlichen Sorge, Vernachlässigung, Versagen der Eltern oder Verhalten eines Dritten gefährdet ist und die Eltern nicht gewillt oder nicht in der Lage sind, die Gefahr abzuwenden.

III.
Unzulässigkeit entwürdigender Erziehungsmaßnahmen und Mißhandlungsverbot, § 1631 Abs. 2 BGB

28 Die Vorschrift regelt Inhalt und Grenzen des Personensorgerechts. § 1631 Abs. 2 a. F. regelte bereits die Unzulässigkeit von entwürdigenden Erziehungsmaßnahmen. Unter „entwürdigenden Erziehungsmaßnahmen" verstanden Rechtsprechung und Lehre Maßnahmen, die durch den Erziehungszweck nicht gerechtfertigt sind, weil sie das Erziehungsziel der Heranbildung zur eigenverantwortlichen Persönlichkeit durch Gefährdung oder Schädigung des kindlichen Selbstbewußtseins und Ehrgefühls zu vereiteln drohen (MüKo/Hinz, § 1631 Rn. 19).

29 Die Frage, ob § 1631 Abs. 2 a. F. die körperliche Züchtigung verbietet oder nicht, wurde kontrovers diskutiert. Im allgemeinen wurde vertreten, daß die körperliche Züchtigung als solche nicht schon entwürdigend ist. Hierunter wurde nicht nur der Klaps auf die Hand oder den Po gefaßt, sondern selbst eine „wohlerwogene, nicht dem bloßen Affekt des Elternteils entspringende (verdiente) Tracht Prügel" (Palandt/Diederichsen, § 1631 Rn. 9; MüKo/Hinz, § 1631 Rn. 23). Es wurde allerdings von der ganz herrschenden Meinung gefordert, daß die Eltern von diesem Recht nur im Rahmen des Erziehungszwecks Gebrauch machen dürfen (MüKo/Hinz, § 1631 Rn. 9; Palandt/Diederichsen, § 1631 Rn. 9).

Die Neufassung des Abs. 2 lautet wie folgt: „*Entwürdigende Erziehungsmaßnahmen, insbesondere körperliche und seelische Mißhandlungen, sind unzulässig*". Hiermit wird die Unzulässigkeit von Erziehungsmaßnahmen präzisiert und klargestellt, daß körperliche und seelische Mißhandlungen ebenfalls entwürdigende Erziehungsmaßnahmen sind. Die Aufzählung ist nicht abschließend.

30 Dieser Reformpunkt wurde bis zum Ende des Gesetzgebungsverfahrens kontrovers diskutiert. Der Vorschlag der SPD-Fraktion lautete: „Kinder sind gewaltfrei zu erziehen. Körperstrafen, seelische Verletzungen und andere entwürdigende Maßnahmen sind unzulässig." Dies wurde damit begründet, daß Gewalt niemals ein Mittel der Erziehung sein könne und Eltern deshalb auch nicht als „ihr gutes Recht" zustehen dürfe. Im europäischen Ausland, das zum Teil ein Gewaltverbot in der Erziehung kennt (so z. B. Schweden), hat man damit positive Erfahrungen gemacht (BT-Drucks. 13/85, S. 65). Die Koalitionsfraktionen waren dagegen der Auffassung, daß ein absolutes Gewaltverbot das Erziehungsrecht der Eltern zu sehr eingrenzen und die Strafbarkeit der Eltern ausweiten würde. Dies könne zu verfassungsrechtlich bedenklichen Ergebnissen führen.

Die Gesetz gewordene Neufassung stellt einen Kompromiß dar, in dem die körperliche Mißhandlung ausdrücklich als unzulässige Erziehungsmaßnahme aufgeführt wird. Hier ist der in § 223 StGB (vorsätzliche Körperverletzung) bereits vorhandene Begriff der körperlichen Mißhandlung übernommen worden. Nach allgemeiner Meinung versteht man im Strafrecht unter einer körperlichen Mißhandlung eine „üble, unangemessene Behandlung, durch die das Opfer in seinem körperlichen Wohlbefinden in mehr als nur unerheblichem Maße beeinträchtigt wird" (Dreher/Tröndle, § 223 StGB Rn. 3 f.). Damit ist der Mißhandlungsbegriff flexibel geblieben und ermöglicht es, bei der Überprüfung der Unangemessenheit von elterlichen Maßnahmen auch Anlaß und Motive der körperlichen Einwirkung zu berücksichtigen. Deutlich ist aber auch geworden, daß die Neufassung nicht jeden Klaps verbieten will (BT-Drucks. 13/85, S. 65). 31

IV.
Subsidiäre elterliche Sorge

Unter subsidiärer elterlicher Sorge ist die elterliche Sorge zu verstehen, die beim vorher mit der Sorge nicht betrauten Elternteil dann eintritt, wenn der bisherige Sorgeinhaber die elterliche Sorge verliert. Ein Verlust ist denkbar durch Geschäftsunfähigkeit, Entziehung der elterlichen Sorge oder Tod. 32

Nach der bisherigen Rechtslage war eine Regelung für Eltern eines nichtehelichen Kindes nicht vorhanden. Wenn die Mutter Inhaberin der elterlichen Sorge war und wenn sie geschäftsunfähig wurde, ihr die elterliche Sorge entzogen wurde oder wenn sie starb, so konnte in diesen Fällen die elterliche Sorge nicht auf den Vater übertragen werden.

1. Tod des Sorgerechts-Inhabers, § 1680 BGB

1.1 Regelung bei gemeinsamer elterlicher Sorge

Bei gemeinsamer elterlicher Sorge steht jetzt dem überlebenden Elternteil gem. § 1680 Abs. 1 BGB die elterliche Sorge zu. Dies war auch nach der bisherigen Regelung gem. § 1681 a. F. BGB der Fall, wenn beide Eltern die gemeinsame Sorge hatten, betraf aber nur verheiratete oder geschiedene Eltern. 33

1.2 Regelung bei Alleinsorge nach Trennung

34 § 1680 Abs. 2 Satz 1 BGB erfaßt zwei Fallgruppen:
- Gem. § 1671 BGB war die elterliche Sorge zunächst gemeinsam und war dann auf einen Ehegatten übertragen worden.
- Gem. § 1672 Abs. 1 BGB war die elterliche Sorge von der Mutter auf den nicht mit ihr verheirateten Vater übertragen worden.

Stirbt der Sorgerechtsinhaber, so hat das Familiengericht die elterliche Sorge dem überlebenden Elternteil zu übertragen, wenn dies dem **Kindeswohl nicht widerspricht**.

1.3 Regelung bei Alleinsorge der nicht verheirateten Mutter

35 Geben unverheiratete Eltern keine Sorgeerklärung ab oder heiraten sie nicht und steht damit die elterliche Sorge der Mutter allein zu, § 1626a Abs. 2 BGB, so hat das Familiengericht beim Tod der Mutter die elterliche Sorge dem Vater dann zu übertragen, wenn dies dem **Wohl des Kindes dient**, § 1680 Abs. 2 Satz 2 BGB. Zweifel wirken sich also zum Nachteil des Vaters aus. Diesen Maßstab für die Kindeswohlprüfung hat der Gesetzgeber gewählt, weil er davon ausgeht, daß Eltern, die keine Sorgeerklärungen abgegeben haben, vielfach nicht in einer intakten nichtehelichen Gemeinschaft leben, sondern der Vater häufig wenig oder gar keinen Kontakt zu dem Kind hatte.

Wenn dagegen der andere Elternteil die elterliche Sorge schon einmal besaß, genügt es, wie oben dargelegt, daß die Übertragung dem Kindeswohl **nicht widerspricht**.

1.4 Rückübertragung nach Sorgerechtsentzug

36 Gem. § 1680 Abs. 3 BGB gilt der gleiche Maßstab: die Sorgerechtsübertragung muß dem Wohle des Kindes dienen, soweit einem Elternteil, dem die elterliche Sorge gemeinsam mit dem anderen Elternteil zustand oder der Mutter, der sie gem. § 1626a Abs. 2 BGB allein zustand, die elterliche Sorge entzogen war.

1.5 Verbleibensanordnung bei Stiefelternteilen und Pflegepersonen

37 Neu eingefügt wurde § 1682 BGB, der dem Schutz des Kindes dient, das bis dato mit dem verstorbenen Elternteil, der Inhaber der Sorge war, sowie einer dritten, ihm nahestehenden Person in einem familiären Verbund gelebt hat. Für diesen Fall kann der Ehegatte des verstorbenen Elternteils beantragen, daß das Kind bei ihm verbleibt, wenn und solange das Kindeswohl durch die Wegnahme durch den anderen Elternteil, dem nunmehr das Aufenthaltsbestimmungsrecht nach §§ 1678, 1680 oder 1681 BGB alleine zusteht, gefährdet würde.

Den gleichen Antrag kann eine volljährige Person stellen, die gem. § 1685 Abs. 1 BGB umgangsberechtigt wäre und ebenfalls mit dem Kind in einem Haushalt gelebt hat. Hierzu gehören Großeltern, Geschwister und Personen, bei denen das Kind längere Zeit in Familienpflege gewesen ist.

Der Gesetzgeber war der Auffassung, daß die Personensorge in diesen Fällen zurücktreten muß, wenn das Kind seinem leiblichen Elternteil, der nunmehr alleiniger Inhaber der Sorge ist, entfremdet ist und durch die Herausnahme zur Unzeit sein persönliches, insbesondere sein seelisches Wohl gefährdet würde.

Das Gericht ist auch zur Entscheidung von Amts wegen ermächtigt.

2. Sorgerechtsentzug, § 1680 Abs. 3 BGB

Soweit einem Elternteil, dem die elterliche Sorge gemeinsam mit dem anderen Elternteil oder gem. § 1626 a Abs. 2 BGB allein zustand, die elterliche Sorge entzogen wird, gelten die Regelungen gem. § 1680 Abs. 1 und 2 BGB, Tod des Sorgerechtsinhabers, entsprechend. Von praktischer Bedeutung wird insbesondere der Fall sein, daß das Familiengericht der mit dem Vater nicht verheirateten Mutter die elterliche Sorge ganz oder teilweise entzieht. Es hat dann die elterliche Sorge dem Vater zu übertragen, wenn dies dem Wohl des Kindes nicht widerspricht, § 1680 Abs. 2 BGB.   38

V.
Elterliche Sorge bei nicht verheirateten Eltern

1. Bisherige Rechtslage

Das alte Recht unterschied bei der elterlichen Sorge zwischen ehelichen und nichtehelichen Kindern. Gem. § 1705 a. F. BGB stand die elterliche Sorge für ein nichteheliches Kind der Mutter zu. § 1706 a. F. BGB regelte die Amtspflegschaft für die Bereiche Feststellung der Vaterschaft, Geltendmachung von Unterhaltsansprüchen und Regelung von Erb- und Pflicht-   39

A   Erläuterungen

teilsrechten. Das Jugendamt wurde Pfleger. Die Pflegschaft konnte auf Antrag der Mutter durch das Vormundschaftsgericht aufgehoben werden.

40   Nach dem bisherigen Recht war es unverheirateten Eltern nicht möglich, die gemeinsame elterliche Sorge auszuüben. Der Vater, der mit der Mutter nicht verheiratet war, konnte nicht Inhaber der elterlichen Sorge neben der Mutter werden. Es gab lediglich die Möglichkeit, ihm durch Vollmachten rechtliche Handlungsmöglichkeiten einzuräumen. Diese Situation hat das BVerfG bereits in seinem Beschluß vom 7. 5. 1991 (BVerfGE 84, 168) für verfassungswidrig erklärt. Mit der Reform entfallen nunmehr sämtliche Unterschiede und damit folgerichtig alle Vorschriften, die die elterliche Sorge für nichteheliche Kinder betreffen, insbesondere die §§ 1705 bis 1711 a. F. BGB.

2. Neue Rechtslage

41   Die §§ 1626a bis § 1626e BGB regeln nunmehr die elterliche Sorge für Kinder, deren Eltern bei der Geburt nicht miteinander verheiratet sind. **Die Unterscheidung zwischen ehelichen und nichtehelichen Kindern ist aufgehoben!** Nach der Reform gibt es jetzt nur noch Kinder, deren Eltern verheiratet oder nicht verheiratet sind. Das Merkmal der Heirat, dessen Nichtvorhandensein die aus einer solchen Beziehung entstammenden Kinder sozial und rechtlich benachteiligt hat, wird nunmehr ausschließlich den Personen zugeordnet, zu denen es gehört, und die auf diesen Umstand Einfluß haben, nämlich den Eltern.

2.1 Gemeinsame Sorge durch Sorgeerklärungen

42   Nicht verheiratete Eltern können die gemeinsame elterliche Sorge nunmehr erlangen, wenn sie erklären, daß sie die Sorge gemeinsam übernehmen wollen – Sorgeerklärungen – (§ 1626a Abs. 1 Nr. 1. BGB) oder einander heiraten (§ 1626a Abs. 1 Nr. 2. BGB).

43   Die Sorgeerklärungen sind von den Eltern **selbst** abzugeben (§ 1626c Abs. 1 BGB). Sie sind öffentlich zu beurkunden (§ 1626d Abs. 1 BGB). Die beurkundende Stelle (Notar, Jugendamt) teilt die Beurkundung der Sorgeerklärungen dem zuständigen Jugendamt (das ist das Jugendamt am Geburtsort des Kindes) zum Zwecke der Auskunftserteilung an die Mutter nach § 58a SGB VIII unverzüglich mit. Das Jugendamt erteilt dann der Mutter auf Antrag eine **schriftliche Auskunft** darüber, daß keine Sorgeerklärung vorliegt. Die Auskunft dient der Mutter zum Nachweis darüber, daß ihr die elterliche Sorge allein zusteht!

Elterliche Sorge A

Es ist möglich, die Sorgeerklärungen schon vor der Geburt des Kindes abzugeben (§ 1626 b Abs. 2 BGB). Die Sorgeerklärung darf weder unter einer Bedingung, noch unter einer Zeitbestimmung stehen (§ 1626 b Abs. 1 BGB). 44

Die Wirkung der Sorgeerklärung entfällt durch eine gerichtliche Entscheidung über die elterliche Sorge nach §§ 1671, 1672 BGB oder die Abänderung einer solchen Entscheidung nach § 1696 Abs. 1 BGB. 45

Die gesetzliche Neuregelung ermöglicht es damit auch nicht verheirateten Eltern unabhängig davon, ob sie zusammenleben oder nicht, die gemeinsame elterliche Sorge über ihre Kinder zu erlangen. 46

Die gemeinsame Sorge kann aber nicht gegen den Willen eines Elternteils eintreten. Kinder nicht verheirateter Eltern werden ja nicht immer in intakten Lebensgemeinschaften geboren, sondern auch im Rahmen flüchtiger und/oder instabiler Beziehungen. Die Begründung der gemeinsamen elterlichen Sorge allein aufgrund der Tatsache der Geburt würde unter Umständen bedeuten, daß von vornherein Konflikte auf dem Rücken des Kindes ausgetragen würden. Was würde aus der elterlichen Sorge, wenn z. B. der Vater nicht bekannt ist?

Die Reform hat wohl einen tragfähigen Kompromiß gefunden, der es auch unverheirateten Eltern ermöglicht, die Verantwortung für ihre Kinder gemeinsam zu tragen. Zugleich werden Kind und Mutter davor geschützt, daß der Vater gegen den Willen der Mutter die volle Entscheidungsbefugnis erhält. Dem Vorschlag, die gemeinsame elterliche Sorge unverheirateter Eltern von einer gerichtlichen Prüfung, ob sie dem Kindeswohl nicht widerspricht, abhängig zu machen, ist der Gesetzgeber mit Recht nicht gefolgt.

Es wurde auch der Vorschlag abgelehnt, die Wirksamkeit der Sorgeerklärungen und damit die Begründung der gemeinsamen elterlichen Sorge nicht verheirateter Eltern von der Zustimmung der Ehegatten dieser Eltern abhängig zu machen. Hier wurde dem Kindeswohl Vorrang vor den Belangen dieser anderen Ehepartner eingeräumt.

2.2 Alleinsorge der Mutter

Werden keine Sorgeerklärungen abgegeben, hat die Mutter die elterliche Sorge über das Kind (§ 1626 a Abs. 2 BGB). 47

VI.
Elterliche Sorge bei Trennung und Scheidung[1])

1. Bisherige Rechtslage

48 § 1671 a. F. BGB regelte die elterliche Sorge lediglich nach Scheidung. Auch diese Vorschrift galt somit nur für **verheiratete** Eltern. § 1672 a. F. BGB regelte die elterliche Sorge bis zur Scheidung. Die beiden Vorschriften unterscheiden sich hinsichtlich der materiellen Voraussetzungen nicht. § 1672 a. F. BGB verwies insoweit auf § 1671 a. F. BGB. Der Unterschied lag lediglich in der verfahrensrechtlichen Frage Zwangsverfahren (bei Scheidung) oder Antragsverfahren (bei Getrenntleben).

2. Neuregelung der elterlichen Sorge bei Trennung, § 1671 BGB

49 § 1671 BGB gilt jetzt für alle Eltern, denen die elterliche Sorge gemeinsam zusteht. Die Vorschrift unterscheidet nicht mehr wie das vorher geltende Recht zwischen Getrenntleben und Scheidung der Eltern. Sie gilt auch für nicht miteinander verheiratete Eltern, denen die elterliche Sorge gemeinsam zusteht. Der Gesetzgeber hat im Zuge der Neuregelung eine materiellrechtliche Sonderregelung für den Fall der Ehescheidung nicht für erforderlich gehalten. Es bleibt daher jetzt bei **einer** Vorschrift für den Fall des nicht nur vorübergehenden Getrenntlebens der Eltern.

50 Wie in Kapitel 8 (Verfahrensrecht), ausführlich dargestellt, ist eine Entscheidung über das Sorgerecht nicht mehr im Rahmen der Ehescheidung im Zwangsverbund erforderlich.

51 Neu an der gesetzlichen Regelung ist nicht nur der verfahrensrechtliche Aspekt, sondern auch die Tatsache, daß die **Übertragung der elterlichen Sorge** ganz oder **zum Teil** erfolgen kann, § 1671 Abs. 1 BGB. Es gibt nicht mehr „alles oder nichts" bei der elterlichen Sorge nach der Trennung, sondern der Gesetzgeber hat ausdrücklich eine teilweise Übertragung vorgesehen.

2.1 Voraussetzungen der Übertragung der elterlichen Sorge

52 Dem Antrag ist gem. § 1671 Abs. 2 stattzugeben, soweit der andere Elternteil zustimmt, es sei denn, das Kind hat das 14. Lebensjahr vollendet und

---

1) S. hierzu die Synopse auf Seite 23 ff.

widerspricht der Übertragung. Auch bei fehlender Zustimmung des anderen Elternteils bzw. Widerspruch des über 14jährigen Kindes ist dem Antrag stattzugeben, **soweit** zu erwarten ist, daß die Aufhebung der gemeinsamen Sorge und die Übertragung auf den Antragsteller dem **Wohl des Kindes am besten entspricht.**

Dem Antrag ist gem. § 1671 Abs. 3 BGB nicht stattzugeben, soweit die elterliche Sorge aufgrund anderer Vorschriften abweichend geregelt werden muß. Damit wird klargestellt, daß z. B. der Entzug der elterlichen Sorge gem. § 1666 BGB vorrangig zu berücksichtigen ist. Dem Antrag eines Elternteils auf Alleinsorge kann also trotz Zustimmung der anderen Beteiligten nicht stattgegeben werden, wenn die Voraussetzungen des Sorgerechtsentzugs gem. § 1666 BGB vorliegen. 53

Die Neuregelung des § 1671 BGB greift nur ein, wenn die elterliche Sorge (noch) beiden Eltern gemeinsam zusteht. Wurde einem Elternteil die elterliche Sorge bereits entzogen, so steht ihm durch die Trennung kein Recht zu, die Übertragung der elterlichen Sorge auf sich allein zu beantragen. 54

Die Vorschrift ist auch nur dann anzuwenden, wenn die Eltern bereits getrennt leben. Will ein Elternteil nicht nur vorübergehend von dem anderen getrennt leben und mit dem Kind die gemeinsame Wohnung verlassen, so ist nicht § 1671 BGB anwendbar, sondern lediglich § 1628 BGB. Der Elternteil müßte sich dann gem. § 1628 BGB das Aufenthaltsbestimmungsrecht über das Kind übertragen lassen (vgl. BT-Drucks. 13/4899, S. 98). Dies war auch schon vor dem 1. 7. 1998 geltendes Recht, hatte allerdings in der Praxis keine große Bedeutung. Befürchten Eltern, daß sie sich hier nicht einigen können, werden in aller Regel (auch heimlich) vollendete Tatsachen geschaffen, indem ein Elternteil auszieht und die Kinder mitnimmt. 55

2.2 Übertragung eines Teils der elterlichen Sorge

Neu ist die Möglichkeit der Teilübertragung der alleinigen elterlichen Sorge. Dieser Antrag bietet sich dann an, wenn sich die Eltern nach der Trennung nur über eine Frage – wie z. B. die der Ausbildung des Kindes – nicht einigen können. Läßt sich ein Elternteil die elterliche Sorge für Fragen der Ausbildung allein übertragen, so kann er bis zur Volljährigkeit des Kindes alle Fragen, die diesen Bereich betreffen, allein entscheiden. Eine Entscheidung nach § 1628 BGB würde demgegenüber nur für eine konkrete Situation gelten und müßte immer wieder neu beantragt werden. 56

A   Erläuterungen

Ein Antrag auf Übertragung der elterlichen Sorge hat daher nicht nur den Vortrag zu enthalten, daß die Übertragung dem Kindeswohl am besten entspricht, sondern zusätzlich Sachvortrag dazu, weshalb eine teilweise Übertragung der elterlichen Sorge nicht ausreicht.

2.3 Kein Vetorecht des Kindes

57   Die Befugnis des Kindes, welches das 14. Lebensjahr bereits vollendet hat, der beantragten Übertragung zu widersprechen, bedeutet auch nach dem neuen Recht kein Vetorecht (BT-Drucks. 13/4899, S. 99). Das Gericht hat in diesem Fall zu überprüfen, ob die Aufhebung der gemeinsamen Sorge und die Übertragung auf den Antragsteller dem Wohl des Kindes am besten entspricht (§ 1671 Abs. 2 Nr. 2 BGB).

2.4 Inhalt des Parteivortrags im Rahmen des § 1671 BGB

58   Wie in Kapitel 8 (Verfahrensrecht) dargestellt, wird die Entscheidung über die elterliche Sorge aus dem Scheidungsverbund herausgenommen. Will ein Elternteil im Zuge der Ehescheidung die elterliche Sorge auf sich allein übertragen lassen, muß er einen gesonderten Antrag stellen und darlegen, daß die Aufhebung der gemeinsamen Sorge und die Übertragung auf ihn als den Antragsteller dem Kindeswohl am besten entspricht. Der Parteivortrag muß also zweistufig sein:

1. Warum entspricht die Aufhebung der gemeinsamen Sorge dem Kindeswohl am besten?
2. Warum soll die elterliche Sorge ganz oder teilweise auf den Antragsteller übertragen werden und entspricht dies dem Kindeswohl am besten?

2.4.1 Einigkeit der Eltern über den Aufenthalt des Kindes

59   Welche Argumente sollen dafür vorgebracht werden, daß die gemeinsame elterliche Sorge aufgehoben wird? Die bisherige Praxis war die, daß der Antrag auf Übertragung der elterlichen Sorge häufig bereits bei oder kurz nach der Trennung gestellt wurde. Vielen Gerichten hat die Tatsache der Trennung bereits genügt, um die elterliche Sorge auf den ständig betreuenden Elternteil zu übertragen.

Es bleibt abzuwarten, wie die Gerichte in Zukunft mit den Sorgerechtsanträgen umgehen: Nehmen sie den Auftrag des Gesetzgebers ernst, die elterliche Sorge nur dann zu übertragen, wenn es dem Kindeswohl am besten entspricht, oder entscheiden sie wie teilweise bisher über einen Antrag auf Sorgerechtsübertragung mehr oder weniger automatisch?

Geht man vom Gesetzeswortlaut und von den Intentionen des Gesetzgebers aus, so ist festzustellen: Die Hemmschwelle für diese Anträge hat sich ganz erheblich erhöht! Es kann nicht mehr ausreichen, daß der ständig betreuende Elternteil nach der Trennung erklärt, die Kinder lebten jetzt bei ihm und er beanspruche deshalb die alleinige elterliche Sorge! 60

Durch die Einführung des Instituts der Alleinzuständigkeit des ständig betreuenden Ehegatten in Angelegenheiten des täglichen Lebens, § 1687 BGB (vgl. Rn. 68), sind wesentliche Gesichtspunkte weggefallen, die bisher in der Praxis gegen die Beibehaltung der gemeinsamen elterlichen Sorge gesprochen haben. Wie unten (Rn. 67) dargelegt, ist gem. § 1687 Abs. 1 Satz 1 BGB das gegenseitige Einvernehmen der Eltern letztlich nur noch erforderlich in Angelegenheiten, deren Regelung für das Kind von erheblicher Bedeutung ist.

Demgemäß wird man unter Hinweis auf § 1687 Abs. 1 Satz 1 BGB vortragen müssen: Es werden Entscheidungen in Angelegenheiten von erheblicher Bedeutung zu treffen sein und die Eltern werden sich darüber nicht verständigen können! Es wird nicht ausreichen vorzutragen, daß derzeit zwischen den Eltern ein erhebliches Streitpotential vorhanden ist. Man wird vielmehr dargelegen müssen, daß eine Beseitigung der Konflikte auch mit Hilfe von Beratung nicht zu erwarten und die gemeinsame Wahrnehmung der elterlichen Verantwortung nicht mehr möglich ist! 61

In der 2. Stufe wird dann im einzelnen vorzutragen sein, daß es nicht genügt, nur einen Teil der elterlichen Sorge auf den Antragsteller zu übertragen. 62

Aus diesen Überlegungen folgt: In den Fällen, in denen der Aufenthalt des Kindes außer Streit steht, wird in Zukunft die Aufhebung der gemeinsamen elterlichen Sorge eher die Ausnahme sein.

2.4.2 Keine Einigkeit der Eltern über den Aufenthalt des Kindes

Wenn sich die Eltern in der bisherigen Praxis über den Aufenthalt nicht einig wurden, kam es zu streitigen Sorgerechtsauseinandersetzungen, die 63 in manchen Fällen jahrelang gedauert und eines erreicht haben: dem Wohl der Kinder und Familien wurde Schaden zugefügt!

Auch hier wird man in Zukunft zweistufig vorgehen müssen: Man wird zunächst darlegen müssen, weshalb nicht nur eine gerichtliche Entscheidung über den Aufenthalt begehrt wird, sondern weshalb es notwendig ist, die gemeinsame elterliche Sorge aufzuheben! In der 2. Stufe wird darzulegen sein, weshalb es nicht ausreicht, nur einen Teil der elterlichen Sorge auf den Antragsteller zu übertragen.

64 Es liegt auf der Hand, daß bei streitigen Sorgerechtsanträgen nicht nur Rücksicht auf die familiären Beziehungen zu nehmen ist. Es ist auch Vorsicht geboten! Der Elternteil, der beantragt, die gemeinsame elterliche Sorge aufzuheben und dem anderen Elternteil die elterliche Sorge zu entziehen, riskiert, daß ihm vorgehalten wird, er sei weniger als der andere geeignet, die elterliche Sorge zu behalten. Wenn der antragstellende Elternteil nicht erhebliche Gründe für die Aufhebung der gemeinsamen elterlichen Sorge und gegen die Erziehungsfähigkeit des anderen Elternteils vorbringen und beweisen kann, dürften sein Antrag und die „Torpedierung" des gemeinsamen Sorgerechts gegen seine eigene Erziehungsfähigkeit sprechen.

65 In der amtlichen Begründung wird ausgeführt, daß ein Antragsteller nicht darzulegen brauche, daß er selbst „der bessere Elternteil sei" (BT-Drucks. 1348/99, S. 99). Darin wird deutlich, daß der Gesetzgeber die Praxis streitiger Sorgerechtsauseinandersetzungen wenig kennt. Häufig wird nicht einmal vorgetragen, daß der Antragsgegner zwar gut, der Antragsteller aber besser zur Erziehung geeignet sei. In aller Regel läuft der Vortrag beider Parteien darauf hinaus, den anderen Elternteil massiv abzuqualifizieren.

66 Angesichts der Risiken für den Antragsteller und der gesetzlichen Anforderungen des § 1671 BGB für einen schlüssigen Antrag ist zu hoffen, daß überflüssige Sorgerechtsstreitigkeiten reduziert werden. Um auch den Kindern getrenntlebender oder geschiedener Eltern beide Elternteile verantwortlich in gemeinsamer Sorge zu erhalten, wird von den Rechtsanwälten erhebliches Fingerspitzengefühl bei der Beratung darüber verlangt werden, ob ein Sorgerechtsantrag gestellt werden soll oder nicht.

Sicher wird es auch in Zukunft Eltern geben, die – aus welchen Gründen auch immer – zur Ausübung der gemeinsamen elterlichen Sorge nach Trennung oder Scheidung nicht in der Lage sind. Das Gesetz gebietet den Eltern aber nun, sich um die gemeinsame Sorge erheblich intensiver zu bemühen, als dies nach der alten Regelung der Fall war.

Elterliche Sorge **A**

3. Regelungen über die Ausübung der gemeinsamen elterlichen Sorge bei Trennung, § 1687 BGB

3.1 Gegenseitiges Einvernehmen der Eltern

Gem. § 1687 Abs. 1 Satz 1 BGB ist bei Entscheidungen in Angelegenheiten, deren Regelung für das Kind von erheblicher Bedeutung ist, gegenseitiges Einvernehmen erforderlich. 67

3.2 Alleinzuständigkeit in Angelegenheiten des täglichen Lebens

Die Beibehaltung der gemeinsamen elterlichen Sorge wird dadurch wesentlich erleichtert, daß der Elternteil, bei dem sich das Kind gewöhnlich aufhält, nach § 1687 Abs. 1 Satz 2 BGB die Befugnis zur alleinigen Entscheidung in Angelegenheiten des täglichen Lebens hat. Dies sind nach der Legaldefinition solche, die häufig vorkommen und die keine schwer abzuändernden Auswirkungen auf die Entwicklung des Kindes haben. 68

Alleinentscheidungsbefugnis im Sinne dieser Vorschrift umfaßt Sorgerecht und Vertretungsbefugnis (BT-Drucks. 13/4899, S. 107). Die Befugnis betrifft die praktischen Fragen der täglichen Betreuung, Entscheidungen im Bereich von Schule, Berufsausbildung, medizinischer Versorgung usw. Das gleiche gilt für unbedeutende Angelegenheiten im Bereich der Vermögenssorge (BT-Drucks. 13/4899, S. 107 f.). 69

Hält sich das Kind mit Einwilligung des ständig betreuenden Elternteils beim anderen Elternteil auf, hat dieser nach § 1687 Abs. 1 Satz 4 BGB die Befugnis zur alleinigen Entscheidung in Angelegenheiten der tatsächlichen Betreuung! Bei Gefahr im Verzug gilt das Alleinvertretungsrecht nach § 1629 BGB (vgl. o. Rn. 14). 70

Gem. § 1687 Abs. 2 BGB kann das Familiengericht allerdings diese Befugnisse einschränken oder ausschließen, wenn dies zum Wohl des Kindes erforderlich ist.

3.3 Alleinzuständigkeit für den Nichtsorgeberechtigten gem. § 1687 a BGB

Der nichtsorgeberechtigte Elternteil, bei dem sich das Kind mit Einwilligung des anderen aufhält, hat die gleichen Befugnisse zur alleinigen Ent- 71 scheidung in Angelegenheiten der tatsächlichen Betreuung bzw. bei Gefahr in Verzug. Damit wird die Position des Elternteils, der berechtigten Umgang ausübt, erheblich gestärkt!

4. Neuregelung bei nicht verheirateten Eltern, § 1672 BGB

72 Nach der bisherigen Rechtslage war eine Übertragung der elterlichen Sorge auf den Vater gesetzlich nicht vorgesehen. Er konnte lediglich Vormund sein.

4.1 Übertragung von der Mutter auf den Vater

73 Die neue Regelung in § 1672 Abs. 1 BGB ermöglicht eine Übertragung der elterlichen Sorge durch das Familiengericht auf den nicht mit der Mutter verheirateten Vater, wenn diese vorher gem. § 1626a Abs. 2 BGB allein der Mutter zustand und die Eltern nicht nur vorübergehend getrennt leben. Voraussetzung ist allerdings, daß die Mutter zustimmt und die Übertragung **dem Kindeswohl dient.**

Hat die Mutter bereits in eine Adoption eingewilligt, ist ihre Zustimmung nicht mehr notwendig, § 1751 Abs. 1 Satz 6 BGB.

4.2 Weiterübertragung vom Vater auf beide Eltern

74 Mit § 1672 Abs. 2 BGB ist die Möglichkeit geschaffen worden, das Sorgerecht, das zunächst von der Mutter auf den Vater übertragen wurde, durch das Familiengericht **auf beide Eltern** gemeinsam zu übertragen, wenn ein Elternteil dies beantragt, der andere zustimmt und die Entscheidung **dem Wohl des Kindes nicht widerspricht.**

Damit ist es den nicht verheirateten Eltern möglich, die elterliche Sorge gemeinsam zu erhalten, entweder durch Sorgeerklärungen oder mit Hilfe des Familiengerichts, wenn die elterliche Sorge zunächst von der Mutter auf den Vater übergegangen war. Auch darin kommt zum Ausdruck, welch hoher Stellenwert der gemeinsamen elterlichen Sorge in der Neuregelung eingeräumt ist!

VII.
Generalklausel – Maßstab Kindeswohl

§ 1697a BGB wurde neu eingefügt und enthält einen allgemeinen Entscheidungsmaßstab und allgemeine Eingriffsvoraussetzungen für gerichtliche Entscheidungen auf dem Gebiet der elterlichen Sorge. Danach trifft das Gericht „diejenige Entscheidung, die unter Berücksichtigung der tatsächlichen Gegebenheiten und Möglichkeiten sowie der berechtigten Interessen der Beteiligten dem Wohl des Kindes am besten entspricht". Diese Generalklausel gilt für alle Entscheidungen im Rahmen der elterlichen Sorge und des Umgangs.

75

Es handelt sich hier materiellrechtlich nicht um eine Neuregelung. Bereits im vorher geltenden Recht war der Maßstab für Entscheidungen das Kindeswohl. Er war jedoch nicht immer ausdrücklich im Gesetz erwähnt, sondern fand sich teilweise nur in Begründungen oder Kommentierungen. Neben dem Kindeswohl sind auch die tatsächlichen Möglichkeiten und Gegebenheiten zu berücksichtigen sowie die Interessen der Beteiligten, in der Regel der Eltern. Mit dieser neuen Vorschrift wird daher lediglich die bisherige Rechtslage nach der Rechtsprechung und der herrschenden Meinung ausdrücklich im Gesetz bekräftigt.

76

VIII.
Erweitertes Beratungsangebot der Jugendämter

Ein wesentliches Element der Kindschaftsrechtsreform ist, die Privatautonomie der Familie in den Vordergrund zu stellen. Die Förderung dieser Privatautonomie setzt aber voraus, daß das gerichtliche Verfahren mit den Beratungsangeboten der Jugendhilfe eng verzahnt wird (vgl. Wiesner FuR 1997, 268).

77

1. Anspruch auf Beratung gem. § 17 SGB VIII

Die bisher geltende Fassung des § 17 SGB VIII war nur eine Sollvorschrift. Danach sollte Müttern und Vätern Beratung in Fragen der Partnerschaft angeboten werden, wenn sie für ein Kind oder einen Jugendlichen zu sorgen hatten oder sorgten. Die Beratung sollte insbesondere helfen, Konflikte und Krisen in der Familie zu bewältigen und im Falle der Trennung oder Scheidung die Bedingungen für eine dem Wohl des Kindes oder

78

A   Erläuterungen

Jugendlichen förderliche Wahrnehmung der Elternverantwortung zu schaffen. Außerdem sollten im Falle der Trennung oder Scheidung die Eltern bei der Entwicklung eines einvernehmlichen Konzepts für die Wahrnehmung der elterlichen Sorge unterstützt werden, das als Grundlage für die richterliche Entscheidung über das Sorgerecht nach der Trennung oder Scheidung dienen konnte.

79   Die Neufassung des § 17 SGB VIII enthält nunmehr einen **Anspruch** von Müttern und Vätern auf diese Beratung, deren Inhalt und Umfang im übrigen noch ausgeweitet worden ist: Das Beratungsangebot im Falle einer Trennung oder Scheidung soll nunmehr gem. § 17 SGB VIII eine angemessene Beteiligung des betroffenen Kindes oder Jugendlichen enthalten. Eine Beteiligung der Kinder/Jugendlichen war im bisherigen Recht nicht ausdrücklich vorgesehen.

80   Um sicherzustellen, daß das Beratungsangebot auch den Eltern bekannt und von ihnen wahrgenommen wird, regelt § 17 Abs. 3 n. F. SGB VIII die Unterrichtung der Jugendämter durch das Familiengericht über ein anhängiges Scheidungsverfahren, wenn minderjährige Kinder vorhanden sind. Die Jugendämter werden daraufhin die Eltern anschreiben und über das Beratungsangebot und den Beratungsanspruch informieren. Es bleibt dann zwar immer noch Sache der Eltern, das Beratungsangebot wahrzunehmen. Der Gesetzgeber hat jedoch alles getan, um diesen Weg möglichst zu erleichtern. Auch Eltern, die bei ihrer Scheidung bzw. Trennung keine Anträge zum Sorgerecht stellen, sollen nach der Neuregelung nicht ohne Unterstützung der Jugendämter bleiben.

2.   Rechte gem. § 18 SGB VIII beim Umgang

81   In § 18 SGB VIII (Beratung und Unterstützung bei der Ausübung der Personensorge) wurde ein neuer Abs. 3 aufgenommen. Der bisherige Abs. 3, der den Beratungsanspruch der Mutter nichtehelicher Kinder regelte, ist entfallen.

Der neue Beratungsanspruch für Kinder und Umgangsberechtigte ist in Kapitel 2, Rn. 116 ff., dargelegt.

3.   Beratungsanspruch des nicht mit der Mutter verheirateten Vaters

82   Das Beratungsangebot des Jugendamts bezieht sich auch auf die Beratung von nicht verheirateten Vätern, wenn keine Sorgerechtserklärungen abge-

geben worden sind, bei Vaterschaftsfeststellungen, im Falle von Beistandschaft, Pflegschaft und Vormundschaft, § 51 Abs. 3 SGB VIII. Die wichtigste Änderung hier ist ebenfalls die Einführung eines Rechtsanspruchs auf Beratung.

IX.
Übersichten zur elterlichen Sorge

1. Synopse: §§ 1671, 1672 a. F. und n. F.

§ 1671 a. F.
Elterliche Sorge bei Scheidung

(1) Wird die Ehe der Eltern geschieden, so bestimmt das Familiengericht, welchem Elternteil die elterliche Sorge für ein gemeinschaftliches Kind zustehen soll.

(2) Das Gericht trifft die Regelung, die dem Wohle des Kindes am besten entspricht; hierbei sind die Bindungen des Kindes, insbesondere an seine Eltern und Geschwister, zu berücksichtigen.

(3) Von einem übereinstimmenden Vorschlag der Eltern soll das Gericht nur abweichen, wenn dies zum Wohle des Kindes erforderlich ist. Macht ein Kind, welches das vierzehnte Lebensjahr vollendet hat, einen abweichenden Vorschlag, so entscheidet das Gericht nach Absatz 2.

(4) Die elterliche Sorge ist einem Elternteil allein zu übertragen. Erfordern es die Vermögensinteressen des Kindes, so kann die Vermögenssorge ganz oder teilweise dem anderen Elternteil übertragen werden.

(5) Das Gericht kann die Personensorge und die Vermögenssorge einem Vormund oder Pfleger übertragen, wenn dies erforderlich ist, um eine

§ 1671 n. F.
Gemeinsame elterliche Sorge bei Trennung auf Antrag

(1) Leben Eltern, denen die elterliche Sorge gemeinsam zusteht, nicht nur vorübergehend getrennt, so kann jeder Elternteil beantragen, daß ihm das Familiengericht die elterliche Sorge oder einen Teil der elterlichen Sorge allein überträgt.

(2) Dem Antrag ist stattzugeben, soweit

1. der andere Elternteil zustimmt, es sei denn, daß das Kind das vierzehnte Lebensjahr vollendet hat und der Übertragung widerspricht, oder
2. zu erwarten ist, daß die Aufhebung der gemeinsamen Sorge und die Übertragung auf den Antragsteller dem Wohl des Kindes am besten entspricht.

(3) Dem Antrag ist nicht stattzugeben soweit die elterliche Sorge auf Grund anderer Vorschriften abweichend geregelt werden muß.

A Erläuterungen

Gefahr für das Wohl des Kindes abzuwenden. Es soll dem Kind für die Geltendmachung von Unterhaltsansprüchen einen Pfleger bestellen, wenn dies zum Wohle des Kindes erforderlich ist.

(6) Die vorstehenden Vorschriften gelten entsprechend, wenn die Ehe der Eltern für nichtig erklärt worden ist.

§ 1672 a. F.	§ 1672 n. F.
Elterliche Sorge bei Getrenntleben	Alleinsorge nichtverheirateter Eltern – Übertragung von der Mutter auf den Vater

Leben die Eltern nicht nur vorübergehend getrennt, so gilt § 1671 Abs. 1 bis 5 entsprechend. Das Gericht entscheidet auf Antrag eines Elternteils; es entscheidet von Amts wegen, wenn andernfalls das Wohl des Kindes gefährdet wäre und die Eltern nicht gewillt oder nicht in der Lage sind, die Gefahr abzuwenden.

(1) Leben die Eltern nicht nur vorübergehend getrennt und steht die elterliche Sorge nach § 1626a Abs. 2 der Mutter zu, so kann der Vater mit Zustimmung der Mutter beantragen, daß ihm das Familiengericht die elterliche Sorge oder einen Teil der elterlichen Sorge allein überträgt. Dem Antrag ist stattzugeben, wenn die Übertragung dem Wohl des Kindes dient.

(2) Soweit eine Übertragung nach Absatz 1 stattgefunden hat, kann das Familiengericht auf Antrag eines Elternteils mit Zustimmung des anderen Elternteils entscheiden, daß die elterliche Sorge den Eltern gemeinsam zusteht, wenn dies dem Wohl des Kindes nicht widerspricht. Das gilt auch, soweit die Übertragung nach Abs. 1 wieder aufgehoben wurde.

2. Neuregelung der elterlichen Sorge

1. Die Wörter „der Vater und die Mutter haben das Recht und die Pflicht" werden ersetzt durch die Wörter „die **Eltern** haben die **Pflicht** und das **Recht**."
2. Die Grundnorm des § 1626 BGB wird durch Abs. 3 ergänzt: Zum Wohl des Kindes gehört in der Regel der **Umgang** mit beiden Elternteilen und anderen Bindungspersonen.
3. **Gemeinsame elterliche Sorge** für nicht verheiratete Eltern durch **Sorgeerklärungen** gem. § 1626a Abs. 1 Nr. 1 BGB.

Elterliche Sorge **A**

4. **Vertretungsregelungen:**
   a) **Alleinvertretung** bei Gefahr im Verzug, § 1629 Abs. 1 Satz 4
   b) Vertretungsrecht für Unterhaltsansprüche des Kindes durch Elternteil, in dessen **Obhut** sich das Kind befindet
   c) Keine Änderung bei der Prozeßstandschaft
   d) bei getrenntlebenden Eltern **Alleinentscheidungsbefugnis** in Angelegenheiten des täglichen Lebens für Elternteil, bei dem sich das Kind gewöhnlich aufhält, § 1687 BGB
   e) **Alleinentscheidungsbefugnis** für Pflegepersonen, § 1688 BGB.

5. **Mißhandlungsverbot:** Unzulässigkeit entwürdigender Erziehungsmaßnahmen, insbesondere **körperlicher und seelischer Mißhandlungen**, § 1631 BGB.

6. Bei **Kindeswohlgefährdung** oder Vermögensgefährdung Eingriffsbefugnis des Familiengerichts gem. §§ 1666, 1667 BGB.

7. **Tod** des Sorgerechtsinhabers:
   a) bei gemeinsamer elterlicher Sorge bleibt der Überlebende sorgeberechtigt
   b) bei alleiniger elterlicher Sorge:
      – Tod des Elternteils, der gem. § 1671 oder § 1672 Abs. 1 die elterliche Sorge übertragen erhalten hat: Übertragung auf den Überlebenden, wenn dies dem Kindeswohl nicht **widerspricht**
      – Tod der nicht verheirateten Mutter: Übertragung auf Vater, wenn es dem Wohl des Kindes dient
      – bei Tod eines Elternteils Verbleibensanordnung beim Stiefelternteil.

3. Elterliche Sorge bei nicht verheirateten Eltern

I. Bisherige Rechtslage

1. Unterscheidung zwischen ehelichen und nichtehelichen Kindern
2. Keine gemeinsame elterliche Sorge für nicht miteinander verheiratete Eltern, sondern Alleinsorge der Mutter für das nichteheliche Kind, §§ 1705 ff. a. F. BGB.

II. Neue Rechtslage

1. Wegfall
   – der Unterscheidung zwischen ehelichen und nichtehelichen Kindern
   – der Vorschriften der §§ 1705 bis 1711 a. F. BGB
   – des Merkmals „nichtehelich"; statt dessen jetzt: „Kinder, deren Eltern nicht miteinander verheiratet sind".

A   Erläuterungen

2. Institut der **Sorgeerklärungen** für nicht verheiratete Eltern, § 1626 a BGB
   a) Voraussetzungen:
      - Eltern bei Geburt nicht verheiratet
      - Abgabe durch Eltern selbst, § 1626 c BGB
      - öffentliche Beurkundung
      - keine Bedingungen oder Zeitbestimmungen
   b) Abgabe schon vor der Geburt des Kindes bzw. jederzeit danach möglich
   c) Rechtsfolge:
      gemeinsame elterliche Sorge, § 1626 Abs. 1 BGB.
3. **Alleinsorge der Mutter,** wenn keine Sorgeerklärungen abgegeben werden, § 1626 Abs. 2 BGB.
4. **Trennung der Eltern**
   a) bei **gemeinsame** elterliche Sorge:
      - Übertragung ganz oder teilweise auf einen Elternteil, § 1671 BGB, bei Zustimmung oder **soweit** Aufhebung der gemeinsamen elterlichen Sorge und Übertragung auf einen Elternteil dem Kindeswohl am besten entspricht
      - **Alleinzuständigkeit** in Angelegenheiten des täglichen Lebens für den Elternteil, bei dem sich das Kind gewöhnlich aufhält, § 1687 BGB
   b) bei **Alleinsorge der Mutter**
      - Übertragung auf den **Vater** mit Zustimmung der Mutter, § 1672 Abs. 1 BGB, wenn dies dem Kindeswohl **dient**
      - danach Weiterübertragung auf beide Eltern, § 1672 Abs. 2 BGB, wenn dies dem Kindeswohl **nicht widerspricht**
   c) Umgangsrecht
      - **Recht** des Kindes auf Umgang
      - Umgangs**pflicht** und Umgangs**recht** für beide Elternteile (wie bei verheirateten Eltern), § 1684 Abs. 1 BGB.

4. Elterliche Sorge bei Trennung und Scheidung

I. Bisherige Rechtslage

1. Gem. § 1671 a. F. BGB bestimmt das Familiengericht bei der Scheidung, wem die elterliche Sorge zusteht. Elterliche Sorge kann nur im ganzen übertragen werden (Ausnahme: Vermögenssorge).
2. Bei Trennung verheirateter Eltern gilt gem. § 1672 a. F. ebenfalls § 1671 a. F. entsprechend.

Elterliche Sorge **A**

II. Neue Rechtslage

Grundsatz: § 1671 n. F. BGB gilt **für alle Eltern,** die nicht nur vorübergehend getrennt leben, sofern sie die gemeinsame elterliche Sorge haben, also für Verheiratete und Nichtverheiratete

1. Voraussetzungen:
   - gemeinsame elterliche Sorge
   - nicht nur vorübergehende Trennung
   - **Antrag** eines Elternteils (Antragsverfahren)
   - Zustimmung des anderen Elternteils und kein Widerspruch des über 14 Jahre alten Kindes oder

   Aufhebung der gemeinsamen Sorge und Übertragung auf ein Elternteil entspricht dem Kindeswohl am besten.

2. Inhalt und Umfang der Sorgerechtsübertragung:

   Ein Elternteil kann beim Familiengericht beantragen, die elterliche Sorge im ganzen oder **einen Teil** der elterlichen Sorge zu erhalten.

   Gericht kann dem Antrag ganz oder teilweise stattgeben, nämlich **soweit** zu erwarten ist, daß Aufhebung und Übertragung dem Kindeswohl **am besten** entsprechen.

3. Sorgerechtsregelung bei **Alleinsorge der Mutter** gem. § 1672 BGB (Eltern waren nicht verheiratet):
   - Übertragung auf den Vater mit Zustimmung der Mutter, § 1672 Abs. 1 BGB, wenn dies dem Wohl des Kindes dient
   - danach Weiterübertragung auf beide Eltern, § 1672 Abs. 2 BGB, wenn dies dem Kindeswohl nicht widerspricht.

4. **Alleinzuständigkeit** bei getrenntlebenden Eltern in Angelegenheiten des täglichen Lebens für den Elternteil, bei dem sich das Kind gewöhnlich aufhält, § 1687 BGB.

III. Übergangsregelung

Ein Verfahren gem. § 1671 a. F. (Regelung der elterlichen Sorge nach der Scheidung) ist als in der Hauptsache erledigt anzusehen, wenn nicht bis zum Ablauf von drei Monaten nach dem 1. 7. 1998 ein Elternteil beim Familiengericht den **Antrag** gestellt hat, die elterliche Sorge oder einen Teil der elterlichen Sorge allein zu erhalten.

Die am 1. Juli 1998 anhängigen Verfahren bleiben bei den Gerichten anhängig, bei denen sie bisher anhängig waren!

Kapitel 2
Umgangsrecht

I.
Bisherige Rechtslage

Auf dem Gebiet des Umgangsrechts trat die Ungleichbehandlung **ehelicher** und **nichtehelicher** Kinder besonders kraß hervor. Während der nichtsorgeberechtigte Elternteil eines **ehelichen** Kindes einen Anspruch auf das verfassungsrechtlich geschützte Umgangsrecht (als Ausfluß des Elternrechts aus Art. 6 Abs. 2 Satz 1 GG) gem. § 1634 a. F. BGB hatte, stand dem Vater eines **nichtehelichen** Kindes ein „echtes" Umgangsrecht **nicht** zu. Gem. § 1711 Abs. 1 a. F. BGB hatte der Elternteil, dem die Personensorge zustand (in der Regel die Mutter gem. § 1705 a. F. BGB), ein **Umgangsbestimmungsrecht**. Der Vater des nichtehelichen Kindes konnte sich gegen den Willen der Mutter das Umgangsrecht nur unter den besonderen Voraussetzungen des § 1711 Abs. 2 a. F. BGB beim Vormundschaftsgericht erkämpfen. 83

1. Umgang mit dem ehelichen Kind

1.1 Umgangsrecht und Umgangspflicht des nicht ständig betreuenden Elternteils

Das **Recht** des nicht sorgeberechtigten Elternteils zum persönlichen Umgang mit seinem ehelichen Kind ergab sich aus § 1634 Abs. 1 Satz 1 a. F. BGB. Dort war geregelt, daß dieser Elternteil auch während der Trennungszeit oder nach der Scheidung den Kontakt zu seinem Kind weiter pflegen konnte. Ein Umgangsrecht bestand auch, wenn die elterliche Sorge beiden Eltern nach der Scheidung gemeinsam belassen wurde und sie nicht nur vorübergehend getrennt lebten (§ 1634 Abs. 4 a. F. BGB analog). Das Umgangsrecht hatte dann der Elternteil, in dessen **Obhut** sich das Kind **nicht** befand. 84

Durch die gesetzliche Verankerung des Umgangsrechts soll sichergestellt werden, daß trotz Trennung oder Scheidung der Eltern das Kind Mutter 85

A   Erläuterungen

und Vater behält, eine Ehescheidung also nicht zur „Familienscheidung" wird. Auch soll einer Entfremdung des Kindes vom nichtsorgeberechtigten Elternteil vorgebeugt und dem Liebesbedürfnis des betroffenen Elternteils und des Kindes Rechnung getragen werden. Gleichzeitig wird dem Umgangsberechtigten dadurch Gelegenheit gegeben, sich von dem körperlichen und geistigen Befinden des Kindes und seiner Entwicklung durch Augenschein und gegenseitige Aussprache fortlaufend zu überzeugen (vgl. BGH FamRZ 1984, S. 778).

86   Das Umgangsrecht erwächst aus dem **Elternrecht**, das unter dem Schutz von Art. 6 Abs. 2 Satz 1 GG steht. Dieses Elternrecht beinhaltet auch **Pflichten**, nämlich die nach Trennung oder Scheidung fortbestehende Elternverantwortung auch des Nichtsorgeberechtigten. So sind Eltern dazu angehalten, nach Trennung oder Scheidung die damit einhergehenden Verlustängste des Kindes zu mildern und einen im Interesse des Kindes liegenden persönlichen Kontakt aufrechtzuerhalten. Deshalb sind **Umgangsrecht** und **Umgangspflicht** unlöslich miteinander verbunden! (MüKo/Hinz, § 1634 Rn. 1, 1a).

1.2 Wohlverhaltensklausel

87   Gem. § 1634 Abs. 1 Satz 2 a. F. BGB haben Eltern alles zu unterlassen, was das Verhältnis des Kindes zum jeweils anderen Elternteil beeinträchtigt oder die Erziehung des Kindes erschwert. Diese Wohlverhaltensklausel normiert somit die Pflicht der Eltern zu gegenseitigem loyalem Verhalten.

88   Der sorgeberechtigte Elternteil hat dementsprechend nicht nur die Pflicht, dem Kind den Kontakt mit dem anderen Elternteil zu ermöglichen, sondern soll darüber hinaus dem Kind auch vermitteln, daß er selbst diese Begegnungen begrüßt, ihnen positiv gegenübersteht und sie fördert, indem er etwa darauf hinwirkt, daß das Kind den Umgangsberechtigten besucht. Keinesfalls darf das Kind negativ gegen den Umgangsberechtigten beeinflußt werden (Partnerkonflikte dürfen nicht auf der Elternebene ausgetragen werden!). Umgekehrt ist der Umgangsberechtigte dazu angehalten, das Kind nicht gegen den Sorgeberechtigten aufzubringen oder dessen Erziehungsstil zu kritisieren.

1.3 Rechte des Kindes

89   Ausdrücklich normiert war ein **Umgangsrecht** des Kindes gegenüber dem nichtsorgeberechtigten Elternteil zwar nicht, jedoch wurde ein solches

Recht zumindest in der jüngeren Vergangenheit verstärkt anerkannt (vgl. MüKo/Hinz, § 1634 Rn. 1 b; vor § 1626 Rn. 9 c). Dieses **Umgangsrecht des Kindes** steht im Gegenseitigkeitszusammenhang mit der oben geschilderten **Umgangspflicht** des Elternteils. Ein Recht auf Erfüllung dieser Umgangspflicht kann nur das Kind haben!

Die UN-Konvention über die Rechte des Kindes vom 20. 11. 1989 regelt in Art. 9 Abs. 3 ein **Recht des Kindes,** das von einem Elternteil getrennt ist, regelmäßige persönliche Beziehungen und unmittelbare Kontakte zu diesem Elternteil zu pflegen. Dieses Übereinkommen trat am 5. 4. 1992 in der Bundesrepublik in Kraft und kann, auch wenn die innerstaatliche Umsetzung lange gedauert hat, als Anstoß zur Reform des Umgangsrechts und zur Neuformulierung des § 1684 BGB verstanden werden. 90

Dem Kind stand zwar auch kein eigenes **Ablehnungsrecht** gegenüber dem Umgang mit dem nichtsorgeberechtigten Elternteil zu, jedoch mußte im Rahmen der familiengerichtlichen Regelung der Wille des Kindes berücksichtigt werden. Dies ergab sich aus dem Persönlichkeitsrecht des Kindes. Das Gericht hatte dabei in seine Überlegungen auch das **Alter des Kindes** einzubeziehen: Während es sich beim jüngeren Kind an objektiven Kriterien orientieren mußte, konnte es beim älteren verstärkt subjektive Elemente, also den Willen des Kindes, einfließen lassen. Oft beruht beim jüngeren Kind die ablehnende Haltung auf negativer Beeinflussung durch den sorgeberechtigten Elternteil. Das Gericht hat dann darauf hinzuwirken, daß der Sorgeberechtigte den Umgang nicht blockiert, sondern ihn zumindest duldet und in gewissem Maße auf das Kind einwirkt. Ältere Kinder – in der Regel ab dem 12. Lebensjahr – können bei nachvollziehbarer Ablehnung des Kontakts mit dem Umgangsberechtigten nicht zur Ausübung des Umgangs gezwungen werden. Ein solcher Zwang wäre dem Zweck des Umgangsrechts – der Pflege einer harmonischen Eltern-Kind-Beziehung – nicht förderlich! 91

1.4 Einschränkung und Ausschluß des Umgangsrechts

An die Beschränkung oder notfalls den Ausschluß des Umgangsrechts (§ 1634 Abs. 2 Satz 2 a. F. BGB) waren wegen dessen Verfassungsrangs hohe Anforderungen zu stellen. Maßstab war allein die **Erforderlichkeit** für das **Kindeswohl.** Innerhalb der Erforderlichkeit wurde auf den **Grundsatz der Verhältnismäßigkeit** abgestellt. Deshalb galt es, die am wenigsten einschneidende Maßnahme zu wählen, d. h. der völlige Ausschluß kam nur bei einer schweren konkreten Gefährdung des Kindeswohls in Betracht kam. 92

93 Ausreichend für den Ausschluß war jedenfalls nicht allein der Verdacht oder gar nur die Behauptung des sexuellen Mißbrauchs. Vielmehr wurden in einem solchen Fall flankierende Schutzmaßnahmen, etwa begleitendes Umgangsrecht, angeordnet. Ein Ausschluß kam dagegen in Betracht, wenn sich der Umgangsberechtigte z. B. in Strafhaft befand und das Kindeswohl durch negative Eindrücke bei dem Besuch in der Strafvollzugsanstalt stark beeinträchtigt war.

1.5 Kreis der Umgangsberechtigten

94 Ein Mangel des bisherigen Umgangsrechts war, daß Großeltern und andere Verwandte **kein** Umgangsrecht besaßen. Dabei sind aber verwandtschaftliche Beziehungen für die Entwicklung des Kindes von besonderer Bedeutung und diese sollen, wenn keine dringenden Gründe dagegen sprechen, aufrechterhalten und gepflegt werden. Wenn der Sorgeberechtigte ohne nachvollziehbare Gründe den persönlichen Kontakt des Kindes zu seinen Großeltern unterband, konnte darin ein Sorgerechtsmißbrauch gesehen werden, durch den das Kindeswohl gefährdet war. Die Großeltern hatten dann, jedenfalls in krassen Fällen die Möglichkeit, ein Verfahren nach § 1666 BGB anzustrengen.

2. Umgang mit dem nichtehelichen Kind

95 Die bisherige Rechtslage bezüglich des Umgangsrechts des Vaters mit seinem nichtehelichen Kind wurde als völlig unzureichend, wenn nicht gar verfassungswidrig angesehen. Allerdings hatte das BVerfG noch 1981 die Regelung bestätigt: Es bestehe ein grundsätzlicher Unterschied in der Situation geschiedener und niemals verheirateter Eltern, deshalb seien „nichteheliche Väter" auch nicht benachteiligt. Somit müßte der Mutter die Entscheidungsbefugnis zuerkannt werden, ob und wann der Vater mit seinem Kind zusammen sein könne. Diese Sichtweise erschien in den Folgejahren völlig anachronistisch.

96 Gem. § 1711 Abs. 1 Satz 1 a. F. BGB stand der in der Regel alleinsorgeberechtigten Mutter (§ 1705 Satz 1 BGB) ein **Bestimmungsrecht** hinsichtlich des Umgangs des Vaters mit seinem Kind zu. Deshalb hing es oft von der Beziehung des Vaters zur Mutter ab, ob und in welchem Ausmaß der Vater Kontakt mit seinem Kind haben konnte.

Verstanden sich die Eltern gut, war das „Umgangsrecht" unproblematisch, gab es dagegen Störungen in der persönlichen Beziehung der Eltern, wurde auf § 1711 Abs. 1 Satz 1 BGB zurückgegriffen. In der Regel mußte es dann im Interesse des Kindes akzeptiert werden, wenn die Mutter aus verschiedenen Gründen Kontakte zwischen ihrem nichtehelichen Kind und dessen Vater ablehnte (vgl. MüKo/Hinz, § 1711 Rn. 4). Gegen den Willen der Mutter konnte sich der Vater ein Umgangsrecht nur unter den besonderen Voraussetzungen des § 1711 Abs. 2 a. F. BGB beim **Vormundschaftsgericht** erkämpfen:

Maßgebend für die vormundschaftsgerichtliche Entscheidung über den Antrag auf ein Umgangsrecht war gem. §§ 1711 Abs. 2, 1634 Abs. 2 a. F. BGB das **Wohl des Kindes.** In diesem Rahmen mußte der Umgang mit dem Vater wenigstens **nützlich** und **förderlich** sein. Dies ergab sich aus der Formulierung des Gesetzes (dem Kindeswohl „**dienen**"), die auf eine eng auszulegende Ausnahmebestimmung schließen ließ. 97

Eine Förderlichkeit für das Kindeswohl war dann gegeben, wenn der Vater aus väterlichem Verantwortungsgefühl und wirklicher Zuneigung die Beziehung zu seinem Kind suchte. Das Vormundschaftsgericht prüfte, wie der Vater sich bisher verhalten hatte: Kontakte zum Kind, Unterhaltszahlungen usw., auch die Weigerungsgründe der Mutter wurden in die Entscheidung miteinbezogen.

Dem Vater war ein ausgedehntes Umgangsrecht insbesondere dann einzuräumen, wenn eine nichteheliche Lebensgemeinschaft längere Zeit bestanden oder der Vater das Kind überwiegend betreut hatte. Voraussetzung für die Zubilligung eines Umgangsrechts war aber stets, daß die Vaterschaft festgestellt war. Daher konnte eine über viele Jahre andauernde nichteheliche Lebensgemeinschaft für den Stiefvater kein Umgangsrecht nach § 1711 a. F. BGB begründen. Wurde dem Vater ein Umgangsrecht nicht eingeräumt, hatte er zumindest einen **Auskunftsanspruch** und das Recht auf ein Bild des Kindes. 98

II.
Neue Rechtslage

1. Gewährleistung des Umgangs

In der Generalklausel über die elterliche Sorge, § 1626 BGB, ist der Umgang durch einen neuen Abs. 3 gewährleistet: Zum Wohl des Kindes gehört in der Regel der Umgang mit beiden Elternteilen. Gleiches gilt für den Umgang mit anderen Personen, zu denen das Kind Bindungen besitzt. In dieser Gewährleistung kommt zum Ausdruck, welche Bedeutung dem Umgang durch die Kindschaftsrechtsreform beigemessen wird! 99

2. Umgangspflicht und Umgangsrecht, § 1684 BGB

100 Auch beim Umgangsrecht wird nicht mehr danach unterschieden, ob die Eltern miteinander verheiratet sind oder nicht. § 1684 BGB regelt jetzt das **Recht** des **Kindes** auf Umgang mit jedem Elternteil und fixiert eine **Pflicht** jedes **Elternteils** auf Umgang mit dem Kind.

Mit dieser Rangfolge trägt das Gesetz den Vorgaben des BVerfG Rechnung (BVerfG FamRZ 1993, 662), welches das Umgangsrecht als Recht des Kindes gedeutet hatte.

Die gesetzliche Neuregelung macht deutlich, daß Umgang mit dem Kind keine bloße Befugnis eines Elternteils ist, die dieser ausübt oder auch nicht. Vielmehr wird nun eindeutig klargestellt, daß Umgang ein **Recht** des Kindes ist und eine **Pflicht** (und ein Recht) der Eltern. Die neue Rangfolge ist also in gleicher Weise Pflicht und Recht zur elterlichen Sorge gem. § 1626 Abs. 1 BGB wie Pflicht und Recht zum Umgang gem. § 1684 Abs. 1 BGB!

3. Wohlverhaltensklausel

101 § 1684 Abs. 2 BGB, die **Wohlverhaltensklausel,** stellt wie schon im alten Recht klar, „daß die Eltern alles zu unterlassen haben, was das Verhältnis des Kindes zum jeweils anderen Elternteil beeinträchtigt oder die Erziehung erschwert." Hier ist inhaltlich keine neue Regelung erfolgt. Die Formulierung ist lediglich klarer.

4. Regelung des Umgangs durch das Familiengericht

102 § 1684 Abs. 3 BGB gibt dem Familiengericht die Möglichkeit, über den Umfang des Umgangsrechts zu entscheiden und die Ausübung des Umgangsrechts auch gegenüber Dritten zu regeln. Das Familiengericht ist ermächtigt, die Beteiligten durch Anordnungen zur Erfüllung der in Abs. 2 geregelten Wohlverhaltenspflicht anzuhalten.

Die Ermächtigung zu solchen Anordnungen bezieht sich nach dem Gesetzeswortlaut ausschließlich auf die Pflicht der Eltern nach § 1684 Abs. 2, das Verhältnis des Kindes zum anderen Elternteil nicht zu beeinträchtigen, und nicht auf die in Abs. 1 geregelte Pflicht auf Umgang mit dem Kind. Hier ist die Reform inkonsequent! Es ist zwar richtig, daß ein umgangsunwilliger Elternteil durch Gerichtsbeschluß nicht zu einem liebevoll den Umgang ausübenden Elternteil gemacht werden kann. Eine neu geschaffene Befugnis des Gerichtes, auch insoweit Anordnungen zu treffen, hätte jedoch ein deutliches Signal gegeben, daß die Umgangspflicht der Eltern auch durchsetzbar ist.

Die Eltern haben alles zu unterlassen, was die Erziehung erschwert. Die nicht ausgeübte Umgangspflicht wird in vielen Fällen die Erziehung des Kindes erschweren mit der Folge, daß das Gericht unter diesem Gesichtspunkt doch entsprechende Anordnungen gem. § 1684 Abs. 3 Satz 2 BGB treffen kann. **103**

Bisher wurden Pflichtverletzungen in schweren Fällen durch teilweise Entziehung der elterlichen Sorge gem. § 1666 a. F. sanktioniert. Die Neuregelung hilft dem ab mit der Ermächtigung, Anordnungen zu treffen.

5. Einschränkung und Ausschluß des Umgangsrechts

§ 1684 Abs. 4 BGB entspricht im wesentlichen § 1634 Abs. 3 Satz 2 a. F. Neu ist die Möglichkeit, auch die Vollstreckung von Entscheidungen über das Umgangsrecht einzuschränken oder auszuschließen. **104**

Die alte Fassung hat es bisher lediglich ermöglicht, das Umgangsrecht selbst einzuschränken oder auszuschließen. Eine Einschränkung der Vollstreckung war nicht vorgesehen. Dies war in den Fällen eher ungünstig, in denen es in erster Linie am Verhalten des Elternteils, der Inhaber der elterlichen Sorge war, lag, daß der Umgang dem Kind schadete. Eine Entziehung der elterlichen Sorge kam in diesen Fällen schon wegen der tatsächlichen Gegebenheiten häufig nicht in Betracht, insbesondere dann, wenn der andere Elternteil aus beruflichen, gesundheitlichen oder sonstigen Gründen für die Versorgung des Kindes nicht zur Verfügung stand. Wird in einem solchen Fall das Umgangsrecht ausgeschlossen, ist dies nicht sachgerecht und setzt ein ganz falsches Signal. **105**

Es war für den umgangsberechtigten Elternteil, der sein Umgangsrecht vollstrecken wollte bzw. mußte, nicht verständlich, wenn ihm das Umgangsrecht im Zuge der Vollstreckung und Überprüfung der Entscheidung des Gerichts ganz entzogen wurde. Schließlich war er nicht derjenige, dessen Verhalten zu den Schwierigkeiten führte. Eine vorübergehende Einschränkung der Vollstreckung dürfte demgegenüber dem umgangsberechtigten Elternteil eher verständlich zu machen sein.

Im übrigen wird der Elternteil, der das Umgangsrecht boykottiert, nicht mit einer Ausschlußentscheidung belohnt. Wird nur die Vollstreckung für eine gewisse Zeit ausgesetzt, so wird dem boykottierenden Elternteil klar, **106** daß hier lediglich das Kind geschont wird, das Recht des anderen Elternteils auf Umgang aber nicht entfällt.

6. Beschützter Umgang

107 § 1684 Abs. 4 Satz 3 und 4 BGB enthält eine Regelung über den beschützten Umgang. Das Gericht ist nunmehr in der Lage anzuordnen, daß der Umgang nur in Gegenwart eines Mitarbeiters des Jugendamts oder eines mitwirkungsbereiten Dritten stattfindet. In manchen Fällen läßt sich eine für die Beteiligten akzeptable Lösung nur darin finden, daß der Umgang nur in Gegenwart Dritter stattfinden darf. Dies gilt z. B. beim unbewiesenen, aber nicht fernliegenden Verdacht des sexuellen Mißbrauchs oder der Gefahr der Kindesentziehung durch den Umgangsberechtigten. Dritter kann nach Satz 4 der Vorschrift auch ein Verein sein, der dann bestimmt, welche Einzelperson für ihn die Aufgabe wahrnimmt. Ist der Dritte eine Einzelperson oder soll es einem Verein überlassen werden, einzelne seiner Bediensteten oder Mitglieder für diese Aufgabe auszuwählen, so soll das Gericht eine solche Anordnung nicht ohne Zustimmung der Einzelperson oder des Vereines treffen.

108 Der Gesetzgeber hat die Möglichkeit eines beschützten Umgangs ausdrücklich geregelt, um ganz deutlich zu machen, daß ein völliger Ausschluß des Umgangs wegen des Verhältnismäßigkeitsgrundsatzes nur in Betracht kommt, wenn ein beschützter Umgang nicht ausreicht, das Wohl des Kindes zu gewährleisten. Damit sind die Hürden für einen vollkommenen Ausschluß des Umgangsrechts mit einem Elternteil sehr hoch geworden.

109 Das Gericht kann mit der Neuregelung die Teilnahme eines Mitarbeiters des Jugendamts verbindlich anordnen. So kann sichergestellt werden, daß der beschützte Umgang unter Mitwirkung eines Bediensteten des Jugendamts tatsächlich zustandekommt. Findet sich kein anderer mitwirkungsbereiter Dritter, so ist es nach der Neuregelung nicht mehr erforderlich, das Umgangsrecht insgesamt auszuschließen. Es stellt sich allerdings die Frage, inwieweit das Jugendamt in der Lage sein wird, Umgang am Wochenende zu begleiten. Hier ist der Staat aufgefordert, eine wesentliche Verbesserung der Dienstleistung der Jugendämter zu gewährleisten.

110 § 1684 Abs. 4 BGB stellt auch klar, daß eine Entscheidung, die das Umgangsrecht oder seinen Vollzug für längere Zeit oder auf Dauer einschränkt oder ausschließt, nur ergehen kann, wenn anderenfalls das Kindeswohl gefährdet wäre.

Umgangsrecht **A**

7. Umgangsrecht für Großeltern, Geschwister, Stiefelternteile und Pflegepersonen

Neu ist § 1685 BGB, der ausdrücklich das Umgangsrecht von Großeltern und Geschwistern des Kindes und in Abs. 2 auch das Umgangsrecht (aber keine Umgangspflicht) für den Ehegatten oder früheren Ehegatten eines Elternteils, der mit dem Kind längere Zeit in häuslicher Gemeinschaft gelebt hat, und für die Personen, bei denen das Kind längere Zeit in Familienpflege war, regelt. Hier hat der Gesetzgeber das Recht an die gesellschaftliche Realität angepaßt. Aus rechtstatsächlichen Untersuchungen ging hervor, daß insbesondere nichteheliche Kinder häufiger mit anderen Bezugspersonen als mit dem Vater zusammenleben. **111**

Da die Gesetzesänderung das Umgangsrecht eines Vaters stärkt, der weder bei der Geburt noch später mit der Mutter verheiratet gewesen ist, war es naheliegend, auch andere, nichtelterliche Bezugspersonen in das Umgangsrecht einzubeziehen. Begrenzt wurde allerdings das Umgangsrecht auf solche Bezugspersonen, die dem Kind üblicherweise besonders nahe stehen, also auf Geschwister, Großeltern, Stiefeltern und Pflegeeltern.

Voraussetzung ist in jedem Fall, daß der Umgang **dem Kindeswohl dient**.

In einem Punkt ist die Reform **nicht konsequent.** Das Umgangsrecht von dritten Personen wird hier an den Status der Ehe geknüpft. Die nichtverheirateten Lebenspartner sind hier ausgenommen und haben wiederum kein Recht zum persönlichen Umgang. Es ist völlig unverständlich, weshalb der Gesetzgeber seine die Reform tragenden Gedanken hier nicht konsequent zu Ende gedacht hat. Wenn es dem Wohle des Kindes dient, mit seinen Eltern und auch mit anderen Personen, mit denen es länger zusammengelebt hat, Umgang zu pflegen, so müßten dazu auch die neuen nichtehelichen Lebenspartner eines Elternteils gehören. Auf dem Familiengerichtstag 1997 wurde vorgeschlagen, dieses Problem zu lösen, indem man die nichtehelichen Lebenspartner als Personen ansieht, bei denen das Kind „in Familienpflege" war (§ 1685 Abs. 2 BGB). **112**

8. Telefonate mit dem Kind

Die gesetzliche Neuregelung regelt nicht mehr den „persönlichen" Umgang, sondern nur noch den Umgang mit dem Kind. Danach ist die Streitfrage, ob zum persönlichen Umgang auch Briefkontakte oder Telefongespräche gehören, geklärt. Zum Umgang gehört dies jedenfalls und kann auch gerichtlich geregelt werden (BT-Drucks. 13/4899, S. 104 f.). **113**

37

A   Erläuterungen

9. Auskunftsrecht

114 Während nach der bisherigen Rechtslage nur der nicht sorgeberechtigte Elternteil einen Auskunftsanspruch hatte, ist das Auskunftsrecht jetzt ausgeweitet auf jeden Elternteil, unabhängig von der Regelung der elterlichen Sorge. Danach kann gem. § 1686 BGB jeder Elternteil vom anderen bei berechtigtem Interesse Auskunft über die persönlichen Verhältnisse des Kindes verlangen, soweit dies dem **Wohl des Kindes nicht widerspricht**. Dies dürfte nur ausnahmsweise der Fall sein.

10. Vertretungsbefugnis des den Umgang ausübenden Elternteils

115 – Sorgeberechtigter:

Solange sich das Kind beim nicht ständig betreuenden Elternteil rechtmäßig aufhält, hat dieser die Befugnis zur alleinigen Entscheidung in Angelegenheiten der tatsächlichen Betreuung, § 1687 Abs. 1 Satz 4 BGB. Außerdem hat er die Vertretungsberechtigung bei Gefahr in Verzug (s. o. Rn. 14)

– Nicht Sorgeberechtigter:

Gem. § 1687a BGB hat der nicht sorgeberechtigte Elternteil die Kompetenzen aus § 1687 Abs. 1 Satz 4 BGB, solange sich das Kind bei ihm aufhält.

11. Anspruch auf Beratung und Unterstützung beim Umgang

116 Nach der neuen Fassung des § 18 Abs. 3 SGB VIII ist der Rechtsanspruch auf Beratung und Unterstützung bei der Ausübung des Umgangsrechts ausdrücklich geregelt:

11.1 Eigenes Recht der Kinder und Jugendlichen

117 Erstmalig haben Kinder und Jugendliche ein eigenes Beratungsrecht (§ 18 Abs. 3 Satz 1, 2 SGB VIII), nachdem sie auch ein eigenes Recht auf Umgang haben. Aufgabe der Jugendämter ist es, die Kinder und Jugendlichen darin zu unterstützen, daß die Personen, die zum Umgang mit ihnen berechtigt sind (Eltern, Großeltern, Geschwister, Stiefelternteile und Pflegepersonen) von diesem Recht zum Wohl der Kinder auch Gebrauch machen.

11.2 Rechte der Eltern und anderen Umgangsberechtigten

In gleicher Weise haben Eltern, andere Umgangsberechtigte sowie Personen, in deren Obhut sich das Kind befindet, den Beratungsanspruch bei der Ausübung des Umgangsrechts (§ 18 Abs. 3 Satz 3 SGB VIII). **118**

11.3 Weitere Mitwirkung durch das Jugendamt

Gem. § 18 Abs. 3 Satz 3 SGB VIII soll das Jugendamt vermitteln und Hilfestellung leisten, soweit es um das Auskunftsrecht, die Herstellung von Umgangskontakten und die Ausführung von Umgangsregelungen geht. **119**

III.
Praxistip

1. Umgangsrecht für nicht verheiratete Väter

Auch wenn die Neuregelung erst am 1. 7. 1998 in Kraft tritt, wird bereits jetzt bei der Auslegung des § 1711 Abs. 2 a. F. BGB von den noch zuständigen Vormundschaftsgerichten der Grundsatz beachtet werden müssen, daß der persönliche Umgang des Kindes mit dem Vater dem Kindeswohl im Regelfall dient. Die Umgangsbestimmungsbefugnis der Mutter wird demgegenüber zurücktreten müssen. Der Umgang wird nur noch in Fällen ausgeschlossen werden können, in denen dies nach der Neuregelung vorgesehen ist. **120**

Es ist deshalb zu empfehlen, für den nicht verheirateten Vater bereits jetzt einen Umgangsantrag beim Vormundschaftsgericht zu stellen. Sollte das Verfahren zum 1. 7. 1998 noch nicht abgeschlossen sein, bleibt das Vormundschaftsgericht zuständig, es muß aber die neuen Vorschriften des Umgangsrechts anwenden.

2. Umgangsrecht für verheiratete Väter

Soweit Umgangsrecht für verheiratete Väter begehrt wird bzw. es im Zusammenhang mit dem Umgangsrecht Probleme gibt, sollte ebenfalls schon jetzt darauf geachtet werden, inwieweit nach der Neuregelung Verbesserungen vorgesehen sind. **121**

A   Erläuterungen

IV.
Übersicht zum Umgangsrecht

I. Bisherige Rechtslage

1. Umgang mit dem **ehelichen** Kind, § 1634 a. F. BGB
   a) Umgangsrecht (keine gesetzliche Umgangspflicht) des nicht ständig betreuenden Elternteils gem. § 1634 a. F. BGB
   b) Regelung durch **Familiengericht**
   c) Wohlverhaltensklausel (gegenseitiges loyales Verhalten)
   d) Umgangs**recht** und Ablehnungsrecht **des Kindes** nicht gesetzlich geregelt!
   e) Ausschluß und Beschränkung des Umgangsrechts (Maßstab: für das **Kindeswohl erforderlich**)
   f) Kein Umgangsrecht von Großeltern und anderen Verwandten

2. Umgang mit dem **nichtehelichen** Kind gem. § 1711 a. F. BGB
   a) **Umgangsbestimmungsrecht** der alleinsorgeberechtigten Mutter
   b) „**Umgangsbefugnis**" des Vaters gem. § 1711 BGB
   c) **Vormundschaftsgerichtliche Entscheidung** über Antrag des Vaters auf Umgang, § 1711 Abs. 2 Satz 1 BGB (Maßstab: dem **Kindeswohl dienend**)

II. Rechtslage ab 1. 7. 1998
(§§ 1684 bis 1686 BGB)

1. Generalklausel des § 1626 BGB über elterliche Sorge hat neuen Abs. 3: **Umgang mit Eltern und Bezugspersonen gehört zum Kindeswohl!**

2. Neuregelung für **Umgang mit Elternteilen,** § 1684 BGB:
   a) **Recht des Kindes** auf Umgang mit jedem Elternteil unabhängig davon, ob Eltern verheiratet oder nicht
   b) **Umgangspflicht** jedes Elternteils unabhängig davon, ob verheiratet oder nicht
   c) **Umgangsrecht** jedes Elternteils unabhängig davon, ob verheiratet oder nicht
   d) **Wohlverhaltensklausel** des § 1684 Abs. 2 BGB für beide Elternteile; gilt auch für andere Obhutspersonen; Gericht kann hierzu **Anordnungen** treffen
   e) Regelung von Umfang und Ausübung durch Familiengericht, § 1684 Abs. 3 BGB

f) **Einschränkung** oder Ausschluß des Umgangs – nur soweit für Kindeswohl erforderlich, § 1684 Abs. 4 BGB
   - längere Einschränkung/Ausschluß nur bei **Gefährdung des Kindeswohls**
   - Anordnungen, insbesondere begleiteter Umgang, möglich

3. **Umgangsrecht der Großeltern, Geschwister,** Ehegatten oder früheren Ehegatten eines Elternteils (**Stiefelternteil**), § 1685 BGB. **Es fehlt:** Umgangsrecht des nicht verheirateten Lebenspartners

4. Auskunftsrecht gem. § 1686 BGB (bisher 1634 Abs. 3 a. F. BGB) wird ausgeweitet:
   - Auskunftsrecht des Elternteils immer, soweit dies dem Kindeswohl **nicht widerspricht** (bisher: mit dem Kindeswohl **vereinbar**)
   - Auskunftsberechtigter braucht keinen Nachweis zu führen

5. Vertretungsbefugnis beim Umgang
   - Alleinzuständigkeit des Sorgeberechtigten in Angelegenheiten der tatsächlichen Betreuung, § 1687 Abs. 1 Satz 4 BGB und Vertretungsbefugnis bei Gefahr im Verzug
   - nicht Sorgeberechtigte: gem. § 1687 a BGB ebenfalls Alleinzuständigkeit und Vertretung bei Gefahr im Verzug

6. Anspruch auf Beratung und Unterstützung beim Umgang, § 18 Abs. 3 SGB VIII
   - für Kinder und Jugendliche
   - für Eltern und andere Umgangsberechtigte

Kapitel 3
Abstammungsrecht

Das bisherige Abstammungsrecht war ebenso wie andere Bereiche vom dualistischen Kindschaftsrecht geprägt. Für **nichteheliche** und **eheliche** Kinder galten gänzlich unterschiedliche Regelungen. Durch die Kindschaftsrechtsreform sind die Vorschriften zum Abstammungsrecht (§§ 1591 bis 1600 o BGB) völlig neu gefaßt worden. Die „Ehelichkeit" bzw. „Nichtehelichkeit" eines Kindes ist künftig kein der Person anhaftendes Statusmerkmal mehr. Die in diesen Begriffen zum Ausdruck kommende Diskriminierung ist weggefallen. **122**

I.
Legaldefinition der Mutterschaft

Neu eingefügt wurde eine gesetzliche Definition der **Mutterschaft**. § 1591 BGB bestimmt: „Mutter ist die Frau, die das Kind geboren hat." Diese Vorschrift stellt klar, daß nur die Frau, die das Kind **tatsächlich zur Welt bringt**, im familienrechtlichen Sinne seine Mutter ist. Der Gesetzgeber hat sich für die Anknüpfung an die Geburt entschieden: Dies dient dem Wohl des Kindes, denn nur zur gebärenden Frau hat das Kind während der Schwangerschaft und in bzw. nach der Geburt eine psychosoziale Bindung. Nur die Anknüpfung an die Geburt ermöglicht eine schnelle und sichere Zuordnung des Kindes zu seinen Eltern (BT-Drucks. 13/4899, S. 82). **123**

Ein Eltern-Kind-Verhältnis zwischen der genetischen Mutter und dem Kind wird also in keinem Fall begründet (Edenfeld, FuR 1996, 191)! Mutter ist damit nur die Frau, die das Kind tatsächlich entbindet. Hierunter fällt auch die **Leihmutter**! **124**

Mutter im gesetzlichen Sinn ist **nicht**:
- die Frau, von der das Ei stammt,
- die Frau, von der der Embryo stammt.

A Erläuterungen

Durch die neue Gesetzeslage soll eine gespaltene Mutterschaft weitgehend verhindert werden. Es bleibt somit bei der alten Regel: „Mater semper certa est" (Dig. 2.4.5., 1. Teil).

125 Trotzdem ist dem Kind das Recht, seine genetische Abstammung mütterlicherseits feststellen zu lassen, gewährleistet: Diesem Recht kann in den Fällen der Ei- oder Embryonenspende durch eine Feststellungsklage nach § 256 ZPO Rechnung getragen werden (BT-Drucks. 13/4899, S. 83).

II.
Legaldefinition der Vaterschaft – Angleichung des für eheliche und nichteheliche Kinder bisher unterschiedlichen Rechts

126 Die das bisherige Abstammungsrecht prägende Unterscheidung zwischen ehelicher und nichtehelicher Abstammung mit der daraus folgenden Untergliederung der Vorschriften wurde zugunsten einer einheitlichen Regelung aufgegeben. Der Gesetzgeber hat sich bewußt gegen eine Regelung der abstammungsrechtlichen Folgen einer heterologen Insemination entschieden. Begründet wurde diese Entscheidung damit, daß die Zulässigkeit von Samenspenden umstritten und eine gesetzliche Regelung noch nicht getroffen worden ist. Zivilrechtliche Teilregelungen würden hier eine Billigung des Gesetzgebers bedeuten, ohne daß die Grenzen der Methode gesetzlich festgelegt worden wären. Zudem würde das verfassungsrechtlich geschützte Recht des Kindes auf Kenntnis seiner eigenen Abstammung nicht gewährleistet, weil hierzu eine Dokumentation des Samenspenders erforderlich wäre. Eine gesetzliche Grundlage hierfür könne im Zivilrecht nicht geschaffen werden (vgl. BT-Drucks. 13/8511, S. 69).

127 § 1592 BGB enthält die gesetzliche Definition der **Vaterschaft**. Danach ist Vater eines Kindes der Mann,
 – der zum Zeitpunkt der Geburt mit der Mutter des Kindes verheiratet ist,
 – der die Vaterschaft anerkannt hat oder
 – dessen Vaterschaft nach § 1600 d BGB gerichtlich festgestellt ist.

128 Die Regelung des § 1592 Nr. 1 BGB ist mit der Anknüpfung an die Ehe der Eltern eine Ausnahme von der Gleichstellung: Ein während einer Ehe geborenes Kind wird auch weiterhin abstammungsrechtlich dem Ehemann der Mutter zugeordnet. Dasselbe gilt für während der Ehe gebo-

rene, aber noch vor der Eheschließung gezeugte Kinder. Der Gesetzgeber hat diese Regelung als sachgerecht übernommen, da ein Nachweis der Ehe der Mutter urkundlich leicht zu führen ist (vgl. BT-Drucks. 13/4899, S. 52).

Demgegenüber begründet eine **nichteheliche Lebensgemeinschaft** auch weiterhin keine Vaterschaft! 129

Eine solche Regelung wurde nicht getroffen, weil allein das bloße Zusammenleben zweier Personen keinen klaren Anknüpfungspunkt, wie ihn die Ehe darstellt, bietet. Für Außenstehende ist i. d. R. nicht eindeutig feststellbar, ob tatsächlich eine nichteheliche Lebensgemeinschaft vorliegt. Dies wäre aber unbedingt notwendig, um das Kind eindeutig abstammungsrechtlich zuordnen zu können. Der Gesetzgeber wollte die Frage der Abstammung nicht mit Unsicherheiten belasten (vgl. BT-Drucks. 13/4899, S. 52)!

III.
Eingeschränkte Vaterschaftszurechnung

1. Nachehelich geborene Kinder

Die Zurechnung der Vaterschaft hat gegenüber der früheren Rechtslage erhebliche Einschränkungen erfahren. 130

1.1 Auflösung der Ehe durch Tod

Bei nachehelich geborenen Kindern greift gem. § 1593 Abs. 1 Satz 1 BGB die Vaterschaftsvermutung zugunsten des Ehemannes nur noch dann, wenn die Ehe durch Tod aufgelöst wurde und das Kind innerhalb von 300 Tagen nach der Auflösung geboren wird. Ist die Mutter zum Zeitpunkt der Geburt des Kindes erneut verheiratet, so ist das Kind nur als Kind des neuen Ehemannes anzusehen. Wird dessen Vaterschaft allerdings angefochten und rechtskräftig festgestellt, daß der neue Ehemann nicht Vater des Kindes ist, so gilt das Kind als Kind des früheren Ehemannes, § 1593 Abs. 1 BGB! 131

1.2 Auflösung der Ehe durch Scheidung, Aufhebung, Nichtigerklärung

Ein innerhalb von 300 Tagen nach der Scheidung, Aufhebung oder Nichtigerklärung einer Ehe geborenes Kind gilt **nicht mehr automatisch** als eheliches Kind des früheren Ehemannes der Mutter. Eine Ehelichkeitsan- 132 fechtung ist nicht mehr notwendig (Arg. aus § 1592 Nr. 1 BGB). Um als Vater zu gelten, müßte der geschiedene Ehemann der Mutter die Vaterschaft anerkennen (§ 1592 Nr. 2 BGB). Im übrigen gelten die allgemeinen Grundsätze: Der Erzeuger des Kindes wird Vater, wenn die Voraussetzungen des § 1592 BGB vorliegen, insbesondere wenn er die Vaterschaft anerkennt. So war bisher auch bei nichtehelichen Kindern die Regelung.

Mit dieser Einschränkung der Zuordnung des Kindes zum geschiedenen Mann ist der Gesetzgeber dem Wunsch nach mehr Realitätsnähe gefolgt. Wird eine Ehe durch Scheidung aufgelöst, so ist es schon wegen des der Scheidung in der Regel vorausgehenden Trennungsjahres wenig wahrscheinlich, daß ein nach der Ehe geborenes Kind vom früheren Ehemann abstammt.

133 Nach der Scheidung geborene Kinder konnten nach der alten Rechtslage selbst dann nicht dem neuen Partner der Mutter zugeordnet werden, wenn sich alle Beteiligten darüber einig waren und dieser neue Partner der wirkliche Erzeuger des Kindes war. Durch die Neuregelung werden zahlreiche überflüssige Ehelichkeitsanfechtungsverfahren mit kostspieligen Abstammungsgutachten vermieden (vgl. BT-Drucks. 13/4899, S. 53).

2. Während des Scheidungsverfahrens geborene Kinder

134 Die Vaterschaftsvermutung zugunsten des Ehemannes der Mutter gilt weiterhin auch für Kinder, die während eines laufenden Scheidungsverfahrens geboren werden. Nach neuer Gesetzeslage kann in diesen Fällen aber ein Dritter die Vaterschaft anerkennen. Notwendig ist die Zustimmung des Noch-Ehemannes. Die Anerkennung muß innerhalb eines Jahres nach Rechtskraft des Scheidungsurteils erklärt werden (§ 1599 Abs. 2 i. V. m. § 1592 Nr. 1 BGB). Diese Vaterschaftsanerkennung mit gleichzeitiger Vaterschaftsaberkennung wird gem. § 1599 Abs. 2 Satz 2 BGB jedoch frühestens mit Rechtskraft des Scheidungsurteils wirksam. Hierdurch soll verhindert werden, daß ein Kind noch während bestehender Ehe einem Dritten zugeordnet wird.

IV.
Vaterschaftsanerkennung und Vaterschaftsfeststellung

135 Für Kinder, deren Eltern zum Zeitpunkt der Geburt nicht verheiratet sind, bleibt es bei der Vater-Kind-Zuordnung durch Anerkennung (§ 1592 Nr. 2 BGB) oder gerichtliche Vaterschaftsfeststellung (§ 1592 Nr. 3 BGB).

Abstammungsrecht

1. Anerkennung der Vaterschaft gem. § 1592 Nr. 2 BGB

Gem. § 1626a Abs. 2 BGB hat die Mutter, die mit dem Vater nicht verheiratet ist, die alleinige elterliche Sorge, sofern die Eltern keine Sorgeerklärungen abgegeben haben. Das neue Beistandschaftsgesetz (vgl. hierzu Kapitel 9) hat die Amtspflegschaft des Jugendamts hinsichtlich der Vaterschaftsfeststellung vollständig beseitigt. Auf der Grundlage dieser neuen Rechtsstellung der Mutter mußten auch die Wirksamkeitsvoraussetzungen der Vaterschaftsanerkennung neu geregelt werden.

Nach bisherigem Recht war zur Vaterschaftsanerkennung die Zustimmung des Kindes erforderlich, § 1600c a. F. BGB, die in der Regel vom Jugendamt als dem gesetzlichen Vertreter des Kindes (§ 1706 Nr. 1 a. F. BGB) abgegeben wurde. Eine Mitwirkung der Mutter am Zustandekommen einer wirksamen Vaterschaftsanerkennung war nicht vorgesehen. Dies war bereits seit langem kritisiert worden, weil auch die Rechtsposition der Mutter – etwa im Hinblick auf ein eventuelles Umgangsrecht des Vaters – durch die Vaterschaftsanerkennung betroffen sein kann (vgl. Lange NJW 1970, S. 297).

1.1 Zustimmung der Mutter

Das neue Recht trägt den Belangen der Mutter Rechnung. Die staatliche Mitwirkung bei der Vaterschaftsfeststellung wurde ersatzlos gestrichen. Statt dessen bedarf eine Vaterschaftsanerkennung nunmehr gem. § 1595 Abs. 1 BGB der **Zustimmung der Mutter**. Damit hat die Rechtsstellung der Mutter eine Stärkung erfahren, da sie nun ein eigenes Zustimmungsrecht besitzt und nicht nur als gesetzliche Vertreterin ihres Kindes fungiert (§ 1629 a. F. BGB). Bedeutsam in diesem Zusammenhang ist, daß die Zustimmung der Mutter **nicht** ersetzt werden kann! Falls sie also ihre Zustimmung verweigert, bleibt dem Vater nur der Weg über das Vaterschaftsfeststellungsverfahren, § 1600d BGB.

1.2 Zustimmung des Kindes

Die Zustimmung des Kindes ist nur dann erforderlich, wenn der Mutter die elterliche Sorge insoweit nicht zusteht (§ 1595 Abs. 2 BGB).

1.3 Einzelheiten der Anerkennungserklärung

Diese sind geregelt in § 1594 BGB (bisher: §§ 1600a Satz 2, 1600b a. F. BGB):
- Schwebende Unwirksamkeit der Anerkennungserklärung, solange die Vaterschaft eines anderen besteht (§ 1594 Abs. 2 BGB),

A   Erläuterungen

- Unzulässigkeit der Anerkennung unter einer Bedingung oder Zeitbestimmung (§ 1594 Abs. 3 BGB),
- Zulässigkeit der Anerkennung schon vor Geburt des Kindes (§ 1594 Abs. 4 BGB).

141   In den §§ 1596 bis 1598 BGB sind die formalen Voraussetzungen der Anerkennungs- und Zustimmungserklärung geregelt, wobei nunmehr einheitlich die **öffentliche Beurkundung** von Anerkennung und Zustimmung vorgesehen ist (§ 1597 Abs. 1 BGB).

Die Beurkundung kann wie bisher erfolgen durch einen Notar, das Amtsgericht, den Standesbeamten bzw. die Urkundsperson beim Jugendamt.

1.4 Vorteile der Neuregelung

142
- Die Erklärung der Zustimmung ist nun nicht länger von einer Frist abhängig. Dem Kind bleibt somit erspart, die Anerkennung bei Fristversäumnis zu wiederholen.
- Der Mann kann die Anerkennung gem. § 1597 Abs. 3 Satz 1 BGB widerrufen, wenn sie ein Jahr nach Beurkundung noch nicht wirksam geworden ist. Er braucht daher nicht zu befürchten, daß seine Anerkennung in einem Schwebezustand verbleibt (vgl. BT-Drucks. 13/4899, S. 85).
- Bei während oder nach einer Scheidung geborenen Kindern ist die Ehelichkeitsanfechtung durch den Noch- bzw. den geschiedenen Ehemann nicht mehr notwendig!

2. Vaterschaftsfeststellung durch Klage beim Familiengericht

143   Wenn die Vaterschaft weder aus der Ehe des Mannes mit der Mutter des Kindes (Nr. 1) noch aus einer Anerkennung (Nr. 2) hergeleitet werden kann, dann muß sie gem. § 1592 Nr. 3 i. V. m. § 1600 d BGB gerichtlich festgestellt werden.

2.1 Vaterschaftsfeststellung beim minderjährigen Kind

144   Beim minderjährigen Kind können künftig auf Feststellung der Vaterschaft klagen:
- erstmals **die Mutter** im eigenen Namen (§ 1600 e Abs. 1 BGB);
- **das Kind,** gesetzlich vertreten durch die Mutter (§§ 1705 Satz 2, 1699 Abs. 1 Satz 1 BGB);

- wie bisher **der Mann** (§ 1600e Abs. 1 BGB);
- bei Minderjährigkeit der Mutter das Jugendamt als Vormund des Kindes (§§ 1791c Abs. 1, 1673 Abs. 2 Satz 2 BGB);
- nach Erklärung der Einwilligung der Mutter in die Adoption des Kindes gleichfalls das Jugendamt als Vormund (§ 1751 Abs. 1 BGB);
- auf Antrag der Mutter das Jugendamt als Beistand neuer Art (§ 1712 BGB);
- auf Anordnung des Vormundschaftsgerichts der Vormund oder Pfleger (§§ 1774, 1909, 1793, 1915 BGB).

Zuständig ist gem. § 1600e Abs. 1 BGB das **Familiengericht** und nicht wie bisher das allgemeine Prozeßgericht. Die Feststellung der Vaterschaft wird durch **Klage** des Mannes gegen das Kind oder in den übrigen Fällen durch Klage gegen den Mann betrieben. Dabei wird im gerichtlichen Vaterschaftsfeststellungsverfahren gem. § 1600d Abs. 2 BGB derjenige als Vater vermutet, der der Mutter während der Empfängniszeit beigewohnt hat. Diese Vermutung gilt dann nicht, wenn schwerwiegende Zweifel an der Vaterschaft bestehen. 145

Befristungen oder sonstige Beschränkungen existieren nicht, da das Gesetz die positive Klärung der Vaterschaft begünstigt, selbst wenn sie spät erfolgt (Mutschler FamRZ 1996, 1381). 146

Die Rechtswirkungen der Vaterschaft können gem. § 1600d Abs. 4 BGB erst vom Zeitpunkt ihrer Feststellung an geltend gemacht werden. 147

2.2 Vaterschaftsfeststellung beim volljährigen Kind

Für die gerichtliche Feststellung des Vaters eines volljährigen Kindes sieht § 1600e Abs. 1 BGB keine Besonderheiten vor. Klagen können auch hier der Mann gegen das Kind und die Mutter oder das Kind gegen den Mann. 148

V.
Einheitliches Rechtsinstitut der Vaterschaftsanfechtung

Die Ehelichkeitsanfechtung sowie die Anfechtung einer Vaterschaftsanerkennung wurden vom KindRG zu einem einheitlichen Institut der **Vaterschaftsanfechtung** zusammengefaßt (§ 1599 Abs. 1 BGB). Anfechtungsberechtigt sind – wie bisher – der **(Schein-)Vater** und das **Kind** durch seinen gesetzlichen Vertreter sowie nach der neuen Rechtslage auch die **Mutter** (§ 1600 Abs. 1 BGB). 149

A Erläuterungen

150 Die Anfechtungsfrist beträgt nun einheitlich zwei Jahre ab Kenntnis der Umstände, die gegen die Vaterschaft sprechen (§ 1600b Abs. 1 BGB). Für die Anfechtungsfrist durch volljährige Kinder gelten Sonderregelungen (s. Rn. 154).

1. Vaterschaftsanfechtung durch die Mutter

151 Zum Kreis der Anfechtungsberechtigten gehört nun auch gem. § 1600 Abs. 1 BGB die Mutter, die damit in allen Fällen die Vaterschaft eigenständig anfechten kann. Bislang besaß lediglich die Mutter eines nichtehelichen Kindes das Recht auf Anfechtung eines Vaterschaftsanerkenntnisses (§ 1600g Abs. 1 a. F. BGB). Die Mutter ist weder bei der Entscheidung über die Anfechtung auf die Mitwirkung ihres Ehemannes, noch bei der Durchführung auf die Bestellung eines Ergänzungspflegers angewiesen.

2. Vaterschaftsanfechtung durch das Kind

152 Mit der Erweiterung der Anfechtungsmöglichkeit des Kindes hat der Gesetzgeber der Rechtsprechung des BVerfG zum **Recht des Kindes auf Kenntnis der eigenen Abstammung** Rechnung getragen (BVerfG FamRZ 1989, 147 und 1994, 881). Mit Entscheidung vom 26. 4. 1994 (FamRZ 1994, 881) erklärte das BVerfG auch § 1598 a. F. BGB für verfassungswidrig. Das Recht auf Kenntnis der eigenen Abstammung werde unzumutbar beeinträchtigt, wenn das Gesetz dem Kind zwei Jahre nach Eintritt der Volljährigkeit unabhängig von jeder Kenntnis die Ehelichkeitsanfechtung versage.

153 In diesem Zusammenhang ist auch die UN-Konvention über die Rechte des Kindes vom 20. 11. 1989 von Bedeutung (FamRZ 1992, 253). Dort heißt es in Art. 7 Abs. 1, daß „das Kind, soweit möglich, das Recht hat, seine Eltern zu kennen." Obwohl die Bundesrepublik Deutschland dieses Übereinkommen nur unter dem Vorbehalt ratifiziert hat, daß es im deutschen Recht keine unmittelbare Wirkung entfaltet, geht die h. M. jedoch von einer innerstaatlichen Verbindlichkeit des Abkommens aus (Edenfeld FuR 1996, 190).

2.1 Anfechtung durch das volljährige Kind

154 Nach der neuen Gesetzeslage kann das **volljährige** Kind die Ehelichkeit ohne besondere Gründe anfechten, § 1600b Abs. 3 Satz 1 BGB. Vom Ein-

tritt der Volljährigkeit an steht ihm gem. § 1600b Abs. 1 Satz 1 BGB eine Frist von zwei Jahren zur Verfügung. Erlangt das Kind erst später Kenntnis von den Umständen, die gegen eine Vaterschaft sprechen, beginnt die Anfechtungsfrist zu diesem Zeitpunkt, § 1600 b Abs. 3 Satz 2, 2. Alt. BGB. Eine neue Zweijahresfrist beginnt, wenn spätere Umstände die Folgen der Vaterschaft für das Kind **unzumutbar** werden lassen (§ 1600 b Abs. 5 BGB).

2.2 Anfechtung durch das minderjährige Kind

Das Anfechtungsrecht des **minderjährigen** Kindes wird gem. § 1600a Abs. 3 BGB durch den gesetzlichen Vertreter ausgeübt. Die Anfechtung ist dabei nach § 1600a Abs. 4 BGB nur zulässig, wenn sie dem **Wohl des Kindes dient**. Es gilt die Zweijahresfrist gem. § 1600 b Abs. 1 BGB.

155

3. Keine Vaterschaftsanfechtung durch die Eltern des (Schein-)Vaters

Das subsidiäre Anfechtungsrecht der Eltern des Mannes (§§ 1595a, 1600 h Abs. 1 a. F. BGB) wurde ersatzlos gestrichen.

156

VI.
Internationales Privatrecht

Auch im Internationalen Privatrecht wird die Unterscheidung zwischen ehelichen und nichtehelichen Kindern weitgehend aufgehoben. Die Abstammung bestimmt sich nun einheitlich gem. Art. 19 Abs. 1 Satz 1 EGBGB nach dem Recht des Staates, in dem das Kind seinen gewöhnlichen Aufenthalt hat. Hierdurch wurde ein Gleichlauf mit dem Unterhaltsstatut (vgl. Art. 18 EGBGB) erreicht. Daneben kann die Abstammung im Verhältnis zu jedem Elternteil nach dem Recht des Staates bestimmt werden, dem dieser Elternteil angehört, Art. 19 Abs. 1 Satz 2 EGBGB, und, falls die Mutter verheiratet ist, auch nach dem Recht des Staates, dem die allgemeinen Wirkungen ihrer Ehe unterstehen (Art. 19 Abs. 1 Satz 3 EGBGB).

157

Die Vaterschaft kann gem. Art. 20 Satz 1 EGBGB nicht nur nach dem Recht der Rechtsordnung angefochten werden, aus der sich im konkreten Fall die Abstammung eines Kindes ergibt, sondern auch nach der Rechtsordnung, die gem. Art. 19 EGBGB zur Bestimmung der Abstammung berufen sein könnte und deren Voraussetzungen ebenfalls gegeben wären. Zusätz-

158

lich kann das Kind die Vaterschaft nach dem Recht des Staates anfechten, in dem es seinen gewöhnlichen Aufenthalt hat, Art. 20 Satz 2 EGBGB.

VII.
Übergangsregelung

159 Für Verfahren, die am 1. 7. 1998, dem Zeitpunkt des Inkrafttretens des KindRG anhängig sind, gilt folgendes:
- Ist Gegenstand des Verfahrens die Anfechtung der Ehelichkeit oder die Anfechtung der Vaterschaft **durch die Eltern** des Mannes, ist das Verfahren als in der Hauptsache erledigt anzusehen, da ein Anfechtungsrecht der Eltern nicht länger existiert, Art. 15 § 2 Abs. 3 KindRG.
- Ist die Anfechtung der Ehelichkeit oder die Anfechtung der Anerkennung der Vaterschaft Gegenstand des Verfahrens, wird dieses als Verfahren auf Anfechtung der Vaterschaft fortgeführt, Art. 15 § 2 Abs. 1 KindRG.
- Gleiches gilt für ein Verfahren, das die **Ehelicherklärung** eines Kindes betrifft, Art. 15 § 2 Abs. 5 KindRG.

160 Für Verfahren, die am Stichtag 1. 7. 1998 nicht durch eine Entscheidung des Gerichts abgeschlossen sind, bleibt das bislang zuständige Gericht weiterhin zuständig.

VIII.
Übersicht zum Abstammungsrecht

Rechtslage ab 1. 7. 1998

1. **Mutter** eines Kindes ist gem. § 1591 BGB die Frau, die das Kind geboren hat.

Vater eines Kindes ist gem. § 1592 BGB der Mann,
- der zum Zeitpunkt der Geburt mit der Mutter des Kindes verheiratet ist;
- der die Vaterschaft anerkannt hat oder
- dessen Vaterschaft gerichtlich festgestellt ist.

Mutter ist also auch die Frau, die ein fremdes Kind austrägt (sog. **Leihmutter**).

Mutter ist also **nicht**:
- die Frau, von der das Ei stammt;
- die Frau, von der der Embryo stammt.

2. **Vaterschaft bei Scheidung**
    a) **Geburt nach Scheidung,** Aufhebung oder Nichtigerklärung einer Ehe, § 1592 Nr. 1 BGB:
       keine Zurechnung des Kindes zum Ex-Ehemann der Mutter, vielmehr Anerkennung
    b) **Geburt während des Scheidungsverfahrens,** § 1599 Abs. 2 i. V. m. § 1592 Nr. 1 BGB:
       Zurechnung zum Ehemann der Mutter, **aber**: Anerkennung der Vaterschaft durch Dritten mit Zustimmung des Noch-Ehemannes möglich

3. **Vaterschaftsanerkennung und -feststellung**
    a) Vaterschaftsanerkennung, § 1592 Nr. 2 BGB:
       - jetzt **eigenes** Zustimmungsrecht der Mutter, § 1595 Abs. 1 BGB, keine Ersetzung!
       - ausnahmsweise Zustimmung des Kindes, § 1595 Abs. 2 BGB
    b) Vaterschaftsfeststellungsklage beim Familiengericht, § 1592 Nr. 3 i. V. m. § 1600d BGB: durch Mann, Kind und jetzt auch die **Mutter**

4. **Vaterschaftsanfechtung** durch Klage beim Familiengericht, § 1599 Abs. 1 BGB
    a) jetzt durch die **Mutter**
    b) durch **volljähriges** Kind (keine Beschränkung auf besondere Anfechtungsgründe)
    c) durch **minderjähriges** Kind
       - durch gesetzlichen Vertreter
       - sofern dem Kindeswohl dienlich
    d) wie bisher durch (Schein-)**Vater**

Kapitel 4
Wegfall der Vorschriften über die Legitimation nichtehelicher Kinder
– Neuregelung für Altfälle

I. Bisherige Rechtslage

Durch die Legitimation erhielt ein nichteheliches Kind die Rechtsstellung eines ehelichen Kindes. Dabei unterschied man zwei Arten der Legitimation nichtehelicher Kinder: die Legitimation durch nachfolgende Ehe (§§ 1719 ff. a. F. BGB) sowie die Legitimation durch Ehelicherklärung (§§ 1723 ff. a. F. BGB). Die Besonderheit der Legitimation durch nachfolgende Ehe bestand darin, daß ihre Wirkung kraft Gesetzes – auch gegen den Willen der Beteiligten – eintrat. Die Ehelicherklärung erfolgte dagegen auf Antrag des Vaters (§§ 1723 ff. a. F. BGB) oder des Kindes (§§ 1719 ff. a. F. BGB) durch Beschluß des Vormundschaftsgerichts. Auch hinsichtlich der Voraussetzungen und Wirkungen unterschieden sich die zwei Legitimationsformen (vgl. Palandt/Diederichsen, vor § 1719 BGB Rn. 1). **161**

1. Ehelicherklärung auf Antrag des Vaters

Eine Legitimation durch nachfolgende Ehe schied aus, wenn der Vater z. B. bereits verheiratet war. Wollte der Vater seinem nichtehelichen Kind trotzdem die Stellung eines ehelichen Kindes zukommen lassen, konnte er dies durch Ehelicherklärung (§§ 1723 ff. a. F. BGB) erreichen. Das Vormundschaftsgericht konnte auf Antrag des Vaters ein Kind für ehelich erklären, wenn die Ehelichkeit dem Wohle des Kindes entsprach und ihr keine schwerwiegenden Gründe entgegenstanden, § 1723 a. F. BGB. Das Kind erhielt gem. § 1736 a. F. BGB die Stellung eines ehelichen Kindes und die damit verbundenen Erb- und Pflichtteilsansprüche. **162**

Hinsichtlich der Wirkungen galten einige Besonderheiten: **163**
– Das Kind erhielt den Familiennamen des Vaters, § 1737 a. F. BGB.

– Den Vater traf eine vorrangige Unterhaltspflicht gem. § 1739 a. F. BGB.
– **Durch die Ehelicherklärung verlor die Mutter gem. § 1738 Abs. 1 a. F. BGB die elterliche Sorge!** Diese stand vom Zeitpunkt der Ehelicherklärung an dem Vater zu, §§ 1736 a. F., 1626 BGB.

164 Das BVerfG (FamRZ 1991, 913) hatte die Bestimmung des § 1738 Abs. 1 a. F. BGB insoweit für verfassungswidrig erklärt, als sie ein gemeinsames Sorgerecht auch dann ausschloß, wenn die Eltern mit dem Kind zusammenlebten, beide bereit und in der Lage waren, die elterliche Verantwortung gemeinsam zu übernehmen und dies dem Kindeswohl entsprach. Dagegen wurde die Verfassungswidrigkeit verneint, wenn die nichteheliche Lebensgemeinschaft beendet war (vgl. Palandt/Diederichsen, § 1738 Rn. 1).

2. Ehelicherklärung auf Antrag des Kindes

165 Das Kind konnte auf seinen eigenen Antrag hin für ehelich erklärt werden, wenn die Eltern des Kindes verlobt waren, das Verlöbnis durch den Tod eines Elternteils aufgelöst worden war und der überlebende Ehegatte einwilligte, § 1740a a. F. BGB.

II.
Neue Rechtslage

1. Sorgerechtliche Neuregelungen

166 Die Vorschriften über die Legitimation nichtehelicher Kinder (§§ 1719 bis 1740g a. F. BGB) sind durch das KindRG **ersatzlos** gestrichen worden. Dies hängt mit dem ursprünglichen Zweck der Legitimation zusammen: Das Kind sollte durch die Legitimation vor Benachteiligungen wegen seiner nichtehelichen Geburt bewahrt werden. Ihm sollte „die Rechtswohltat" (BVerfGE 84, 168, 177) der Ehelichkeit zukommen. Nachdem die Unterscheidung nichtehelich – ehelich aufgehoben wurde, ist dieser Zweck endgültig entfallen.

1.1 Gemeinsame Sorge durch nachfolgende Ehe

167 Die sorgerechtliche Folge der Legitimation durch nachfolgende Ehe wurde beibehalten: So steht auch in Zukunft Eltern, die heiraten, die elterliche Sorge gemeinsam zu, § 1626a Abs. 1 Nr. 2 BGB.

Wegfall der Vorschriften über die Legitimation nichtehelicher Kinder **A**

1.2 Wechsel der Alleinsorge von der Mutter auf den Vater

Waren die Eltern bei der Geburt des Kindes nicht verheiratet und hat die Mutter nach § 1626a BGB die Alleinsorge, ist ein Wechsel der elterlichen Sorge von der Mutter auf den Vater möglich (§ 1672 Abs. 1 BGB). Dazu muß der Vater einen entsprechenden Antrag stellen, dem die Mutter zustimmen muß. Fehlt die Zustimmung, ist der Antrag unzulässig (vgl. dazu Rn. 74). **168**

1.3 Übertragung auf den Vater nach dem Tod der Mutter

Beim Tod der Mutter, die gem. § 1626a Abs. 2 BGB Alleininhaberin der elterlichen Sorge war, kann das Familiengericht gem. § 1680 Abs. 2 Satz 2 BGB dem Vater die elterliche Sorge zusprechen, wenn dies dem Wohl des Kindes dient. Damit ist eine mit § 1740a Abs. 1 a. F. BGB (Ehelicherklärung) vergleichbare Regelung geschaffen. **169**

1.4 Übergangsregelung

Anhängige Verfahren auf Ehelicherklärung sind ab dem Inkrafttreten des Gesetzes, also ab dem 1. 7. 1998, als in der Hauptsache erledigt anzusehen (Art. 15 § 2 Abs. 5 KindRG). **170**

2. Sonderregelung für „Altkinder"

Art. 12 § 10 Abs. 2 des Gesetzes über die rechtliche Stellung der nichtehelichen Kinder (NEhelG) vom 19. 8. 1969 sieht vor, daß nichteheliche Kinder, die vor dem 1. 7. 1949 geboren sind, sog. **Altkinder**, nicht in den Genuß der damals neu eingeführten Rechte kommen, also keinerlei gesetzliche Erb- oder Pflichtteilsrechte nach ihrem Vater und den väterlichen Verwandten haben. **171**

Nunmehr hat der Gesetzgeber im KindRG für diese Fallgruppe eine Neuregelung getroffen: Nach § 10 NEhelG wurde ein neuer § 10a eingefügt. Dessen Abs. 1 bestimmt, daß § 10 Abs. 2 NEhelG keine Anwendung findet, wenn der Vater und das Kind dies **vereinbaren**. Diese Vereinbarung gilt allerdings nur für künftige Erbfälle. Konkret bedeutet dies, daß der Vater und sein Kind vereinbaren können, daß dem Kind ein gesetzliches Erb- und Pflichtteilsrecht zusteht, das Kind also nicht von der Erbfolge ausgeschlossen ist. Diese Vereinbarung kann gem. § 10 a Abs. 2 NEhelG von dem Vater und dem Kind nur persönlich geschlossen werden und bedarf der notariellen Beurkundung. **172**

A   Erläuterungen

173   Die Neuregelung liegt im Interesse der vor dem 1. 7. 1949 geborenen nichtehelichen Kinder, da diese anderenfalls auch in Zukunft keinerlei gesetzliche Erb- und Pflichtteilsrechte hätten. Auf diese Weise werden die Altkinder in einem wesentlichen Teilbereich, dem Erbrecht, doch noch **legitimiert**.

Die Vereinbarung kann auch im Interesse des Vaters liegen, der z. B. erreichen will, daß das Altkind und die ehelichen Kinder **völlig gleichgestellt** werden oder der durch die Einräumung der Stellung eines gesetzlichen Erben für das Altkind dafür sorgen will, daß andere Erb- oder Pflichtteilsberechtigte mit ihren Rechten zurückgestuft werden.

3. Änderung des RuStAG – Erklärungsrecht für vor dem 1. 7. 1993 geborene Kinder

174   Durch die Geburt erwirbt ein Kind die deutsche Staatsangehörigkeit, wenn bei verheirateten Eltern ein Elternteil die deutsche Staatsangehörigkeit besitzt oder wenn die nichtverheiratete Mutter Deutsche ist. Für nichteheliche Kinder, deren Vater die deutsche Staatsangehörigkeit hatte, war die Legitimation von Bedeutung:

Der **Erwerb der deutschen Staatsangehörigkeit** war bisher nach § 5 RuStAG automatische Folge der Legitimation, wenn der Vater die deutsche Staatsangehörigkeit hatte. Das Institut der Legitimation entfällt aufgrund des KindRG. Deswegen mußte als notwendige Folge auch das RuStAG geändert werden. Dessen bisheriger § 10, der nur einen **Einbürgerungsanspruch** nichtehelicher, vor dem 1. 7. 1993 geborener Kinder deutscher Väter und ausländischer Mütter gewährte, wurde **aufgehoben**.

175   Statt dessen wurde § 5 RuStAG neu gefaßt. Dieser bestimmt nun im Hinblick auf die deutsche Staatsangehörigkeit ein **Erklärungsrecht** des **vor dem 1. 7. 1993** geborenen Kindes, dessen Eltern nicht miteinander verheiratet sind (Vater ist Deutscher, Mutter ist Ausländerin).

Voraussetzungen des Erwerbs der deutschen Staatsangehörigkeit sind nunmehr:

- die **Erklärung**, deutscher Staatsangehöriger werden zu wollen;
- eine nach deutschem Recht **wirksame Anerkennung** oder **Feststellung der Vaterschaft** durch den deutschen Vater;
- ein **seit drei Jahren rechtmäßiger** gewöhnlicher Aufenthalt des Kindes im Bundesgebiet und
- die Abgabe der Erklärung **vor Vollendung des 23. Lebensjahres**.

Wegfall der Vorschriften über die Legitimation nichtehelicher Kinder **A**

Kinder, die **nach dem 1. 7. 1993** geboren worden sind, **erwerben** nach der Neuregelung des § 4 Abs. 1 Satz 2 RuStAG **durch die Geburt** die deutsche Staatsangehörigkeit, wenn ein Elternteil die deutsche Staatsangehörigkeit besitzt. 176

Weiter gilt für Kinder, deren Eltern nicht verheiratet sind: Ist nur der Vater deutscher Staatsangehöriger und ist zur Begründung der Abstammung nach den deutschen Gesetzen die Anerkennung oder Feststellung der Vaterschaft erforderlich (vgl. § 1592 Nr. 2 bzw. 3 BGB), so bedarf es zur Geltendmachung des Erwerbes der deutschen Staatsangehörigkeit einer wirksamen Anerkennung oder Feststellung der Vaterschaft (§ 4 Abs. 1 Satz 2 RuStAG). 177

III.
Übersicht zum Wegfall von Vorschriften über die Legitimation nichtehelicher Kinder

I. Bisherige Rechtslage

Legitimation durch nachfolgende Ehe oder durch Ehelicherklärung – Folge: Kind erhält den Status eines ehelichen Kindes
1. **Legitimation durch nachfolgende Ehe,** §§ 1719 ff. a. F. BGB
2. **Legitimation durch Ehelicherklärung** (Beschluß des Vormundschaftsgerichts)
    a) auf **Antrag des Kindes,** §§ 1740 a ff. a. F. BGB
       Eltern waren verlobt – ein Elternteil starb vor der Eheschließung
    b) auf **Antrag des Vaters,** §§ 1723 ff. a. F. BGB
       Wirkung: Mutter verliert die elterliche Sorge, § 1738 Abs. 1 a. F. BGB! Diese steht allein dem Vater zu.

II. Rechtslage ab 1. 7. 1998

1. Die Eheschließung bewirkt **gemeinsame elterliche Sorge**
2. Wechsel der **Alleinsorge** von der Mutter auf den **Vater**
    a) auf Antrag des Vaters mit Zustimmung der Mutter, § 1672 Abs. 1 BGB
    b) nach dem Tod der Mutter, wenn dies dem Kindeswohl entspricht, § 1680 Abs. 2 Satz 2 BGB
3. Für **Altkinder** (nichteheliche Kinder, die vor dem 1. 7. 1949 geboren wurden): **Vereinbarung** mit dem Vater
    Folge: erbrechtliche Gleichstellung mit ehelichen Kindern gem. Art. 14, 10a KindRG

59

A   Erläuterungen

4. **Staatsangehörigkeit** bei anerkannter oder festgestellter Vaterschaft – Vater ist Deutscher, Mutter ist Ausländerin

   a) für vor dem 1. 7. 1993 geborene Kinder: **Erklärungsrecht**, die deutsche Staatsangehörigkeit erwerben zu wollen, § 5 RuStAG

   b) für nach dem 1. 7. 1993 geborene Kinder: **automatischer Erwerb,** § 4 Abs. 1 Satz 2 RuStAG

Kapitel 5
Unterhalt aus Anlaß der Geburt und Betreuungsunterhalt

In der bisherigen Praxis der Rechtsanwälte und Gerichte (zuständig war die allgemeine Abteilung des Amtsgerichts, nicht das Familiengericht) hat der Betreuungsunterhalt für „nichteheliche Mütter" gem. § 1615l BGB keine große Rolle gespielt. Durch die Kindschaftsrechtsreform wird sich die Aufmerksamkeit der Betroffenen und der Rechtsanwaltschaft verstärkt auf dieses Institut konzentrieren. Obwohl der Gesetzgeber wiederholt tätig geworden ist, um die Ansprüche der Mutter auszuweiten, wurden diese Rechte wenig wahrgenommen. **178**

I.
Zur Entwicklung

Der Unterhaltsanspruch der Mutter eines nichtehelichen Kindes ist in der Vergangenheit mehrfach erweitert worden. Grund hierfür ist das Verfassungsgebot gem. Art. 6 Abs. 5 GG, nichteheliche und eheliche Kinder gleichzustellen. Durch das **Nichtehelichengesetz (NEhelG)** vom 19. 8. 1969 wurde der neue § 1615l in das BGB aufgenommen. Dieser gewährte der Mutter – neben dem allgemeinen Unterhaltsanspruch für die Dauer von sechs Wochen vor bis acht Wochen nach der Entbindung – erstmals einen noch weitergehenden Anspruch: Gem. seinem Abs. 2 stand der Mutter ein Anspruch auf Unterhalt für die Dauer von frühestens vier Monaten vor bis maximal einem Jahr nach der Entbindung zu, wenn die Schwangerschaft ursächlich für eine Krankheit war **oder das Kind nicht anders versorgt werden konnte.** **179**

Ein Unterhaltsanspruch war demnach nur dann gegeben, wenn eine persönliche Betreuung des Kindes durch die Mutter im Interesse des Kindes erforderlich war, weil das Kind weder durch Verwandte noch in einer Tagesheimstätte anderweitig versorgt werden konnte. Die Intention des **180**

Gesetzgebers war, dem Kind die Betreuung durch die Mutter wenigstens im ersten Lebensjahr zu sichern, wenn dies für seine Entwicklung notwendig war. Andererseits sollte der Unterhaltsanspruch nicht schon dann entstehen, wenn die Mutter den Wunsch hatte, ihr Kind selbst zu betreuen. Sie mußte vielmehr nachweisen, daß sie gerade deshalb nicht bzw. nur beschränkt erwerbstätig war, weil das Kind andernfalls nicht versorgt werden konnte. Somit war es in das Ermessen des Gerichtes gestellt, ob der Anspruch zugesprochen wurde oder nicht. Angesichts einer sehr restriktiven Rechtsprechung war die praktische Bedeutung dieser Vorschrift gering.

181 Einen entscheidenden – und wenig bekannten – Schritt in Richtung Gleichstellung von ehelichen und nichtehelichen Kindern hat der Gesetzgeber bereits mit dem **Schwangeren- und Familienhilfeänderungsgesetz** vom 21. 8. 1995, in Kraft getreten am 1. 10. 1995, getan. Durch Art. 6 dieses Gesetzes wurde § 1615l Abs. 2 Satz 2 BGB der entsprechenden Regelung des Betreuungsunterhalts für eheliche Kinder in § 1570 BGB angepaßt. Dadurch wurde in gewissem Umfang der Verfassungsauftrag aus Art. 6 Abs. 5 GG verwirklicht, „durch die Gesetzgebung gleiche Bedingungen für ihre leibliche und seelische Entwicklung und ihre Stellung in der Gesellschaft zu schaffen wie bei den ehelichen Kindern".

182 Eine Unterhaltsverpflichtung bestand danach bis zu maximal drei Jahren nach der Entbindung, wenn die Schwangerschaft ursächlich für eine Krankheit war oder von der Mutter wegen der Pflege oder Erziehung des Kindes eine Erwerbstätigkeit nicht erwartet werden konnte. Durch diese – viel zu wenig beachtete – Gesetzesänderung wurden mit der Verlängerung der Anspruchsdauer und der Modifizierung der Anspruchsvoraussetzungen bereits wichtige Reformziele der Kindschaftsrechtsreform vorweggenommen: Jedenfalls bis zum Beginn des Kindergartenalters von drei Jahren sollte der Anspruch des Kindes auf Betreuung durch die eigene Mutter gewährleistet werden. Durch diese Änderungen bezweckte der Gesetzgeber, den Verantwortungsbereich für den Vater auszuweiten, damit das nichteheliche Kind durch seine Mutter betreut werden konnte und sich die Voraussetzungen für seine Entwicklung verbesserten (BT-Drucks. 13/1850, S. 24). Vor allem aber mußte die Mutter nicht länger nachweisen, daß sie nicht oder nur eingeschränkt erwerbstätig war, weil das Kind anderenfalls nicht versorgt werden konnte. Kritisiert wurde aber weiterhin, daß die Unterhaltspflicht in jedem Fall mit dem dritten Geburtstag des Kindes endete, selbst wenn das Kind nur durch die Mutter versorgt werden konnte.

II.
Neue Rechtslage

Durch das KindRG wurde diese starre zeitliche Begrenzung aufgehoben. Ein Unterhaltsanspruch kann vielmehr ausnahmsweise **länger als drei Jahre** bestehen, wenn die Versagung des Betreuungsunterhalts grob unbillig wäre. Ein solcher Ausnahmefall liegt z. B. dann vor, wenn das Kind behindert und daher auf eine intensivere und längere Betreuung durch die Mutter angewiesen ist.   183

Die zweite gravierende Änderung liegt darin, daß jetzt auch der **Vater** eines nichtehelichen Kindes Anspruch auf Betreuungsunterhalt nach § 1615 l Abs. 5 BGB haben kann, wenn er die Betreuung des Kindes übernommen hat. Insofern ist die Regelung noch mehr dem für eheliche Kinder geltenden § 1570 BGB angeglichen worden, der den Unterhaltsanspruch dem jeweils betreuenden Elternteil einräumt. Es bleibt abzuwarten, ob der Anspruch auf Betreuungsunterhalt nunmehr in der Praxis eine wesentliche Ausweitung erfährt.   184

Anfragen bei verschiedenen Gerichten haben ergeben, daß selbst bei den Richtern, die aufgrund der Zuständigkeitsregelung für den Betreuungsunterhalt gem. § 1615 l BGB zuständig sind, nur wenige entsprechende Klagen anhängig gemacht wurden.

III.
Rechtsnatur der Ansprüche aus § 1615 l Abs. 1 und 2 BGB

Nach jetziger Rechtslage unterscheidet man zwei Unterhaltsansprüche: 185

– den „gewöhnlichen/allgemeinen" Unterhalt nach § 1615 l Abs. 1 BGB (sechs Wochen vor bis acht Wochen nach der Geburt) und

– den „außerordentlichen/erweiterten" Unterhalt nach § 1615 l Abs. 2 BGB, der frühestens vier Monate vor der Entbindung und längstens drei Jahre nach der Entbindung verlangt werden kann.

Bei beiden Ansprüchen handelt es sich um echte Unterhaltsansprüche (MüKo/Köhler, § 1615 l Rn. 3), auf die nach der Rechtsgrundverweisung in § 1615 l Abs. 3 Satz 1 BGB die allgemeinen Vorschriften über den Verwandtenunterhalt der §§ 1602 bis 1615 BGB anzuwenden sind, nicht jedoch die §§ 1615a ff. BGB, die lediglich für den Kindesunterhalt gelten.   186

IV.
Voraussetzungen der Unterhaltsansprüche

1. Feststellung der Vaterschaft

187 Voraussetzung für beide Unterhaltsansprüche ist die Feststellung der Vaterschaft gem. § 1592 Nr. 2 und 3 BGB durch Anerkennung bzw. gerichtliche Feststellung (§ 1600d BGB). Eine Ausnahme gilt, wenn der Unterhalt für die ersten drei Monate nach der Geburt per **einstweiliger Verfügung** gemäß § 1615o Abs. 2 BGB geltend gemacht wird. In diesem Fall genügt es, daß die Vaterschaft gem. § 1615o Abs. 2 i. V. m. § 1600d Abs. 2 BGB vermutet wird, weil der Mann der Mutter während der Empfängniszeit beigewohnt hat.

2. Bedürftigkeit der Unterhaltsberechtigten

188 Die Mutter ist nur dann unterhaltsberechtigt, wenn sie ihren Unterhaltsbedarf nicht oder nicht ganz aus ihrem eigenen Einkommen oder Vermögen decken kann, § 1602 BGB. Eine Bedürftigkeit der Mutter scheidet daher aus, wenn sie während des Zeitraums von sechs Wochen vor und acht Wochen nach der Geburt Mutterschaftsgeld von der Krankenversicherung erhält. Diese Sozialleistung wird gem. § 13 Abs. 1 MuSchG Frauen gewährt, die Mitglied einer gesetzlichen Krankenkasse sind.

§ 1615l Abs. 1 BGB kommt somit nur bei nicht versicherungspflichtig beschäftigten Müttern in Frage und hat deshalb nur geringe praktische Bedeutung.

3. Leistungsfähigkeit des Unterhaltsverpflichteten

189 Im Hinblick auf die Anrechnung und den Einsatz von Einkommen und Vermögen des Vaters gelten die allgemeinen Maßstäbe wie beim Kindes- und Ehegattenunterhalt, insbesondere auch die unterhaltsrechtlichen Leitlinien der Oberlandesgerichte, § 1603 BGB.

Dem Vater muß daher wohl der angemessene Eigenbedarf von derzeit DM 1800,00 (in den neuen Bundesländern: DM 1620,00) verbleiben (so Kalthoener/Büttner, Rn. 186; Schulz DAVorm. 1996, 463). Eine Erhöhung des Eigenbedarfs, z. B. wegen höherer Wohnkosten, wird im Einzelfall zu berücksichtigen sein.

Unterhalt aus Anlaß der Geburt und Betreuungsunterhalt **A**

V.
Besondere Voraussetzungen des erweiterten Unterhalts gem. § 1615l Abs. 2 Satz 2 BGB

Ein Anspruch auf Betreuungsunterhalt gem. § 1615l Abs. 2 Satz 2 BGB kommt nur dann in Betracht, wenn die Mutter nicht oder nur teilerwerbstätig ist, **soweit von ihr wegen der Pflege oder Erziehung des Kindes eine Erwerbstätigkeit nicht erwartet werden kann.** Die Formulierung entspricht der des § 1570 BGB (Betreuungsunterhalt nach der Scheidung). So wird im Rahmen von § 1570 BGB eine Erwerbstätigkeit des betreuenden Elternteils nicht erwartet, wenn die Kinder noch im Grundschulalter oder jedenfalls in der 1. oder 2. Grundschulklasse sind. Auch beim erweiterten Betreuungsunterhalt gem. § 1615l Abs. 2 BGB wird man von einem Elternteil jedenfalls dann keine Erwerbstätigkeit erwarten können, wenn er ein Kleinkind (unter drei Jahren) betreut (so Schulz, DAVorm. 1996, 463). 190

Derzeit ist es in der Rechtsprechung noch nicht geklärt, ob § 1615l Abs. 2 BGB einen regulären Unterhaltsanspruch der nichtehelichen Mutter gegen den Vater des nichtehelichen Kindes für die Dauer von drei Jahren begründet (so AG Karlsruhe-Durlach FamRZ 1989, 315; AG Würzburg FF 2/1997, 54). Das AG Karlsruhe-Durlach hatte der Mutter eines nichtehelichen Kindes einen Anspruch auf Betreuungsunterhalt zugesprochen, weil „dem Unterhaltsanspruch der Mutter eines nichtehelichen Kindes gem. § 1615l Abs. 2 BGB nicht entgegengehalten werden könne, die Betreuung des Kindes sei einem – familienfremden – Dritten möglich." 191

Zutreffend begründet wurde diese Entscheidung damit, daß der erweiterte Unterhaltsanspruch vor allem das Kindeswohl im Auge habe. Gem. § 1615l Abs. 2 Satz 2 BGB solle die Mutter dann von der Pflicht zur Erwerbstätigkeit befreit sein, wenn das Kind bei Aufnahme derselben nicht versorgt werden könne. „Versorgen" könne unter dem Gesichtspunkt des Kindeswohls nur bedeuten, daß ihm das größtmögliche Maß an Zuwendung zuteil werde. Mit anderen Worten könne unter dem Gesichtspunkt des Kindeswohls die Mutter nur dann zur Erwerbstätigkeit verpflichtet sein, wenn sie selbst nicht in der Lage sei, dem Säugling ein solches Maß an Zuwendung und Versorgung zukommen zu lassen, wie es einem Dritten möglich wäre (AG Karlsruhe-Durlach FamRZ 1989, 316). Diese Entscheidung wurde vom LG Karlsruhe bestätigt (FamRZ 1989, 316). 192

Das LG Würzburg (FF 2/1997, 56) hat die den Unterhalt zuerkennende Entscheidung des AG Würzburg (FF 2/1997, 54) im Berufungsverfahren 193

A Erläuterungen

aufgehoben: Der Anspruch auf Betreuungsunterhalt sei nur dann gegeben, wenn die Mutter mangels anderer Möglichkeiten das Kind persönlich betreuen müsse und eine anderweitige Versorgungsmöglichkeit für das Kind unzumutbar erscheine. Hierfür spreche eindeutig der Gesetzeswortlaut, nach dem der Unterhaltsanspruch nur bestünde, „soweit von der Mutter wegen der Pflege oder Erziehung des Kindes eine Erwerbstätigkeit nicht erwartet werden könne". Das Gesetz habe sich für einen objektiven Maßstab entschieden (LG Würzburg, a. a. O.; so auch Palandt/Diederichsen, § 1615l Rn. 6).

Die Auslegung des LG Würzburg verkennt wohl die Intention des Gesetzgebers im Rahmen des Schwangeren- und Familienhilfeänderungsgesetzes. Sinn und Zweck dieser Reform ist, der Mutter des nichtehelichen Kindes die Entscheidung zu erleichtern, das Kind auszutragen, damit sie es ohne finanzielle Not auch aufziehen kann (vgl. OLG Hamm FamRZ 1996, 1104).

Es bleibt abzuwarten, wie sich die Rechtsprechung zum Betreuungsunterhalt gem. § 1615l BGB entwickelt, nachdem jetzt die Familiengerichte zuständig sind.

VI.
Höhe des Betreuungsunterhalts

194 Für die Höhe des Anspruchs auf Betreuungsunterhalt gem. § 1615l Abs. 1 und 2 BGB gilt § 1610 BGB. Entscheidend ist somit der Unterhaltsbedarf der Mutter, der sich aus ihrer Lebensstellung ergibt.

Bei erwerbstätigen Müttern wird als Maßstab für den Unterhaltsbedarf das Einkommen vor Aufgabe bzw. Reduzierung der Erwerbstätigkeit anzusetzen sein (Kalthoener/Büttner, Rn. 186; Schulz DAVorm. 1996, 463; MüKo/Köhler, § 1615l Rn. 8). Bei nicht erwerbstätigen Müttern bietet sich an, den angemessenen Selbstbehalt nach der Düsseldorfer Tabelle (derzeit DM 1800,00) zugrunde zu legen (so Schulz, a. a. O.).

195 Die Höhe des Unterhalts richtet sich dann danach, inwieweit eigenes Einkommen der Mutter vorhanden ist. Dies ist grundsätzlich in voller Höhe auf den Bedarf anzurechnen. Darüber hinaus hat die Mutter gem. § 1602 Abs. 1 BGB ihr Vermögen in den Grenzen der Wirtschaftlichkeit und Billigkeit zur Deckung des eigenen Unterhaltsbedarfs zu verwenden.

Zum Einkommen der Mutter zählen Lohnfortzahlung des Arbeitgebers, Mutterschaftsgeld sowie sämtliche sonstigen Einkünfte (Vermögenseinkünfte, Einkünfte aus Vermietung und Verpachtung usw.). Kindergeld bleibt wie beim Ehegattenunterhalt grundsätzlich unberücksichtigt. Auch Erziehungsgeld zählt nach § 9 BErzGG nicht zum Einkommen in diesem Sinne.

Im Rahmen des Betreuungsunterhalts der geschiedenen Frau gem. § 1570 BGB ist Einkommen der Mutter, das aus einer nicht zumutbaren Tätigkeit erzielt wird, nach Billigkeitsgesichtspunkten nur teilweise anzurechnen. Hierzu gibt es umfangreiche Rechtsprechung (vgl. Kalthoener/Büttner, Rn. 463). Fraglich ist, wie Einkommen aus einer sog. überobligationsmäßigen Tätigkeit im Rahmen von § 1615l Abs. 2 BGB angerechnet wird. **196**

Stellt man darauf ab, daß der Betreuungsunterhalt nach § 1615l BGB Ausfluß des verfassungsrechtlich geschützten Rechtes des Kindes auf Betreuung ist und die Gleichstellung zwischen ehelichen und nichtehelichen Kindern verwirklicht werden soll, wird man die Grundsätze für die Anrechnung des Einkommens aus unzumutbarer Tätigkeit auf den Betreuungsunterhalt übertragen müssen! Dagegen könnte sprechen, daß der Betreuungsunterhalt, wie unten dargelegt wird, wegen des Vorrangs anderer Bedürftiger nach wie vor ein Unterhalt minderen Ranges ist. Außerdem hat der Gesetzgeber eine Regelung, wie sie dem § 1577 Abs. 2 BGB entspricht (Anrechnung von Einkünften aus nicht zumutbarer Tätigkeit nach Billigkeitsgesichtspunkten), nicht getroffen. Auch allgemein gibt es keine entsprechende Vorschrift beim Verwandtenunterhalt.

VII.

Rangfolge

Bei der Prüfung der Leistungsfähigkeit des Vaters ist der **Vorrang anderer Bedürftiger** zu berücksichtigen. Ist der Vater nur eingeschränkt leistungsfähig und kann nicht allen Unterhaltsverpflichtungen nachkommen, sind diese gem. § 1615l Abs. 3 i. V. m. § 1609 BGB entsprechend ihrer Schutzwürdigkeit gestaffelt. Vorrangig zu erfüllen sind daher die Ansprüche **197**

– der unterhaltsberechtigten Ehefrau des Vaters;
– der unterhaltsberechtigten geschiedenen Ehefrau des Vaters;
– der minderjährigen unverheirateten Kinder.

Nachrangig sind u. a. volljährige Kinder und die übrigen Verwandten des Vaters, § 1615l Abs. 3 Satz 3 BGB.

A Erläuterungen

198 In diesem Vorrangprinzip kommt deutlich der Schutz von Ehe und Familie zum Ausdruck, deren Lebensunterhalt nicht wegen des Unterhalts der nichtehelichen Mutter gefährdet werden darf (Göppinger/Wax, Rn. 982). Für die Praxis bedeutet dies, daß der Betreuungsunterhalt vor allem für gut verdienende Väter, insbesondere beim Auseinanderbrechen einer nichtehelichen Lebensgemeinschaft, von Bedeutung ist. Bei verheirateten oder geschiedenen Vätern wird er weniger häufig relevant sein.

VIII.
Sonstige Besonderheiten des Betreuungsunterhalts

1. Verzicht oder Abfindung

199 **Verzicht** oder **Abfindung** dieses Anspruchs auf Betreuungsunterhalt sind gesetzlich nicht gestattet. Dabei ist im Prinzip gleichgültig, ob der Verzicht vollständig oder nur teilweise, entgeltlich oder unentgeltlich geschieht (Palandt/Diederichsen, § 1614 Rn. 2; Schulz DAVorm. 1996, 463, 467). § 1615l Abs. 3 BGB verweist insoweit auf die zwingende Vorschrift des § 1614 Abs. 1 BGB, der einen Verzicht auf Verwandtenunterhaltsansprüche für die Zukunft generell verbietet. Hier liegt ein Unterschied zum nachehelichen Unterhalt gem. § 1570 BGB vor (Palandt/Diederichsen, § 1585c Rn. 11), auf den verzichtet oder der gem. § 1585 Abs. 2 i. V. m. § 1585c BGB auch abgefunden werden kann.

200 Auf künftigen Unterhalt kann also auch nicht gegen eine Abfindung verzichtet werden. Zulässig sind aber Vereinbarungen über Art und Weise des Unterhalts, sofern dabei der gesetzlich verbliebene Spielraum der „Angemessenheit" gemäß § 1610 BGB nicht unterschritten wird (vgl. MüKo/Köhler, § 1614 Rn. 2; Palandt/Diederichsen, vor § 1601 Rn. 1, 14; § 1361 Rn. 3).

Die Grenze der zulässigen Vereinbarung liegt nach der Rechtsprechung bei 20% unter dem errechneten Unterhaltsanspruch. Wird der sich aus dem Bedarf der Mutter abzüglich ihres eigenen Einkommens errechnete Unterhaltsanspruch z. B. um ein Drittel reduziert, steht die Vereinbarung zu § 1614 Abs. 1 BGB in Widerspruch und ist damit unzulässig (Kalthoener/Büttner, Rn. 132; BGH FamRZ 1984, 994, 999).

201 Nachdem der Gedanke der Gleichstellung des Betreuungsunterhalts für die nicht verheiratete Mutter und des Betreuungsunterhalts für die Zeit nach der Scheidung gem. § 1570 BGB immer wieder herangezogen wird,

Unterhalt aus Anlaß der Geburt und Betreuungsunterhalt   A

stellt sich die Frage, ob nicht hinsichtlich der Möglichkeit einer Abfindung, die für den nachehelichen Ehegattenunterhalt gesetzlich vorgesehen ist, beim Betreuungsunterhalt etwas großzügigere Maßstäbe angewendet werden sollen.

Dies bedeutet in der Praxis folgendes: Die Wirksamkeit einer Unterhaltsvereinbarung hängt zum einen davon ab, ob sie sich im gesetzlichen Rahmen der „Angemessenheit" bewegt. Zum anderen ist sie davon abhängig, ob und inwieweit bei Abschluß der Vereinbarung die beiderseitigen wirtschaftlichen Verhältnisse geklärt waren bzw. ob die Beteiligten hier Ungewißheiten auf sich genommen haben (vgl. MüKo/Köhler, § 1614 Rn. 2).

Für eine großzügigere Zulassung von Abfindungsverträgen sprechen auch die zahlreichen Vorteile, die beim nachehelichen Ehegattenunterhalt ebenso wie beim Betreuungsunterhalt der nichtehelichen Mutter gelten: **202**

- Die unterhaltsrechtlichen Beziehungen werden zu einem von beiden Seiten getragenen Abschluß gebracht.
- Der Unterhaltsschuldner ist nicht mehr verpflichtet, Auskunft über seine Einkommensentwicklung zu erteilen.
- Die Unterhaltsberechtigte braucht bei einer Arbeitsaufnahme nicht mehr damit zu rechnen, daß ihre Bedürftigkeit und damit der Unterhaltsanspruch entfällt.
- Die Unterhaltsberechtigte ist nicht mehr von den Unterhaltszahlungen bzw. von der wirtschaftlichen Situation des Unterhaltspflichtigen abhängig.
- Die nicht verheiratete Mutter hat einen größeren Geldbetrag zur Verfügung, mit dem sie z. B. ihre Ausbildung finanzieren oder ein Erwerbsgeschäft beginnen kann.

Nicht dagegen zur Anwendung kommt die Regelung des § 1615e BGB, der eine Abfindungsvereinbarung des nichtehelichen Kindes mit seinem Vater hinsichtlich des Unterhalts ausdrücklich gestattet.

2. Mehrere Unterhaltsschuldner

Gem. § 1615l Abs. 3 Satz 2 BGB haftet der nichteheliche Vater vorrangig vor den Eltern und den anderen Verwandten der Mutter, die nur bei Leistungsunfähigkeit des Vaters zur Zahlung verpflichtet sind. Die vorrangige Haftung des nichtehelichen Vaters besteht auch gegenüber dem Ehemann oder geschiedenen Ehemann der Mutter (OLG Koblenz FamRZ 1981, 92)! **203**

A   Erläuterungen

3. Betreuungsunterhalt für die Vergangenheit

204   Für den Zeitraum, bevor die Vaterschaft anerkannt oder rechtskräftig festgestellt war, kann gem. § 1615 l Abs. 3 Satz 4 i. V. m. § 1615d BGB Unterhalt verlangt werden. Im übrigen gelten die allgemeinen Grundsätze, wonach Unterhalt für die Vergangenheit ab Inverzugsetzung oder Rechtshängigkeit gefordert werden kann. Gem. § 1615 l Abs. 3 Satz 4 i. V. m. § 1613 Abs. 2 BGB kann Unterhalt jedoch für maximal ein Jahr rückwirkend geltend gemacht werden (MüKo/Köhler, § 1615 l Rn. 12).

4. Stundung des Anspruchs auf Betreuungsunterhalt

205   Gemäß § 1615 l Abs. 3 Satz 4 i. V. m. § 1615i Abs. 1 und 3 BGB kann der Vater wegen der Rückstände von der Mutter Stundung verlangen. Er büßt dieses Recht auch nicht ein, wenn ein Dritter an seiner Stelle der Mutter Unterhalt gewährt hat und der Anspruch nach § 1607 Abs. 2 BGB auf den Dritten übergegangen ist. Der Übergang tritt übrigens auch ein, wenn der Ehemann der Mutter Unterhalt gewährt hat, da dieser nur nachrangig in Betracht kommt!

206   Die Möglichkeit der Stundung ist wichtig, weil trotz der Sonderregelung für den Vergangenheitsunterhalt bei lang währenden Vaterschaftsverfahren die bis zum rechtskräftigen Abschluß entstandenen Rückstände hoch sein können und bis zu diesem Zeitpunkt mit der Zeitschranke des § 1613 Abs. 2 BGB, sonst aber – von Verjährung wird abgesehen – unbeschränkt geltend gemacht werden können, § 1615b BGB (vgl. MüKo/Köhler, § 1615 l Rn. 13).

5. Tod des Vaters

207   Der Anspruch erlischt nicht mit dem Tode des Vaters (§ 1615 l Abs. 3 Satz 5 BGB). Die Erben des Vaters eines nichtehelichen Kindes haften in vollem Umfang nach allgemeinen Maßstäben. Demgegenüber haften die Erben des geschiedenen Ehegatten für den nachehelichen Unterhalt gem. § 1586b Abs. 1 Satz 3 BGB nur beschränkt in Höhe eines fiktiven Pflichtteils.

6. Verjährung

208   Der Anspruch verjährt gem. § 1615 l Abs. 4 BGB nach vier Jahren. Die Frist beginnt mit dem Ablauf des auf die Entbindung folgenden Jahres.

IX.
Weitere Neuerungen durch das KindRG

1. Unterhaltsberechtigung des Vaters

Nunmehr hat auch der Vater Anspruch auf Betreuungsunterhalt gemäß § 1615l Abs. 3 Satz 2 BGB, wenn er das Kind betreut, § 1615l Abs. 5 BGB. **209**

2. Verlängerter Betreuungsunterhalt aus Billigkeitsgründen

Die dreijährige Befristung gem. § 1615l Abs. 2 Satz 3 BGB gilt nicht, wenn es insbesondere unter Berücksichtigung der Belange des Kindes grob unbillig wäre, einen Unterhaltsanspruch nach Ablauf der Frist zu versagen. Derartige Fälle kommen in Betracht, wenn das Kind behindert und deshalb auf eine intensivere und längere Betreuung angewiesen ist. Auch hier wird sich zeigen, ob und inwieweit sich die gleichen oder andere Maßstäbe herausbilden als die im Rahmen des § 1570 BGB für den Ehegatten-Betreuungsunterhalt entwickelten. **210**

X.
Kritik

Vielen Kritikern geht die durch die Kindschaftsrechtsreform erzielte Gleichstellung von nichtehelichen und ehelichen Kindern noch nicht weit genug. Kritisiert wird vor allem, daß die nicht verheiratete Mutter nur in Ausnahmefällen länger als drei Jahre nach der Entbindung Unterhalt verlangen kann. Der Gesetzgeber hat sich hier bewußt gegen eine völlige Gleichbehandlung entschieden (BT-Drucks. 13/8511, S. 71). Da es sich um einen Anspruch der Mutter gegenüber dem Vater des Kindes handeln würde, sei die rechtliche Qualität der Elternbeziehung für die Ausgestaltung des Anspruchs von Bedeutung. Es erscheine somit gerechtfertigt, den Anspruch der (früheren) Ehefrau unter dem Gesichtspunkt der nachehelichen Solidarität stärker auszugestalten als den Anspruch der Mutter, die mit dem Vater des Kindes nicht verheiratet ist. **211**

Im übrigen erscheine die gesetzliche Höchstdauer des Anspruchs von drei Jahren für den Regelfall als angemessen, weil normalerweise ab diesem Alter eine Betreuung des Kindes durch Dritte möglich sei. Darüber hinaus knüpften auch andere gesetzliche Vorschriften an die Dreijahresgrenze an

A   Erläuterungen

(Anspruch auf Kindergartenplatz, Höchstdauer des Erziehungsurlaubs gem. § 15 BErzGG, anrechenbare Erziehungszeiten nach § 56 Abs. 2 SGB VI).

212   Diese Begründung erscheint formalistisch. Auch wenn es sich um einen Anspruch der Mutter handelt, ist doch schließlich das Kind betroffen. Geht es um die Betreuung eines Kindes verheirateter Eltern, ist der Unterhalt gem. § 1570 BGB ohne vorgegebene zeitliche Begrenzung so lange und so weit zu gewähren, wie eine Erwerbstätigkeit der Mutter wegen der Pflege oder Erziehung eines gemeinschaftlichen Kindes nicht erwartet werden kann. Nach gefestigter Rechtsprechung gilt dies zumindest bis zum vollendeten 8. Lebensjahr eines Kindes (BGH NJW 1989, 1083). Ein überzeugender Grund dafür, weshalb für ein Kind nur deshalb etwas anderes gelten soll, weil seine Eltern nicht miteinander verheiratet sind, ist nicht zu erkennen (vgl. Peschel-Gutzeit/Jenckel FuR 1996, 136).

213   Der verfassungsrechtlich geschützte Anspruch des Kindes auf Betreuung durch die eigene Mutter wird nicht davon berührt, ob die Eltern miteinander verheiratet sind. Daraus ergibt sich die Forderung, im Interesse der Gleichstellung ehelicher und nichtehelicher Kinder die Betreuungsmöglichkeiten seitens der Mutter zu verbessern. Die Neuregelung beschränkt die Fortdauer des Betreuungsunterhalts über die Dreijahresfrist hinaus nur auf Härtefälle. Es kann deshalb vorausgesagt werden, daß die Diskussion über die Gleichbehandlung von Kindern, unabhängig davon, ob ihre Eltern verheiratet sind oder nicht, auf diesem Gebiet nicht beendet ist.

XI.
Übersicht zum Unterhalt nach § 1615 l BGB

I. Bisherige Rechtslage (seit 1. 10. 1995)

1. Erweiterter Unterhalt – Betreuungsunterhalt, § 1615 l Abs. 2 Satz 2 BGB

   a) Voraussetzungen:
   - förmliche Vaterschaftsfeststellung durch Anerkennung oder Urteil, § 1600 a BGB
   - Leistungsfähigkeit des Vaters, § 1603 BGB
   - Bedürftigkeit der Mutter, § 1602 BGB
   - keine oder nur Teilerwerbsfähigkeit der Mutter,
     - – soweit von ihr wegen der Pflege oder Erziehung des Kindes eine Erwerbstätigkeit nicht erwartet werden kann
     - – wegen Schwangerschaft oder hierdurch verursachter Krankheit

Unterhalt aus Anlaß der Geburt und Betreuungsunterhalt **A**

- – wegen durch Entbindung verursachter Krankheit
- b) Dauer: vier Monate vor bis maximal drei Jahre nach der Entbindung
- c) Unterhaltshöhe:
  - Unterhaltsbedarf nach Lebensstellung der Mutter, § 1610 BGB, insbesondere Einkommen der Mutter.
  - Oder: Unterhaltsbedarf = angemessener Selbstbehalt von DM 1800,– (neue Bundesländer: DM 1620,–).

2. Allgemeiner Unterhalt, § 1605 I Abs. 1 BGB
   - a) Voraussetzungen:
     wie beim Unterhalt unter Nr. 1 (Vaterschaft, Leistungsfähigkeit, Bedürftigkeit)
   - b) Dauer: sechs Wochen vor bis acht Wochen nach der Geburt
   - c) Unterhaltshöhe: wie beim Unterhalt unter Nr. 1

II. Rechtslage ab 1. 7. 1998: Ausweitung des Betreuungsunterhalts

1. Voraussetzungen: Anspruchsberechtigt ist jetzt auch der Vater bei Kindesbetreuung, § 1600 I Abs. 5 BGB
2. Dauer: Verlängerung über die Dreijahresfrist, falls insbesondere unter Berücksichtigung der Kindesbelange Versagung nach Fristablauf unbillig wäre, z. B. bei Behinderung des Kindes
3. Unterhaltshöhe: keine Änderungen

Kapitel 6
Namensrecht

Der Name ist neben Identifikationsmerkmal und Zeichen der Familienzugehörigkeit auch Zeugnis der Abstammung und der rechtlichen Zuordnung (Gernhuber/Coester-Waltjen S. 827). Die Unterscheidung zwischen nichtehelichen und ehelichen Kindern wirkt sich daher auch unmittelbar auf das Namensrecht aus. 214

I.
Bisherige Rechtslage

Bei der bisherigen Regelung (diese galt seit 1. 4. 1994, als das Familiennamensrechtsgesetz in Kraft trat) wurde auch beim Namensrecht in erster Linie nach **ehelich** (§§ 1616, 1616a a. F. BGB) und **nichtehelich** (§§ 1617 ff. a. F. BGB) differenziert. Innerhalb dieser beiden Gruppen erfolgte dann in einer zweiten Stufe die Unterscheidung danach, ob die Eltern einen Ehenamen führten oder nicht. Die Führung eines gemeinsamen Ehe- und Familiennamens wurde vom Gesetzgeber als erstrebenswert angesehen und den Ehegatten auch nahegelegt, um nach außen der Einheit der Familie durch die Namensidentität Ausdruck zu verleihen (vgl. Michalski FamRZ 1997, 977). Jedoch wurden die Eheleute nicht dazu „gezwungen", auf ihren Geburtsnamen zu verzichten; auch wurde ihnen ein neuer Ehename nicht „aufgedrängt". 215

1. Eheliche Kinder

Gem. § 1616 Abs. 1 a. F. BGB erhielt ein eheliches Kind automatisch bei seiner Geburt den Ehenamen der Eltern als eigenen Geburtsnamen. Wenn die Eltern keinen gemeinsamen Ehenamen führten, konnten sie entweder den Namen des Vaters oder den der Mutter, den diese zum Zeitpunkt der Erklärung gegenüber dem Standesamt führten, zum Geburtsnamen des Kindes bestimmen, § 1616 Abs. 2 a. F. BGB. 216

A Erläuterungen

1.1 Änderung des Ehenamens

217 § 1616a Abs. 1 a. F. BGB regelte die Auswirkungen, die eine Änderung des Familiennamens der Eltern auf den Geburts- oder Ehenamen ihres gemeinsamen Kindes mit sich brachte, wobei entscheidend das Alter des Kindes war. Die Vorschrift sah eine differenzierte Beteiligung nach dem Alter des Kindes vor, um der wachsenden Selbstbestimmungsfähigkeit des Kindes Rechnung zu tragen (Michalski FamRZ 1997, 977, 982):

- Bis zum 5. Lebensjahr erwarb das Kind automatisch den Ehenamen der Eltern (Arg. aus § 1616a Abs. 1 Satz 1 a. F. BGB).
- War das Kind zwischen 5 und 14 Jahre alt, war gem. § 1616a Abs. 1 Satz 1 a. F. BGB eine Anschlußerklärung erforderlich. Diese wurde von den Eltern als den gesetzlichen Vertretern nach § 1629 Abs. 1 BGB abgegeben und bedurfte der vormundschaftsgerichtlichen Genehmigung.
- Zwischen dem 14. und 18. Lebensjahr mußte das Kind die Anschlußerklärung nach Satz 2 des § 1616a Abs. 1 a. F. BGB selbst abgeben, bedurfte aber der Zustimmung beider Elternteile als gesetzliche Vertreter.
- Mit Erreichen des 18. Lebensjahres war das Kind von einer Namensänderung ausgeschlossen, da die notwendige Anschlußerklärung nach § 1616a Abs. 1 Satz 3 a. F. BGB nur bis zum Eintritt der Volljährigkeit abgegeben werden konnte.

1.2 Namensänderung aus wichtigem Grund, § 3 Abs. 1 NamÄndG

218 In der Anwaltspraxis bedeutend und nicht selten waren die Fälle, in denen nach Scheidung einer Ehe die Mutter, bei der die Kinder lebten, entweder ihren Geburtsnamen wieder angenommen oder – noch häufiger – im Falle der Wiederverheiratung den Namen des neuen Ehemanns als Ehenamen gewählt hat. § 1616a Abs. 2 Satz 2 a. F. BGB bestimmte ausdrücklich, daß nach Scheidung der Eltern eine aus der Wiederverheiratung des sorgeberechtigten Elternteils resultierende Namensänderung für das Kind namensrechtlich ohne Einfluß blieb.

219 In diesen Fällen wurde dann häufig beim Standesamt beantragt, dem Kind unter Berufung auf das NamÄndG aus wichtigem Grund den neuen Namen der Mutter zu geben. Zu dieser Frage, wann ein wichtiger Grund im Sinne des NamÄndG vorlag, gab es umfangreiche verwaltungsgerichtliche Rechtsprechung, die sich im Laufe der letzten Jahre geändert hat:

Zunächst wurde ein wichtiger Grund i. S. d. § 3 Abs. 1 NamÄndG nur anerkannt, wenn die Namensänderung im Hinblick auf das Wohl des Kindes **erforderlich** war (vgl. BVerwG NJW 1983, 1866). Nach dieser Rechtsprechung wurde der Kennzeichnung der Abstammung durch den gemeinsamen Familiennamen ein hoher Stellenwert beigemessen (Ordnungsfunktion des Namens). Unter dieser Prämisse wurden dann die widerstreitenden Interessen gegeneinander abgewogen, nämlich auf der einen Seite das Interesse des Vaters daran, daß sein Kind den Namen beibehalten würde, auf der anderen Seite das Interesse der Mutter an der Namensänderung und schließlich das Wohl des Kindes.

220

Für eine Namensänderung sprach, wenn die Beziehung des Kindes zum nichtsorgeberechtigten Vater nicht sehr intensiv war, insbesondere wenn sich dieser in der Vergangenheit wenig oder gar nicht um das Wohlergehen des Kindes gekümmert hatte. Daneben wurde vor allem bei jüngeren Kindern dem Interesse des Kindes an einer neuen stabilen familiären Beziehung und dem Bedürfnis nach Geborgenheit ein großes Gewicht beigemessen. Demgegenüber mußte der Gesichtspunkt der Abstammungskennzeichnung nach außen zurücktreten.

Wuchs das Kind zusammen mit Halbgeschwistern auf und wurde es mit diesen erzogen, war dies nach dem Grundsatz der Einheit des Familiennamens unter minderjährigen Geschwistern ein weiterer Gesichtspunkt, der für die Namensänderung sprach.

Eine Namensänderung konnte dagegen nur schwer oder gar nicht erreicht werden, wenn sie nur dazu dienen sollte, im Bewußtsein des Kindes zu verdrängen, daß es „zwei Väter" hatte. Dieser Gesichtspunkt spielte vor allem bei älteren Kindern eine Rolle, wenn diese bereits eine enge persönliche Beziehung zum Vater aufgebaut hatten.

Ausreichend war es auch nicht, wenn das Kind den leiblichen Elternteil nachdrücklich und intensiv ablehnte, obwohl dieser durch sein Verhalten **keinerlei** Veranlassung dazu gegeben hatte, vor allem dann nicht, wenn sich der nichtsorgeberechtigte Elternteil bemühte, zu dem Kind eine gute Beziehung zu pflegen (vgl. BVerwG NJW 1983, 1866, 1868).

Diese Rechtsprechung hat das BVerwG mit Urteil vom 7. 1. 1994 (FamRZ 1994, 439) dahingehend geändert, daß es ausreichend sei, wenn die Namensänderung dem Kindeswohl **förderlich** war und andere zu berücksichtigende Interessen nicht überwogen.

221

Nun wurde die namensmäßige Kennzeichnung der Abstammung weniger hoch bewertet. Vielmehr stand bei der Wahl des Namens das **Kindeswohl** im Vordergrund. Da die Beziehung des Kindes zur Mutter häufig stärker als die zum Vater war, entsprach die Namensänderung in der Regel dem Kindeswohl. Etwas anderes galt nur dann, wenn Gründe dafür sprachen, daß die Namensänderung seitens der Mutter mißbraucht wurde, um die Beziehung zwischen Vater und Kind zu beeinträchtigen.

2. Nichteheliche Kinder

222 Gem. § 1617 Abs. 1 a. F. BGB erwarb ein nichteheliches Kind den Familiennamen (Geburts- bzw. Ehename), den die Mutter zur Zeit der Geburt führte. Änderte sich der Name der Mutter, z. B. durch Eheschließung **mit dem Vater,** konnte sich das Kind der Namensänderung anschließen, § 1617 Abs. 2 a. F. BGB. Für das Mitbestimmungsrecht des Kindes galt dasselbe, nach dem Alter des Kindes abgestufte System wie bei ehelichen Kindern (vgl. Rn. 217).

223 Das nichteheliche Kind konnte aber von der Mutter und deren Ehemann oder von seinem leiblichen Vater **einbenannt** werden, § 1618 a. F. BGB. Es erhielt dann im ersten Fall den Ehenamen der Mutter, im zweiten Fall den Namen des Vaters, ohne daß sich an der rechtlichen Situation etwas änderte. In keinem Fall nahm das nichteheliche Kind ohne weiteres an einer Namensänderung der Mutter durch eine Ehe mit einem anderen Mann als dem Vater teil, § 1617 Abs. 3 a. F. BGB.

II.
Neue Rechtslage

224 Mit der Aufgabe der Unterscheidung zwischen ehelicher und nichtehelicher Geburt ist die Grundlage für die bisherige namensrechtliche Anknüpfung entfallen. Die Regelungen für nichteheliche Kinder in den §§ 1617, 1618 a. F. BGB wurden überflüssig. Da das Recht der Eltern zur Namensgebung Teil der **elterlichen Sorge** ist, ist diese nach der neuen Rechtslage entscheidendes Kriterium. Es wird daher nur noch danach unterschieden, ob die Eltern einen gemeinsamen Ehenamen führen und wem die elterliche Sorge zusteht.

1. Gemeinsame elterliche Sorge

225 Steht beiden Eltern die elterliche Sorge gemeinsam zu, kommt es für den Namen des Kindes darauf an, ob die Eltern zum Zeitpunkt der Geburt des

Kindes gem. § 1355 Abs. 1 Satz 1 BGB einen gemeinsamen Ehenamen führen oder nicht.

Den Eltern steht die gemeinsame Sorge bekanntlich dann zu, wenn sie miteinander verheiratet sind oder wenn sie übereinstimmende Sorgeerklärungen gem. § 1626a Abs. 1 BGB abgegeben haben.

1.1 Gemeinsamer Ehename der Eltern

Gem. § 1616 BGB wird der **Ehename** der Eltern (§ 1355 Abs. 1 Satz 1 BGB) – ebenso wie nach bisher geltendem Recht – ohne weiteres zum Geburtsnamen des Kindes. Damit wird nach neuem Recht auf eine gemeinsame Namensführung der Eltern (nicht aber auf den Bestand der Ehe!) abgestellt, da der Ehename von den Ehegatten auch nach einer Scheidung fortgeführt werden kann. Es genügt also, daß die Eltern vor der Geburt des Kindes miteinander verheiratet waren und im Zeitpunkt der Geburt den Ehenamen aus der Ehe fortführen. **226**

1.2 Unterschiedliche Namensführung

Dies sind die Fälle, in denen die Eltern miteinander verheiratet sind, aber keinen gemeinsamen Ehenamen gewählt haben (vgl. § 1355 Abs. 1 Satz 3 BGB) oder aber nicht miteinander verheiratet sind (in diesem Fall wird die gemeinsame elterliche Sorge durch Sorgeerklärungen gem. § 1626a Abs. 1 Nr. 1 BGB begründet). **227**

In beiden Fallgruppen legt § 1617 BGB ein **Bestimmungsrecht** der Eltern fest, d. h. sie können entweder den **Namen der Mutter** oder den **Namen des Vaters** zum Geburtsnamen des Kindes bestimmen, § 1617 Abs. 1 BGB. Der Name des Vaters kann somit auch gewählt werden, wenn der Vater nicht mit der Mutter verheiratet ist!

Erfolgt eine solche Bestimmung nicht binnen einen Monats nach der Geburt des Kindes, überträgt das Familiengericht das Bestimmungsrecht auf einen Elternteil, § 1617 Abs. 2 Satz 1 BGB. Eine Auffangregelung in § 1617 Abs. 2 Satz 3 und 4 BGB sorgt dafür, daß das Kind den Namen des Elternteils erhält, dem das Bestimmungsrecht übertragen wurde, sofern dieser eine Namensbestimmung nicht trifft. **228**

§ 1617 Abs. 1 Satz 3 BGB normiert ausdrücklich, daß die von den Eltern getroffene Namensbestimmung auch für deren weitere gemeinsame Kinder gilt. Damit erlangt der Grundsatz der Einheitlichkeit des Geschwister- **229** namens auch bei den Kindern Geltung, deren Eltern nicht miteinander verheiratet sind.

1.3 Nachträgliche Bestimmung des Ehenamens

230 Bestimmen Eltern, die miteinander verheiratet sind, binnen fünf Jahren nach der Eheschließung gem. § 1355 Abs. 3 BGB einen gemeinsamen Ehenamen, gilt § 1617c Abs. 1 BGB: Der Ehename erstreckt sich automatisch auf das Kind, wenn dieses das 5. Lebensjahr noch nicht vollendet hat. Danach gilt eine altersmäßige Abstufung:
- Kinder im Alter von 5 bis 13 Jahren können sich der Namensgebung anschließen. Die Erklärung erfolgt durch den gesetzlichen Vertreter.
- Kinder ab 14 Jahren können die Erklärung nur selbst abgeben und bedürfen hierzu der Zustimmung des gesetzlichen Vertreters.

Die Anschlußerklärung ist gegenüber dem Standesbeamten abzugeben und bedarf der öffentlichen Beglaubigung.

Die Regelung gilt auch dann, wenn die nicht verheirateten Eltern heiraten und einen Ehenamen bestimmen.

1.4 Änderung der elterlichen Sorge

231 Wird erst nachträglich eine gemeinsame elterliche Sorge begründet, kann der Name des Kindes neu bestimmt werden, § 1617b Abs. 1 BGB.

Die nachträgliche Begründung der gemeinsamen elterlichen Sorge ist entweder dadurch möglich, daß die Eltern nach der Geburt des Kindes heiraten oder übereinstimmende Sorgeerklärungen gem. § 1626a Abs. 1 Nr. 1 BGB abgeben. In beiden Fällen setzt die Neubestimmung Einigkeit der Eltern voraus, wobei sie das Recht zur Neubestimmung des Namens bei einer Heirat nur dann haben, wenn sie keinen Ehenamen bestimmen.

232 Den Eltern steht für die Neubestimmung des Kindesnamens eine Frist von drei Monaten für die Erklärung gegenüber dem Standesbeamten zur Verfügung.

233 Wenn das Kind das 5. Lebensjahr vollendet hat, kann die neue Namensgebung nur erfolgen, wenn es sich der Bestimmung anschließt. Kinder, die das 14. Lebensjahr vollendet haben, können diese Anschließungserklärung nur selbst mit Zustimmung des gesetzlichen Vertreters abgeben (vgl. § 1617 Abs. 1 Satz 2 und 3 BGB).

Namensrecht   A

1.5 Vaterschaftsanfechtung

Wurde der Familienname eines Mannes, der nicht Vater des Kindes ist, zum Geburtsnamen des Kindes und wird die fehlende Abstammung rechtskräftig festgestellt, erhält das Kind nur auf seinen Antrag oder, falls es das 5. Lebensjahr noch nicht vollendet hat, auch auf Antrag des Mannes, dessen Nichtvaterschaft feststeht, den Namen, den die Mutter im Zeitpunkt der Geburt des Kindes führte, als Geburtsnamen. **234**

Grundsätzlich behält das Kind also auch nach einer erfolgreichen Anfechtung der Vaterschaft seinen (durch Gesetz oder Bestimmung der Eltern) zugewiesenen Namen! Allerdings wird sowohl dem Kind, als auch dem „Nichtvater" die Möglichkeit eingeräumt, sich aus der namensrechtlichen Bindung zu lösen – letzterem allerdings nur, sofern das Kind noch nicht das 5. Lebensjahr vollendet hat. **235**

Diese zeitliche Beschränkung soll vermeiden, daß das Kind sich den mit einer Namensänderung verbundenen Nachteilen (Identifikation!) gegenübersieht (§ 1617b Abs. 2 BGB).

2. Name des Kindes bei alleiniger elterlicher Sorge eines Elternteils

Haben nicht miteinander verheiratete Eltern vor Geburt des Kindes keine übereinstimmenden Sorgeerklärungen abgegeben, ist die Mutter gem. § 1626a Abs. 2 BGB allein sorgeberechtigt. **236**

2.1 Name der Mutter

§ 1617a BGB bestimmt, daß das Kind kraft Gesetzes den Namen, den der alleinsorgeberechtigte Elternteil im Zeitpunkt der Geburt des Kindes führt, erhält. Dies bedeutet also: Bei nicht miteinander verheirateten Eltern erhält das Kind den Namen der Mutter. Damit bleibt weiterhin sichergestellt, daß der Elternteil, der alleiniger Inhaber der Sorge ist, nicht einseitig über den Namen des anderen Elternteils disponieren darf. Die Mutter, die nicht mit dem Vater ihres Kindes verheiratet ist, darf ihrem Kind also nicht ohne weiteres den Namen des Vaters geben. **237**

2.2 Name des Vaters

Das Kind kann den Namen seines leiblichen Vaters dann erhalten, wenn die Mutter dies gegenüber dem Standesbeamten erklärt (§ 1617a Abs. 2 BGB). Die Erteilung des Namens des Vaters bedarf dessen Einwilligung **238** und zugleich der Einwilligung des Kindes, wenn es das 5. Lebensjahr vollendet hat. Auch hier gilt, daß das 14 Jahre alte Kind die Erklärung nur selbst mit Zustimmung des gesetzlichen Vertreters, das unter 14 Jahre alte Kind durch den gesetzlichen Vertreter abgeben kann.

2.3 Erteilung des neuen Ehenamens (Integration in die Stieffamilie), Doppelnamen

239 Eine Regelung zur namensrechtlichen Förderung der Integration der Stiefkinder enthält § 1618 BGB, der nun nicht mehr den manchmal schwierigen Weg über das NamÄndG erfordert (vgl. BT-Drucks. 13/4899, S. 66, 70):

Jeder alleinsorgeberechtigte Elternteil kann zusammen mit seinem Ehegatten, der nicht Elternteil des Kindes ist, dem Kind einen geführten gemeinsamen Ehenamen erteilen. Der Name kann dem Namen, den das Kind zur Zeit der Erklärung führt, auch vorangestellt oder angefügt werden (**Doppelname**).

Durch diese Möglichkeit der Bildung eines Doppelnamens (zusammengesetzt aus dem in der „Stieffamilie" geführten Ehenamen und dem bisherigen Familiennamen des Kindes) wird die Bindung des Kindes an den anderen Elternteil, der nicht Inhaber der elterlichen Sorge ist, unterstrichen. Namensrechtlich spiegelt sich nach außen hin die Lebenssituation des Kindes wieder.

240 Jeweils notwendig ist die Einwilligung des Kindes und die des anderen Elternteils, dessen Namen das Kind führt. Die Einwilligung des anderen Elternteils kann jedoch vom Familiengericht ersetzt werden, wenn die Namensänderung für das Kindeswohl **erforderlich** ist. Es kann vorausgesetzt werden, daß nunmehr bei den Familiengerichten die gleichen, die persönlichen Beziehungen der Beteiligten sehr belastenden Auseinandersetzungen geführt werden, die bisher vor den Standesämtern und Verwaltungsgerichten ausgetragen wurden, denn der Ehegatte, in der Regel der Vater, dessen Namen das Kind verlieren soll, wird seine Einwilligung häufig nicht erteilen.

241 Nach dem Regierungsentwurf sollte es ausreichen, daß die Erteilung des Namens dem Wohle des Kindes **dient**. Am Ende hat der Gesetzgeber aber hier den Maßstab wieder verschärft, wonach die Namensänderung jetzt für das Wohl des Kindes **erforderlich** sein muß. Dies bedeutet wohl eine Rückkehr des Gesetzgebers zu der ursprünglichen Rechtsprechung des BVerfG. Im einzelnen wird es also auf folgende Gesichtspunkte ankommen:

- Wie intensiv ist die Beziehung zwischen dem Kind und dem nichtsorgeberechtigten Vater?
- Wächst das Kind zusammen mit Halb- und Stiefgeschwistern auf bzw. wird es mit ihnen erzogen?
- Wie stark ist das Bedürfnis nach einer stabilen familiären Beziehung, nach Geborgenheit und Integration?
- Soll die Namensänderung dazu dienen, im Bewußtsein des Kindes zu verdrängen, daß es „zwei Väter" hat?

3. Namensänderung gem. § 3 Abs. 1 NamÄndG

Das KindRG trifft keine Regelung für andere Fallgruppen. Insoweit verbleibt es bei dem Anwendungsbereich des NamÄndG. Eine relativ häufig vorkommende Fallgruppe ist die, daß die Mutter nach der Ehescheidung ihren Geburtsnamen wieder annimmt und dem Kind diesen Namen erteilen will. Demgemäß sind für die Frage, wann insoweit ein wichtiger Grund vorliegt, weiterhin die Standesämter und Verwaltungsgerichte zuständig. Es wird sich zeigen, ob die verwaltungsgerichtliche Rechtsprechung bei den seit 1994 entwickelten Grundsätzen bleibt, wonach es ausreicht, wenn die Namensänderung dem Kindeswohl **förderlich** ist. Die weitere Rechtsprechung könnte sich nämlich auch an den Maßstäben des § 1618 BGB orientieren, wonach die Einwilligung des anderen Elternteils nur ersetzt werden kann, wenn die Namensänderung für das Kindeswohl **erforderlich** ist.

242

III.
Übergangsregelung

Gem. Art. 224 § 3 Abs. 1 EGBGB behält ein Kind, dem vor dem 1. 7. 1998 bereits aufgrund der bisherigen Rechtslage ein Geburtsname zugewiesen wurde, seinen Namen. Dieser Geburtsname ist jedoch nach Maßgabe des neuen § 3 Abs. 1 in den dort genannten Fällen **abänderbar**.

243

IV.
Praxistip

Fallkonstellation: Der sorgeberechtige Elternteil (Mutter) hat nach der Scheidung wieder geheiratet; das Kind soll den neuen Ehenamen bekom-

244

men. Der Mandant ist nicht sorgeberechtigter Elternteil (Vater) und will sich der Namensänderung widersetzen.

1. Sofern vor Inkrafttreten der Neuregelung eine Änderung des Namens des Kindes nach dem NamÄndG begehrt wird, muß vorgetragen werden, daß nach der Neuregelung in den Fällen der Wiederverheiratung gem. der neuen Vorschrift des § 1618 BGB der Maßstab für die Ersetzung der Zustimmung des betroffenen Elternteils die **Erforderlichkeit** für das Kindeswohl ist. Daran werden wohl Standesämter und Verwaltungsgerichte nicht mehr vorbeigehen können.

2. Soweit ab dem 1. 7. 1998 das Familiengericht gem. § 1618 BGB nach der Neuregelung die Zustimmung des betroffenen Elternteils ersetzt, ist auf die ältere verwaltungsgerichtliche Rechtsprechung zur Erforderlichkeit der Namensänderung Bezug zu nehmen (BVerfG NJW 1983, 1866).

V.
Übersicht zum Namensrecht
Rechtslage ab 1. 7. 1998

I. Gemeinsame elterliche Sorge

1. **Regelfall,** § 1616 BGB:
   Kindesname = **Ehename der Eltern bei Geburt**

2. Falls bei Geburt kein Ehename: **Bestimmung durch Eltern** (oder einen vom Familiengericht ausgewählten Elternteil), § 1617 BGB:

   a) Vatername z. Zt. der Bestimmung

   b) Muttername z. Zt. der Bestimmung

   Namensbestimmung gilt auch für alle weiteren Kinder, § 1617 Abs. 1 Satz 3 BGB.

3. Ehename wird nachträglich gewählt bis fünf Jahre nach Eheschließung (gilt auch für vor dem 1. 7. 1998 geborene Kinder), § 1617c Abs. 1 BGB:

   Kind erhält **Ehenamen** (statt Vater- oder Mutternamen)
   – automatisch bis zum 5. Lebensjahr
   – danach durch Anschließung*)

---

*) Anschließung:
ab 5 J. bis 13 J. durch gesetzlichen Vertreter
ab 14 J. durch Kind mit Zustimmung des gesetzlichen Vertreters

Namensrecht

4. Bei nachträglicher gemeinsamer elterlicher Sorge (gilt auch für vor dem 1. 7. 1998 geborene Kinder): § 1617b Abs. 1 BGB:

   a) Gemeinsame elterliche Sorge durch **Heirat**:
      - wird Ehename gewählt: Ehename = Kindesname
      - wird kein Ehename gewählt: Neubestimmung des Kindesnamens durch Eltern: Vater- oder Muttername

      ohne Mitwirkung des Kindes bis zum 5. Lebensjahr, danach durch Anschließung*)

   b) Gemeinsame elterliche Sorge durch **Sorgeerklärungen**, § 1626a Abs. 1 Nr. 1 BGB:
      - Neubestimmung des Kindesnamens durch die Eltern: Vater- oder Muttername
      - ohne Mitwirkung des Kindes bis zum 5. Lebensjahr, danach durch Anschließung*)

5. Vatername entfällt bei erfolgreicher Vaterschaftsanfechtung (dann **Muttername**), § 1617b Abs. 2 BGB:
   - auf Antrag des Kindes
   - bis zum 5. Lebensjahr des Kindes auch auf Antrag des „Nichtvaters".

6. **Übergangsregelung,** Art. 224 § 3 Abs. 1 EGBGB

   Grundsatz: vor dem 1. 7. 1998 geborene Kinder, denen nach der bisherigen Rechtslage ein Geburtsname zugewiesen wurde, behalten diesen Namen.

II. Alleinsorge eines Elternteils

1. **Regelfall,** § 1617a Abs. 1 BGB (Eltern nicht verheiratet):

   Kindesname = Name des sorgeberechtigten **Elternteils** bei Geburt (i. d. R. **Muttername**)

2. Erteilung des **Namens des anderen Elternteils** (mit dessen Einwilligung), § 1617a Abs. 2 BGB:

   ab 5. Lebensjahr Einwilligung des Kindes erforderlich**) (gilt auch für vor dem 1. 7. 1998 geborene Kinder)

---

*) Anschließung:
   ab 5 J. bis 13 J. durch gesetzlichen Vertreter
   ab 14 J. durch Kind mit Zustimmung des gesetzlichen Vertreters

**) Einwilligungserklärung:
   - ab 5 J. bis 13 J. durch gesetzlichen Vertreter
   - ab 14 J. durch Kind mit Zustimmung des gesetzlichen Vertreters

A   Erläuterungen

3. Bei Wiederheirat neuer **Ehename** oder **Doppelname** (neuer Ehename wird vor- oder nachgestellt), § 1618 BGB:
   - ab 5. Lebensjahr Einwilligung des Kindes erforderlich*)
   - außerdem Einwilligung des anderen Elternteils oder deren Ersetzung durch Familiengericht, wenn für **Kindeswohl erforderlich** (gilt auch für vor dem 1. 7. 1998 geborene Kinder)
4. Namensänderung nach **Namensänderungsgesetz**:
   Nach Scheidung nimmt Mutter wieder ihren Geburtsnamen an. Kind nimmt an Namensänderung teil, wenn wichtiger Grund vorliegt, § 3 Abs. 1 NamÄndG:
   - Einwilling des Vaters erforderlich
   - Ersetzung der Einwilligung durch Standesamt bzw. Verwaltungsgericht, falls die Namensänderung dem Kindeswohl förderlich ist (so bisherige Rspr. des BVerwG FamRZ 96, 937).
5. Übergangsregelung Art. 224 § 3 Abs. 1 EGBGB
   Grundsatz: vor dem 1. 7. 1998 geborene Kinder, denen nach der bisherigen Rechtslage ein Geburtsname zugewiesen wurde, behalten diesen Namen!

---

*)   Einwilligungserklärung:
- ab 5 J. bis 13 J. durch gesetzlichen Vertreter
- ab 14 J. durch Kind mit Zustimmung des gesetzlichen Vertreters

Kapitel 7
Adoption

In den §§ 1741 ff. a. F. BGB war die Frage der Annahme als Kind (Adoption) in einer erheblichen Zahl von Vorschriften geregelt. Durch das Adoptionsgesetz vom 2. 7. 1976 war das Adoptionsrecht grundlegend reformiert worden. Kernpunkt der Änderung war die **Volladoption**: Das Kind wurde rechtlich voll in die neue Familie integriert und die verwandtschaftliche Bindung zu den leiblichen Eltern erlosch (Finke/Garbe, § 8 Rn. 70).

245

Ferner wurde die Annahme als Kind nicht mehr durch Vertrag begründet (nach dem früheren Vertragssystem erforderte die Adoption den Abschluß eines Vertrags zwischen dem Annehmenden und dem Angenommenen sowie dessen gerichtliche Bestätigung), sondern durch Beschluß des Vormundschaftsgerichts (§ 1752 BGB), sogenanntes **Dekretsystem** (vgl. hierzu Lüderitz, Das neue Adoptionsrecht NJW 1976, 1865).

I.
Allgemeine Grundsätze der Neuregelung

Mit der Kindschaftsrechtsreform wurden im Rahmen des Adoptionsrechts zwei Grundsatzentscheidungen getroffen:

246

Zum einen wurde die Möglichkeit beseitigt, das eigene nichteheliche Kind „als Kind anzunehmen". Dementsprechend wurde § 1741 Abs. 3 Satz 2 BGB aufgehoben. Der Grund für die Annahme des eigenen Kindes durch die Mutter war, daß sie auf diese Weise eine von der Amtspflegschaft befreite elterliche Sorge erlangen konnte, § 1754 Abs. 2 a. F. BGB. Außerdem war die Adoption der „einzige Weg", den Umgang des anderen Elternteils mit dem Kind sicher und endgültig auszuschließen (vgl. Palandt/Diederichsen, § 1741 Rn. 15). Nach Inkrafttreten des Beistandschaftsgesetzes ist § 1741 Abs. 3 Satz 2 BGB nach seinem Sinn und Zweck obsolet, da nach der neuen Gesetzeslage (§ 1626a Abs. 2 BGB) die Mutter eines nichtehelichen Kindes regelmäßig Inhaberin der unbeschränkten elterlichen Sorge ist. Ebenso überholt erscheint das ursprüngliche gesetzgeberische Ziel, die Zeugung oder Geburt eines unehelichen Kindes zu verbergen (vgl. BT-Drucks. V/2370, S. 79). Die Beseitigung der Adoption des eigenen Kindes trägt dem Rechnung und ist zudem systematisch folgerichtig: Aufgrund der rechtlichen Gleichstellung ehelicher und nichtehelicher Kinder und der grundsätzlichen Aufgabe dieser Unterscheidung bleibt kein Raum mehr für die Adoption des eigenen nichtehelichen Kindes durch den Vater bzw. durch die Mutter. Vielmehr ist das nichteheliche Kind nicht länger darauf angewiesen, den Status eines ehelichen Kindes und die damit bisher verbundenen rechtlichen Vorteile zu erhalten (BT-Drucks. 13/4899, S. 111).

Zum anderen wurde die Ungleichbehandlung des Vaters gegenüber der Mutter eines nichtehelichen Kindes bei der Einwilligung in eine Adoption zunehmend als unerträglich angesehen. Das BVerfG hat mit Beschluß vom 7. 3. 1995 (FamRZ 1995, 789) judiziert, daß es gegen Art. 6 Abs. 2 Satz 1 GG verstößt, daß für die Adoption des nichtehelichen Kindes durch seine Mutter oder deren Ehemann weder die Einwilligung des „nichtehelichen" Vaters noch eine Abwägung mit dessen Belangen vorgesehen war.

II.
Die Änderungen im einzelnen

1. Anforderungen an den/die Adoptierenden

247 Gem. § 1741 Abs. 2 Satz 1 BGB können nicht Verheiratete ein Kind nur allein annehmen. Eine gemeinsame Adoption durch ein Paar, das in einer nichtehelichen Lebensgemeinschaft lebt, ist auch nach neuer Rechtslage nicht möglich.

Für Ehepaare gilt dagegen gem. § 1741 Abs. 1 Satz 2 BGB der Grundsatz der **gemeinschaftlichen Annahme**. Ausnahme: Ein Ehegatte kann das Kind des anderen Ehegatten auch allein annehmen (sog. **Stiefkind-Adoption**).

2. Erforderliche Einwilligungen und deren Ersetzung

2.1 Einwilligung des Kindes

248 Wie bisher muß das Kind in die Adoption einwilligen, § 1746 Abs. 1 Satz 1 BGB. Bis zur Vollendung des 14. Lebensjahres wird die Einwilligung von

den Eltern als den gesetzlichen Vertretern des Kindes erteilt. Danach muß das Kind die Einwilligung selbst erklären, benötigt aber bis zu seiner Volljährigkeit die Zustimmung seiner gesetzlichen Vertreter gem. § 1746 Abs. 1 Satz 2 und 3 BGB.

Die Kindschaftsrechtsreform hat mit dem neugefaßten § 1746 Abs. 3 BGB das Nebeneinander der Erklärungen der Eltern als gesetzliche Vertreter und aus eigenem Recht beseitigt. Danach ist die Vertreter-Erklärung des § 1746 Abs. 1 BGB nicht mehr erforderlich, wenn die Eltern nach §§ 1747, 1750 BGB unwiderruflich in die Annahme eingewilligt haben oder ihre Einwilligung gem. § 1748 BGB durch das Vormundschaftsgericht ersetzt worden ist. Voraussetzungen einer Ersetzung durch das Vormundschaftsgericht sind: **249**

- tiefgreifende Störung der Eltern-Kind-Beziehung (gröbliche Pflichtverletzung, Gleichgültigkeit gegenüber dem Kind);
- das Unterbleiben der Adoption würde dem Kind schaden;
- entsprechender Antrag des Kindes (beim über 14 Jahre alten Kind mit Zustimmung des gesetzlichen Vertreters; sonst durch den gesetzlichen Vertreter selbst).

2.2 Einwilligung der Eltern

Weitere Wirksamkeitsvoraussetzung ist – anders als nach bisher geltendem Recht – die Einwilligung der Eltern des Kindes gem. § 1747 Abs. 1 Satz 1 BGB bzw. deren Ersetzung durch das Vormundschaftsgericht gem. § 1748 BGB. **250**

Sowohl bei verheirateten als auch bei nicht verheirateten Paaren müssen jetzt beide Elternteile der Adoption förmlich zustimmen. Somit erhält auch der nicht verheiratete Vater das Recht auf Einwilligung!

Besonderheiten gelten, wenn nicht miteinander verheiratete Eltern keine Sorgeerklärungen gem. § 1626a Abs. 1 BGB abgegeben haben und der Mutter somit gem. § 1626a Abs. 2 die alleinige elterliche Sorge zusteht: **251**

- Der nicht verheiratete Vater kann in diesem Fall gem. § 1747 Abs. 3 Nr. 1 BGB seine Einwilligung nicht erst acht Wochen nach der Geburt des Kindes – wie es der Regelfall ist, § 1747 Abs. 2 Satz 1 BGB – erteilen, sondern bereits vor der Geburt des Kindes.
- Außerdem kann die Einwilligung einer Mutter in die Adoption in diesem Fall gem. § 1747 Abs. 3 Nr. 2 BGB Konsequenzen für ein vom Vater betriebenes Sorgerechtsverfahren haben:

Hat die Mutter ihre Einwilligung in die Adoption des eigenen Kindes erteilt, ruht gem. § 1751 Abs. 1 Satz 1 BGB ihre elterliche Sorge. Wenn der Vater gem. § 1672 Abs. 1 BGB die Übertragung der elterlichen Sorge beantragt, benötigt er nach der ausdrücklichen Regelung des § 1751 Abs. 1 Satz 6 BGB nicht die Zustimmung der Mutter! Die Einwilligung der Mutter in die Adoption macht die Zustimmung zur Sorgeübertragung überflüssig!

Der Vorteil des Antragsverfahrens gem. § 1672 Abs. 1 BGB für den Vater ist, daß die Adoption erst dann ausgesprochen werden darf, wenn das Sorgerechtsverfahren rechtskräftig abgeschlossen ist. Auf diese Weise hat der Vater die Chance, die Adoption des Kindes zeitlich hinauszuzögern.

Darüber hinaus wird der Vater, wenn er gem. § 1672 Abs. 1 BGB die elterliche Sorge erhalten hat, im Normalfall die Adoption seines Kindes durch einen Dritten verhindern können. Nach der früheren Rechtslage war dies nur möglich, wenn ein Adoptionsantrag des Vaters selbst positiv erledigt wurde.

- Gem. § 1747 Abs. 3 Nr. 3 BGB kann ein nichtverheirateter Vater darauf verzichten, die Übertragung der Sorge nach § 1672 Abs. 1 BGB zu beantragen. Die Verzichtserklärung ist unwiderruflich und muß öffentlich beurkundet werden. Sinn und Zweck dieser Erklärung ist es, eine Störung der Drittadoption durch den Vater zu verhindern.

Eine solche Verzichtserklärung bedeutet aber keinen Verzicht auf die Einwilligung nach § 1747 Abs. 1 Satz 1 BGB!

2.3 Ersetzung der Einwilligung eines Elternteils durch das Vormundschaftsgericht

252 Gem. § 1748 BGB kann das Vormundschaftsgericht die Einwilligung der Eltern unter bestimmten Voraussetzungen ersetzen. Nach der weiter geltenden Fassung des § 1748 BGB sind dies die Fälle gröblicher Pflichtverletzung, psychischer Krankheit sowie geistiger oder seelischer Behinderung.

253 Nach dem neu eingefügten § 1748 Abs. 4 ist die Einwilligung des Vaters, der die elterliche Sorge nicht hat (Fall des § 1626a Abs. 2 BGB), zu ersetzen, wenn das Unterbleiben der Annahme dem Kind zu **unverhältnismäßigem Nachteil** gereichen würde. Dies bedeutet, daß das Vormundschaftsgericht die Einwilligung unter gegenüber § 1748 Abs. 1 BGB erleichterten Voraussetzungen ersetzen kann. Damit wird gleichzeitig dem Schutzbedürfnis der nicht verheirateten Kindesmutter Rechnung getragen.

2.4 Beschränkte Vaterschaftsvermutung

Steht ein Mann (noch) nicht als Vater fest, nimmt er aber Vaterrechte im Adoptionsverfahren für sich in Anspruch, kommt § 1747 Abs. 1 Satz 2 BGB zur Anwendung: Man spricht hier von **beschränkter Vaterschaftsvermutung**. 254

Diese Regelung geht mit der neu geschaffenen Einwilligungsberechtigung auch des Vaters eines nicht in der Ehe geborenen Kindes einher. Da der Vater zur Anerkennung der Vaterschaft die Zustimmung der Mutter benötigt (§ 1595 Abs. 1 BGB) und die Feststellung der Vaterschaft im Klageverfahren in der Regel zeitaufwendig ist, darf die erstrebenswerte Adoption bereits im frühkindlichen Alter nicht an den Ausgang eines Statusverfahrens geknüpft werden. Deshalb kommt dem Vater für die Zwecke des Adoptionsverfahrens die vorläufige Vaterschaftsvermutung zugute.

2.4.1 Voraussetzungen

Der Mann muß im Adoptionsverfahren vor dem Vormundschaftsgericht glaubhaft machen (§ 1747 Abs. 1 Satz 2 BGB), daß er der Mutter während der Empfängniszeit beigewohnt hat (§ 1600d Abs. 2 Satz 1 BGB). Für diese Glaubhaftmachung, an die nach allgemeinen Grundsätzen geringere Anforderungen als an den vollen Beweis gestellt werden, reicht i. d. R. die eidestattliche Versicherung des Vaters aus. 255

2.4.2 Folgen

In diesem Fall der „glaubhaft gemachten Vaterschaft" kann die Einwilligung gem. § 1748 Abs. 4 BGB ersetzt werden, wenn das Unterbleiben der Adoption dem Kind zu **unverhältnismäßigem Nachteil** gereichen würde. Insoweit gilt das gleiche wie für die Väter, deren Vaterschaft bereits festgestellt ist. 256

Der Vater, der als solcher noch nicht festgestellt ist, kann also durch eine entsprechende eidestattliche Versicherung erreichen, daß ohne seine Einwilligung – von den Fällen des § 1748 Abs. 4 BGB abgesehen – das Vormundschaftsgericht die Adoption seines Kindes nicht ausspricht. Dieses Vorgehen im Rahmen der beschränkten Vaterschaftsvermutung führt zu einer Verzögerung des Adoptionsverfahrens. Die Frage kann sich stellen, ob dies dem Wohle des Kindes Schaden zufügt.

A Erläuterungen

257 Eine gerechte Abwägung der Interessen im Adoptionsverfahren, Ersetzung der Zustimmung des noch nicht festgestellten Vaters, müßte dazu führen, daß die beschränkte Vaterschaftsvermutung nur dem Mann voll zugute kommt, der die Anerkennung seiner Vaterschaft bereits eingeleitet hat (§§ 1594 ff. BGB) oder der bereits Klage auf Feststellung seiner Vaterschaft eingereicht hat (§§ 1600d, 1600e Abs. 1 BGB; vgl. Liermann FuR 1997, 217).

258 Zu beachten ist weiter, daß diese nur glaubhaft gemachte Vaterschaft gem. § 1747 Abs. 1 Satz 2 BGB nicht ausreicht, die Übertragung der elterlichen Sorge von der nichtehelichen Mutter auf den Vater allein gem. § 1672 Abs. 1 BGB zu erreichen. Die elterliche Sorge kann nur erhalten, wer als Vater feststeht!

In diesem Rahmen der beschränkten Vaterschaftsvermutung gilt dementsprechend auch die Einwilligung der Mutter in die Adoption ihres Kindes nicht als Zustimmung in die Übertragung der elterlichen Sorge (§ 1746 Abs. 3, 2. Halbsatz BGB). Ist dagegen ein anderer Mann Vater gem. § 1592 BGB, steht diesem das Recht zur Einwilligung in die Adoption zu, da dann die beschränkte Vaterschaftsvermutung naturgemäß nicht greift, § 1747 Abs. 1 Satz 2 BGB.

III.
Einheitliche Adoptionsfolgen

259 Die neue Fassung der §§ 1755 Abs. 2, 1756 Abs. 2 BGB dient der Gleichbehandlung aller Kinder im Hinblick auf die Folgen der Adoption: Nimmt ein Ehegatte das Kind seines Ehegatten an, tritt das Erlöschen bisheriger Verwandtschaftsverhältnisse im Verhältnis zu dem anderen Elternteil und dessen Verwandten ein. Dies gilt jedoch nicht hinsichtlich der Verwandten des anderen Elternteils, wenn dieser die elterliche Sorge hatte, aber inzwischen verstorben ist.

IV.
Schutzvorschrift gegen Kinderhandel

260 Um dem Kinderhandel und vergleichbaren Praktiken präventiv entgegenzuwirken, wurde vom Gesetzgeber zuletzt noch eine Klausel in § 1741 Abs. 1 BGB am Ende eingefügt: Die Annahme eines Kindes durch eine

Person, die an gesetzes- oder sittenwidrigen Praktiken (Vermittlung oder Verbringung eines Kindes zum Zwecke der Adoption, Beauftragung oder Belohnung Dritter hierfür) mitgewirkt hat, darf dann nur noch ausgesprochen werden, wenn die Annahme des Kindes gerade durch diese Person für das Wohl des Kindes erforderlich ist.

V.
Praxistip

Fallkonstellation: Mandant ist der Vater, der mit der Mutter nicht verheiratet war. Er will sich gegen die Adoption seines Kindes wehren. 261

Es ist zu prüfen, ob der Mann bereits als Vater feststeht oder nicht.

1. Steht er als Vater fest, ist zu fragen, ob Sorgeerklärungen gem. § 1626a BGB abgegeben worden sind. Liegen diese vor, so hat der Vater die elterliche Sorge. Dann kann seine Einwilligung nur in den extremen Ausnahmefällen des § 1748 Abs. 1, 2 und 3 BGB ersetzt werden.

   Sind keine Sorgeerklärungen abgegeben, kann der Vater die Übertragung der elterlichen Sorge nach § 1672 Abs. 1 BGB beantragen, wobei die Zustimmung der Mutter nicht mehr notwendig ist, wenn diese bereits in die Adoption eingewilligt hat, § 1751 Abs. 1 Satz 6 BGB.

2. Steht der Mann noch nicht als Vater fest, hat er die Möglichkeit, gem. § 1747 Abs. 1 und 2 BGB i. V. m. § 1592 BGB während des Adoptionsverfahrens als Vater zu fungieren. Diese beschränkte Vaterschaftsvermutung kann erreicht werden, bevor der Mann die Anerkennung der Vaterschaft nach §§ 1594 ff. BGB eingeleitet oder Klage auf Feststellung gem. §§ 1600d bzw. 1600e BGB erhoben hat (vgl. Rn. 143).

   In diesem Fall ist dem Mandanten gleichwohl zu raten, die gerichtliche Vaterschaftsfeststellung zu betreiben, da anderenfalls seine Position aufgrund der eingeschränkten Vaterschaftsvermutung im Rahmen einer Interessenabwägung (Ersetzung der Zustimmung durch das Vormundschaftsgericht) doch als eine Vaterschaft „minderen Ranges" behandelt werden könnte.

VI. Übersicht zur Minderjährigenadoption

Bisherige Rechtslage	Neue Rechtslage
Voraussetzungen	
– dient dem Kindeswohl – zu erwartendes Eltern-Kind-Verhältnis – notariell beurkundeter Antrag des Annehmenden, § 1752 BGB – nach Möglichkeit: Probezeit, § 1744 BGB	unverändert
Wer kann adoptieren?	
– Unverheiratete, § 1741 Abs. 3 Satz 1 a. F. BGB;	– gleiche Regelung jetzt in § 1741 Abs. 2 Satz 1 BGB
– ein Elternteil sein Kind, § 1741 Abs. 3 Satz 2 a. F. BGB;	– Möglichkeit der Adoption des eigenen Kindes ist entfallen
– Ehepaar <u>nur gemeinsam</u> § 1741 Abs. 2 Satz 1 a. F. BGB Ausnahme, § 1741 Abs. 2 Satz 2 a. F. BGB:	– gleiche Regelung jetzt in § 1741 Abs. 2 Satz 2 BGB
– – Kind des Annehmenden	– Möglichkeit zur Adoption des eigenen Kindes ist entfallen
– – Kind des anderen Ehegatten	– gleiche Regelung jetzt in § 1741 Abs. 2 Satz 3 BGB
– – anderer Ehegatte nicht adoptionsfähig	– gleiche Regelung jetzt in § 1741 Abs. 2 Satz 4 BGB
Erforderliche Einwilligungen	
– des Kindes, § 1746 a. F. BGB – – bis 14. Lebensjahr: Erklärung durch gesetzlichen Vertreter	– § 1746 Abs. 3 BGB: Zustimmungserfordernis der Eltern als gesetzliche Vertreter entfällt, wenn Eltern unwiderruflich in Adoption eingewilligt haben, § 1750 Abs. 2 Satz 2 BGB, oder ihre Einwilligung durch VormG ersetzt worden ist, § 1748 BGB
– – bis. 18. Lebensjahr: Einwilligung des Kindes mit Zustimmung des gesetzlichen Vertreters	

Adoption

- der Eltern aus eigenem Recht, § 1747 a. F. BGB
- – beim ehelichen Kind: Einwilligung beider Elternteile, § 1747 Abs. 1 a. F. BGB

- – beim nichtehelichen Kind: Einwilligung nur der Mutter, § 1747 Abs. 2 a. F. BGB

- Unterscheidung zwischen ehelich und nichtehelich entfällt, d. h. beide Elternteile müssen einwilligen, § 1747 Abs. 1 Satz 1 BGB

  Vorsicht:
  Einwilligung der Mutter in Adoption ersetzt Zustimmung im Sorgerechtsverfahren, § 1747 Abs. 3 BGB i. V. m. § 1672 Abs. 1 BGB

  Wer ist Vater?
  Grundsatz: § 1592 BGB; wenn § 1592 nicht eingreift: „beschränkte Vaterschaftsvermutung" gem. § 1747 Abs. 1 Satz 2 BGB:
  Wenn Mann Vaterschaft glaubhaft macht, gilt er als Vater und muß einwilligen.

- – des Ehegatten des allein Adoptierenden, § 1749 BGB.

Ersetzung der Einwilligung der Eltern durch VormG, § 1748 BGB

Voraussetzungen:
- tiefgreifende Störung der Eltern-Kind-Beziehung
- Unterbleiben der Adoption würde dem Kind zu unverhältnismäßigem Nachteil gereichen

unverändert

Ersetzung der Einwilligung des mit der Mutter **nicht verheirateten** Vaters, § 1748 Abs. 4 BGB

Voraussetzungen:
- Vater ist Nichtinhaber der elterlichen Sorge
- Unterbleiben der Adoption würde dem Kind zu **unverhältnismäßigem Nachteil** gereichen

Ausspruch der Adoption

durch Beschluß des VormG, § 1752 Abs. 1 BGB

unverändert

A   Erläuterungen

Folgen der Adoption
Grundsatz der Volladoption:

Kind erhält rechtliche Stellung eines ehelichen (gemeinschaftlichen) Kindes des/der Annehmenden, § 1754 Abs. 1 BGB

keine Unterscheidung zwischen ehelich und nichtehelich
Kind erhält rechtliche Stellung eines (gemeinschaftlichen) Kindes des/der Annehmenden, § 1754 Abs. 1 BGB

Ausnahmen:
- Adoption eines nichtehelichen Kindes des Ehegatten: Verwandtschaftsverhältnis erlischt nur zum anderen Elternteil und dessen Verwandten, § 1755 Abs. 2 a. F. BGB

Ausnahmen:
- Adoption des Kindes des Ehegatten: Verwandtschaftsverhältnis erlischt nur zum anderen Elternteil und dessen Verwandten, es sei denn, anderer Elternteil hatte elterliche Sorge und ist verstorben, § 1756 Abs. 2 BGB

- Adoption eines ehelichen Kindes des Ehegatten (anderer Elternteil verstorben): Verwandtschaftsverhältnis zu Verwandten des verstorbenen Elternteils erlischt nicht, § 1756 Abs. 2 a. F. BGB

Neu:
Schutzvorschrift gegen Kinderhandel
§ 1741 Abs. 1 BGB: Annahme durch am Kinderhandel Beteiligte nur, wenn zum Wohl des Kindes erforderlich

Kapitel 8
Verfahrensrecht

I.
Bisherige Rechtslage

Auch das Verfahrensrecht war bisher dadurch gekennzeichnet, daß zwischen ehelichen und nichtehelichen Kinder unterschieden wurde. So waren Unterhaltsklagen ehelicher Kinder vor den Familiengerichten, nichtehelicher Kinder vor den Prozeßabteilungen der Amtsgerichte gegen ihre Väter zu erheben. **262**

Für Streitigkeiten über die Ansprüche der Mütter gem. §§ 1614k bis 1615m BGB waren bisher die Prozeßabteilungen der Amtsgerichte zuständig.

Bei den Verfahren über die elterliche Sorge für eheliche Kinder waren die Familiengerichte, über die elterliche Sorge für nichteheliche Kinder die Vormundschaftsgerichte zuständig. Das gleiche galt für die Umgangsverfahren.

Im Abstammungsverfahren waren ebenfalls teilweise das Vormundschaftsgericht (bei FGG-Verfahren) oder die Prozeßabteilung des Amtsgerichts (bei ZPO-Verfahren) zuständig.

II.
Neue Rechtslage

1. Neues Familienverfahrensrecht

Im Zuge der Kindschaftsreform hätte der Gesetzgeber auch ein neues und einheitliches Familienverfahrensrecht schaffen können. Soweit ist er nicht gegangen. Gleichwohl sind weite Bereiche auf der Grundlage des bisher bestehenden familiengerichtlichen Verfahrens reformiert worden. **263**

- Ein wesentlicher Grundsatz ist die Gleichstellung ehelicher und nichtehelicher Kinder auch auf dem Gebiet des Verfahrensrechts. Dies wird

in erster Linie durch die erweiterte Zuständigkeit der Familiengerichte erreicht.
- Des weiteren wurden die materiellrechtlichen Vorschriften der elterlichen Sorge dahingehend geändert, daß der in Ehescheidungsverfahren bislang geltende **Zwangsverbund** zu einem **Antragsverbund** umgestaltet wurde.
- Im Abstammungsrecht wurde eine Anpassung des Verfahrensrechts durch die Neueinführung des einheitlichen Rechtsinstituts der Vaterschaftsanfechtung und des erweiterten Klagerechts der Mutter erforderlich.
- Ein weiterer Schwerpunkt des neuen Verfahrensrechts ist die Förderung der eigenständigen Konfliktlösung der Eltern bei den die Kinder betreffenden Verfahren und gleichzeitig eine Stärkung der verfahrensrechtlichen Stellung der Kinder durch die Möglichkeit der Bestellung eines Verfahrenspflegers (Anwalt des Kindes).

2. Zuständigkeit der Familiengerichte

264 Das Familiengericht ist nunmehr ausschließlich zuständig für:
- Verfahren über die elterliche Sorge für eheliche und nichteheliche Kinder (mit einzelnen unten aufgeführten Ausnahmen) sowie über das Umgangsrecht;
- Unterhaltsklagen, die durch Ehe und Verwandtschaft begründet sind;
- Verfahren über Rechtsstreitigkeiten gemäß §§ 1615k bis 1615m BGB, insbesondere also über den Betreuungsunterhalt der nicht verheirateten Mutter gegen den Vater des Kindes;
- Abstammungsverfahren: Vaterschaftsanfechtungs- und Vaterschaftsfeststellungsklagen.

2.1 Sorge und Umgangsrechtsverfahren

265 Für sämtliche Sorge- und Umgangsrechtsverfahren ist nunmehr das Familiengericht zuständig. Die Kompetenz des Vormundschaftsgerichts ist, von wenigen Ausnahmen abgesehen, beendet. Die unterschiedliche verfahrensrechtliche Behandlung ehelicher und nichtehelicher Kinder gehört somit der Vergangenheit an. Eine der wichtigsten Änderungen ist jedoch, daß in Zukunft der Familienrichter nicht mehr von Amts wegen im Rah-

men eines Scheidungsverfahrens über die elterliche Sorge zu entscheiden hat. Das nunmehr geltende **Antragsverfahren** kann dazu führen, daß die isolierten Sorgerechtsverfahren vor einer Ehescheidung in der Zeit der Trennung bzw. nach einer Ehescheidung zunehmen werden.

Das Vormundschaftsgericht bleibt in folgenden Angelegenheiten zuständig: **266**

- für Vormundschaftssachen gem. §§ 35 ff. FGG, z. B. Vormundschaft und Pflegschaft. Es wurde davon abgesehen, diese Angelegenheiten den Familiengerichten zuzuweisen,
- für einzelne Angelegenheiten im Bereich der Unterbringung und der Vermögenssorge, z. B. Regelungen nach § 1631 b (Unterbringung) und § 1643 BGB (Genehmigungspflicht bei bestimmten Rechtsgeschäften).

2.2 Unterhaltsverfahren aufgrund Ehe und Verwandtschaft

2.2.1 Sachliche Zuständigkeit

Durch die Reform wurde eine einheitliche Zuständigkeit der Familiengerichte für **alle** Rechtsstreitigkeiten begründet, die die durch Ehe oder Verwandtschaft begründete gesetzliche Unterhaltspflicht betreffen. § 23b GVG weist nunmehr sämtliche Unterhaltsverfahren den Familiengerichten zu, auch die Unterhaltsklagen der Kinder, deren Eltern nicht miteinander verheiratet sind.   **267**

Hierdurch wird der Entscheidung des BVerfG Rechnung getragen (BVerfGE 85, 80), das einen einheitlichen Instanzenzug für alle Unterhaltsklagen von ehelichen und nichtehelichen Kindern gefordert hatte. Auch Unterhaltsklagen von Kindern gegen Großeltern oder von Eltern gegen Kinder sind nunmehr den Familiengerichten zugewiesen.

2.2.2 Örtliche Zuständigkeit

Örtlich zuständig ist bei Verfahren über den Regelunterhalt minderjähriger Kinder gem. § 642 ZPO das Familiengericht am Wohnsitz des Kindes, gleichgültig, ob es sich um ein Kind handelt, das in der Ehe oder außerhalb der Ehe geboren wurde!   **268**

Im Rahmen des Scheidungsverfahrens bleibt es bei der Zuständigkeit gem. §§ 606 Satz 2, 621 Abs. 2 ZPO, wenn die Ehegatten keinen gemeinsamen Aufenthalt haben.

2.3 Unterhaltsverfahren aus Anlaß der Geburt, insbesondere Betreuungsunterhalt

269 Die Familiengerichte sind nunmehr auch für die Verfahren betreffend Ansprüche gem. §§ 1615k bis 1615m BGB der nicht verheirateten Mutter gegen den Vater, insbesondere wegen Betreuungsunterhalt zuständig. Im Fall des § 1615l Abs. 5 BGB entscheidet das Familiengericht auch über den Unterhaltsanspruch des betreuenden Vaters.

2.4 Abstammungsverfahren

270 Unabhängig von der Frage, ob für das Abstammungsverfahren – Vaterschaftsanfechtung oder Vaterschaftsfeststellung – die Vorschriften des FGG oder der ZPO anzuwenden sind, sind diese Verfahren vor den Familiengerichten durchzuführen.

3. Regelungen für den Scheidungsverbund

3.1 Sorgerechtsregelung nur noch auf Antrag

271 Die elterliche Sorge wird in Zukunft nur noch gem. § 1671 Abs. 1 BGB auf Antrag eines Elternteils oder beider Elternteile geregelt. Somit bleibt es den Eltern überlassen, ob sie eine gerichtliche Regelung herbeiführen oder ob sie es auch nach der Scheidung bei der gemeinsamen elterlichen Sorge belassen wollen.

Die Eltern können bei Trennung und Scheidung auch ganz davon absehen, einen derartigen Antrag zu stellen und prüfen, ob die weitere Ausübung der gemeinsamen elterlichen Sorge durchführbar ist. Die Zukunft wird zeigen, ob durch diese Neuregelung eine Entschärfung der Ehescheidungsverfahren eintritt.

272 Selbstverständlich besteht in Fällen der Kindeswohlgefährdung weiterhin die Möglichkeit, daß das Gericht gem. § 1666 BGB von Amts wegen eine Sorgerechtsentscheidung trifft.

3.2 Sorgerechtsantrag im Scheidungsverbund

273 Die Eltern können im Rahmen der Scheidung einen Sorgerechtsantrag stellen. Dann wird wie bisher, die Entscheidung über die elterliche Sorge im Scheidungsurteil getroffen.

Ein Sorgerechtsantrag wird immer dann im Scheidungsverbund verhandelt und entschieden, wenn mindestens ein Elternteil dies während der Anhängigkeit des Scheidungsverfahrens beantragt oder, falls das Sorgerechtsverfahren bereits vor dem Ehescheidungsverfahren anhängig wurde, der Antrag gestellt wird, daß die Entscheidung für den Fall der Ehescheidung getroffen werden soll.

3.3 Isolierter Sorgerechtsantrag

Die Eltern können einen Antrag auf Sorgerechtsentscheidung außerhalb eines Scheidungsverfahrens, z. B. bei Getrenntleben, stellen oder nach der Ehescheidung. 274

3.4 Abtrennung des Sorgerechtsverfahrens vom Scheidungsverbund

Gem. § 623 Abs. 2 Satz 2 ZPO besteht die Möglichkeit, ein im Scheidungsverbund befindliches Sorgerechtsverfahren abtrennen zu lassen. Ein solcher Abtrennungsantrag kann übrigens verbunden werden mit dem Antrag auf Abtrennung der Folgesache Kindesunterhalt. Gem. § 628 ZPO kann dann das Gericht dem Scheidungsantrag vor der Entscheidung über eine abgetrennte Folgesache stattgeben. 275

4. Der Inhalt des Scheidungsantrags nach der Neuregelung

Auch wenn keine Sorgerechtsregelung beantragt wird, ist in der Antragsschrift neben den in § 630 Abs. 1 ZPO genannten Punkten in jedem Fall anzugeben, ob gemeinschaftliche minderjährige Kinder vorhanden sind, § 622 Abs. 2 Satz 1 ZPO. 276

Im Rahmen einer einverständlichen Scheidung sind künftig gem. § 630 Abs. 1 Nr. 2 ZPO übereinstimmende Erklärungen der Ehegatten erforderlich, daß Anträge zur Übertragung der elterlichen Sorge oder eines Teils der elterlichen Sorge für die Kinder auf einen Elternteil und zur Regelung des Umgangs der Eltern mit den Kindern nicht gestellt werden, weil sich die Ehegatten über das Fortbestehen der Sorge und über den Umgang einig sind. Soweit aber eine gerichtliche Regelung hinsichtlich der elterlichen Sorge und des Umgangs begehrt wird, sind entsprechende Anträge 277 zu stellen und ist ggf. die Zustimmung des anderen Ehegatten mitzuteilen.

278 Soweit gemeinschaftliche minderjährige Kinder vorhanden sind, hat das Gericht gem. § 613 Abs. 1 ZPO stets die Eltern zur elterlichen Sorge anzuhören, unabhängig davon, ob eine Sorgerechtsregelung beantragt wurde oder nicht.

279 Ferner hat das Gericht die Eltern auf die bestehenden Möglichkeiten der Beratung durch die Beratungsstellen und Dienste der Träger der Jugendhilfe hinzuweisen.

5. Der „Anwalt des Kindes"

280 Neu geschaffen wurde durch die Reform in gewissem Umfang ein „Anwalt des Kindes". Die Rechtsposition des Kindes soll dadurch in den Familiensachen der freiwilligen Gerichtsbarkeit und in Vormundschaftssachen gestärkt werden.

Nach der neu eingeführten Vorschrift des **§ 50 FGG** kann dem minderjährigen Kind ein Verfahrenspfleger bestellt werden, der dafür Sorge trägt, daß die Interessen des Kindes nicht vernachlässigt werden und es nicht zum Objekt eines Verfahrens wird. In einigen Fällen, die in § 50 FGG ausdrücklich aufgezählt sind, ist die Bestellung in der Regel erforderlich, zum Beispiel bei Unterbringung des Kindes.

281 Aufgrund der gesetzlichen Neuregelung wird es möglich sein, auch bei Sorgerechts- oder Umgangsverfahren dem Kind einen Verfahrenspfleger zur Seite zu stellen, sofern die Eltern entgegengesetzte Anträge bei Gericht stellen und ein Interessenkonflikt mit dem Kind droht.

Die Bestellung eines Verfahrenspflegers kann gem. § 50 Abs. 3 FGG unterbleiben bzw. wieder aufgehoben werden, wenn die Interessen des Kindes von einem Rechtsanwalt oder einem anderen geeigneten Verfahrensbevollmächtigten angemessen vertreten werden.

6. Förderung eigenständiger Konfliktlösung

282 Als weitere wichtige Änderung des Verfahrensrechts ist die Förderung eigenständiger Konfliktlösungen zu erwähnen, die zum Ziel hat, im Rahmen eines Sorge- und Umgangsrechtsverfahrens die Eltern bei einer eigenverantwortlichen Lösung ihrer Konflikte zu unterstützen.

6.1 Beratung durch das Jugendamt nach §§ 17, 18 SGB VIII

Die außergerichtliche Beratung durch die Beratungsstellen und Beratungsdienste der öffentlichen und freien Träger der Jugendhilfe sowie des Jugendamts gem. §§ 17 und 18 SGB VIII soll dazu verhelfen, eine einvernehmliche und eigenständige Lösung der Konflikte der Eltern in solchen Verfahren möglichst frühzeitig zu erreichen. Hierzu hat das Gericht die Möglichkeit, ein Verfahren auszusetzen, wenn die Beteiligten zu einer außergerichtlichen Beratung bereit sind und nach der freien Überzeugung des Gerichts durch die Beratung die Aussicht besteht, ein Einvernehmen zwischen den Beteiligten herzustellen.

283

Der Gesetzgeber hat davon abgesehen, eine außergerichtliche Beratung bzw. Einigungsvermittlung obligatorisch einem gerichtlichen Verfahren vorzuschalten, da dies dem Gedanken einer einvernehmlichen Konfliktregelung durch die Eltern widersprechen würde. Man ist dabei davon ausgegangen, daß ein Vermittlungsverfahren gegen den Willen eines oder beider Elternteile regelmäßig nicht geeignet ist, eine einvernehmliche Konfliktlösung herbeizuführen.

284

6.2 Neues gerichtliches Vermittlungsverfahren

Die Durchsetzung eines gerichtlich geregelten Umgangsrechts ist in der Praxis häufig sehr schwierig. Es hat sich gezeigt, daß Zwangsmittel und Abänderungsanträge wenig bewirken. Das neue gerichtliche Vermittlungsverfahren soll hier eine Verbesserung bringen.

285

Dieses Verfahren wird gem. § 52a FGG auf Antrag eines Elternteils durchgeführt. Das Gericht erörtert mit den Eltern, welche Folgen für das Wohl des Kindes eintreten können, wenn ein Elternteil sein Umgangsrecht nicht wahrnehmen kann. Es hat die Eltern auf die Möglichkeit von Zwangsmitteln hinzuweisen. Kann das Gericht kein Einvernehmen der Eltern erzielen oder erscheint mindestens ein Elternteil zum gerichtlichen Termin nicht, stellt es durch nicht anfechtbaren Beschluß fest, daß das Vermittlungsverfahren erfolglos geblieben ist. Einen erneuten Antrag auf Durchführung des Vermittlungsverfahrens kann es dann ablehnen.

Stellt das Gericht das Vermittlungsverfahren durch Beschluß wegen Erfolglosigkeit ein, hat es ferner darüber zu entscheiden, ob Zwangsmittel zu ergreifen sind, Änderungen der Umgangsregelung oder Maßnahmen betreffend der elterlichen Sorge ergriffen werden müssen.

III.
Der Rechtsmittelzug

1. Ausgestaltung des Rechtsmittelzugs

286 Der bestehende Instanzenzug in Familiensachen wird beibehalten. Es bleibt also bei der zweitinstanzlichen Zuständigkeit der Oberlandesgerichte in Berufungs- und Beschwerdeverfahren, § 119 Nr. 1 und 2 GVG, sowie bei der Zuständigkeit des BGH in dritter Instanz, soweit diese im einzelnen gegeben ist. Dieser Instanzenzug gilt für alle Verfahren, die den Familiengerichten durch die Kindschaftsrechtsreform zugewiesen worden sind, also für die sonstigen Sorgeverfahren, soweit diese nicht weiterhin in die Zuständigkeit der Vormundschaftsgerichte fallen und für sämtliche Unterhalts- und Abstammungsverfahren.

2. Rechtsmittelzug in den Familiengerichten zugewiesenen Verfahren

2.1 Verfahren über die elterliche Sorge

287 Für Sorgerechtsverfahren, die jetzt in die Zuständigkeit der Familiengerichte fallen, gilt zukünftig der durch das erste EheRG eingeführte Rechtsmittelzug. Somit sind jetzt die Oberlandesgerichte für die Beschwerden zuständig. Der BGH ist für die weitere Beschwerde zuständig, die gem. § 621 ZPO jedoch nur zulässig ist, wenn das OLG sie wegen grundsätzlicher Bedeutung oder divergierender Rechtsprechung zugelassen bzw. wenn das OLG die Beschwerde als unzulässig verworfen hat.

2.2 Unterhaltsklagen

288 Der bisher nur für Unterhaltsansprüche der Ehefrau und ehelichen Kinder geltende Instanzenzug wird nunmehr auf sämtliche gesetzlichen Unterhaltsansprüche ausgedehnt. Für alle Unterhaltsverfahren kann somit eine einheitliche höchstrichterliche Klärung von Zweifelsfragen durch die Oberlandesgerichte bzw. durch den BGH erreicht werden.

2.3 Abstammungsverfahren

289 In Kindschaftssachen bleibt es beim bisherigen Rechtsmittelzug: Berufung zum OLG, Revision zum BGH.

Auch für die Abstammungsverfahren der freiwilligen Gerichtsbarkeit sind in Zukunft in zweiter Instanz die Oberlandesgerichte und für die als Rechtsbeschwerde ausgestaltete weitere Beschwerde in dritter Instanz der BGH zuständig.

Die weitere Beschwerde zum BGH findet nur statt, wenn sie durch das OLG zugelassen wurde oder wenn das OLG die Beschwerde als unzulässig verworfen hat.

2.4 Unterhaltsansprüche nach §§ 1615k bis 1615m BGB

Auch in diesen Unterhaltsverfahren entscheidet in Zukunft in zweiter Instanz das OLG und in dritter Instanz der BGH. 290

IV.
Übergangsvorschriften, Art. 15, 17 KindRG

1. Am 1. 7. 1998 anhängige Verfahren

Nach Art. 15 KindRG bleiben die am 1. 7. 1998 anhängigen Verfahren bei 291
den Prozeßgerichten bzw. bei den Gerichten der freiwilligen Gerichtsbarkeit dort weiterhin anhängig (**Art. 15 § 1 Abs. 1 KindRG**), obwohl diese Verfahren nach der Neuregelung gem. § 621 Abs. 1 Nr. 1 bis 4, Nr. 10 und 11 ZPO mit Inkrafttreten des Gesetzes zu **Familienverfahren** werden. Im einzelnen handelt es sich um folgende Verfahren:

- Verfahren der elterlichen Sorge, z. B. nach § 1666 BGB;
- die Regelung des Umgangs mit einem Kind, z. B. nach § 1705 BGB für den nichtverheirateten Vater;
- die Herausgabe eines Kindes, für das die elterliche Sorge besteht;
- die durch die Verwandtschaft begründete gesetzliche Unterhaltspflicht;
- Kindschaftssachen und
- Unterhaltsansprüche nach den §§ 1615k bis 1615m BGB.

Nach Art. 15 § 1 Abs. 3 KindRG sollen in den bei den Vormundschaftsge- 292
richten verbleibenden Verfahren die in Familiensachen geltenden besonderen Vorschriften nicht zur Anwendung gelangen, soweit sie von dem von den Vormundschaftsgerichten anzuwendenden FGG-Verfahrensrecht abweichen.

2. Zulässigkeit von Rechtsmitteln und Zuständigkeit für die Verhandlung und Entscheidung über Rechtsmittel

2.1 Vor dem 1. 7. 1998 verkündete Entscheidungen

293 In den Verfahren nach § 621 Abs. 1 Nr. 1 bis 4, Nr. 10 und 11 ZPO, in den eine Entscheidung erstinstanzlich bis zum 1. 7. 1998 verkündet oder zugestellt wurde, sind für die Zulässigkeit von Rechtsmitteln und die Zuständigkeit für die Verhandlung und Entscheidung über die Rechtsmittel die bis zum 1. Juli 1998 maßgeblichen Vorschriften weiterhin anzuwenden (**Art. 15 § 1 Abs. 2 Satz 1 KindRG**). Dies gilt auch für FGG-Verfahren, die anstelle einer Verkündigung oder Zustellung die Bekanntmachung nach § 16 FGG kennen (Art. 15 § 1 Abs. 2 Satz 2 KindRG).

Nach Art. 15 § 1 Abs. 3 KindRG sollen in den bei den Vormundschaftsgerichten verbleibenden Verfahren die in Familiensachen geltenden besonderen Vorschriften nicht zur Anwendung gelangen, soweit sie von dem von den Vormundschaftsgerichten anzuwendenden FGG-Verfahrensrecht abweichen.

2.2 Nach dem 1. 7. 1998 verkündete Entscheidungen

294 Ist die Entscheidung erst **nach dem 1. 7. 1998** verkündet, zugestellt oder bekanntgemacht worden, gelten für die Rechtsmittelverfahren die neuen Vorschriften über die Zuständigkeit für die Verhandlung und Entscheidung über Rechtsmittel (**Art. 15 § 1 Abs. 2 Satz 3 KindRG**). Somit sind in diesen Verfahren, die nicht in erster Instanz vom Familiengericht entschieden worden sind, für die Berufungen und Beschwerden die Oberlandesgerichte sowie für die Revisionen und weiteren Beschwerden der BGH zuständig.

3. Abstammungsverfahren

295 Ein am 1. 7. 1998 anhängiges Verfahren, welches die Anfechtung der Ehelichkeit oder die Anfechtung der Anerkennung der Vaterschaft zum Gegenstand hat, wird ab Inkrafttreten des KindRG als Verfahren auf Anfechtung der Vaterschaft fortgesetzt (**Art. 15 § 2 Abs. 1 KindRG**).

Ein am 1. 7. 1998 anhängiges Verfahren, welches die Anfechtung der Ehelichkeit oder die Anfechtung der Anerkennung der Vaterschaft durch die

Eltern des Mannes nach den §§ 1595a, 1600g Abs. 2, 1600l Abs. 2 BGB in der bis zum 1. 7. 1998 geltenden Fassung zum Gegenstand hat, ist als in der Hauptsache erledigt anzusehen (**Art. 15 § 2 Abs. 2 KindRG**). Dies bedeutet, daß Verfahren, in welchen die Eltern eines verstorbenen Mannes die Ehelichkeit oder die Anerkennung der Vaterschaft angefochten haben, nach Inkrafttreten des KindRG nicht mehr weiterbetreiben werden können, da ihnen die materiellrechtliche Grundlage entzogen wurde. Die Verfahren werden somit als in der Hauptsache erledigt angesehen und nicht mehr zu Ende gebracht.

Dasselbe gilt für Verfahren, die die gesonderte vormundschaftsgerichtliche Genehmigung für die Anfechtung der Ehelichkeit und/oder der Anerkennung der Vaterschaft durch den gesetzlichen Vertreter des Kindes zum Gegenstand haben (**Art. 15 § 2 Abs. 3 KindRG**). Auch diese Verfahren sind mit Inkrafttreten des Gesetzes als in der Hauptsache erledigt anzusehen.

4. Verfahren zur Regelung der elterlichen Sorge

Eine am 1. 7. 1998 anhängige Folgesache, die die Regelung der elterlichen Sorge nach § 1671 BGB für den Fall der Scheidung in der vor dem 1. 7. 1998 geltenden Fassung zum Gegenstand hat, ist als in der Hauptsache erledigt anzusehen, wenn nicht bis zum Ablauf von drei Monaten nach dem 1. 7., d. h. bis zum 30. 9. 1998, ein Elternteil beantragt, daß ihm das Familiengericht die elterliche Sorge oder einen Teil der elterlichen Sorge allein überträgt (**Art. 15 § 2 Abs. 4 KindRG**). In allen Fällen, in denen Sorgerechtsverfahren von Amts wegen im Rahmen des Scheidungsverbunds durchgeführt wurden, ist somit ab Inkrafttreten des Gesetzes zu prüfen, ob nicht ein solcher Sorgerechtsantrag binnen drei Monaten gestellt werden soll. Wird ein Antrag nicht oder nicht rechtzeitig gestellt, wird das Gericht über das Sorgerecht nicht mehr entscheiden. In bestimmten Fällen wird der Sorgerechtsantrag jedoch auch schon durch einen entsprechenden eindeutigen Antrag vor Inkrafttreten des Gesetzes gestellt sein.

296

5. Verfahren betreffend die Ehelicherklärung

Nach **Art. 15 § 2 Abs. 5 KindRG** sind alle anhängigen Verfahren, welche die **Ehelicherklärung** eines Kindes betreffen, mit Inkrafttreten des KindRG als **erledigt** anzusehen.

297

A   Erläuterungen

6. Kosten

298   Nach **Art. 15 § 2 Abs. 6 KindRG** werden in allen Verfahren, die nach den vorstehenden Vorschriften als in der Hauptsache erledigt anzusehen sind, keine Gerichtsgebühren erhoben. Lediglich entstandene Auslagen sollen erhoben werden.

7. Außerkrafttreten

299   Die Übergangsregelung des Art. 15 tritt gem. **Art. 17 KindRG** nach **fünf Jahren** außer Kraft. Es kann davon ausgegangen werden, daß die anhängigen Verfahren in diesem Zeitraum noch abgeschlossen werden.

V. Übersichten zum Verfahrensrecht

I. Änderungen im Verfahren

1. **Zuständigkeit der Familiengerichte**
   - Sorge- und Umgangsverfahren
   - alle Unterhaltsklagen beruhend auf Ehe und Verwandtschaft
   - Ansprüche auf Betreuungsunterhalt
   - Abstammungsverfahren (Vaterschaftsfeststellung und Vaterschaftsanfechtung)

2. **Sorgerechtsregelung im Scheidungsverbund – Antragsverfahren**

   Neu:

   Sorgerechtsregelung nur **auf Antrag** im Scheidungsverbund oder als isolierter Antrag. Möglichkeit der Abtrennung vom Scheidungsverbund ist erleichtert: § 623 Abs. 2 Satz 2 ZPO

   Notwendiger Inhalt des Scheidungsantrags: Angabe, ob minderjährige Kinder vorhanden sind

   Ausnahme:

   Von Amts wegen Tätigwerden des Gerichts bei Gefährdung des Kindeswohls: § 1666 BGB

3. **Anwalt des Kindes, § 50 FGG**

   Bestellung eines **Verfahrenspflegers** bei besonderer Schutzbedürftigkeit des Kindes, z. B. bei dessen Unterbringung

   Unterbleiben der Bestellung bzw. Aufhebung durch Bestellung eines Rechtsanwalts für das Kind

Verfahrensrecht **A**

4. **Förderung eigenständiger Konfliktlösung, § 52 FGG**
   a) **Aussetzung von Sorgerechtsverfahren**
      bei Bereitschaft der Beteiligten zu außergerichtlicher Vermittlung durch staatliche Beratungsstellen, Jugendamt;
      Vermittlungsverfahren ist nicht obligatorisch!
   b) **Bei Umgangsverfahren**
      Vermittlungsverfahren beim Familiengericht, § 52 a FGG
      – auf Antrag eines oder beider Elternteile
      – bei Nichteinigung Feststellung des Scheiterns der Vermittlung durch unanfechtbaren Beschluß und
         zugleich gerichtliche Entscheidung über Sache bzw. Verhängung von Zwangsmitteln

II. Neue Zuständigkeitsregelungen

1. **Bisherige Rechtslage**
   a) **Bisherige Zuständigkeit des Vormundschaftsgerichts:**
      – Umgangsverfahren für nichteheliche Kinder
      – Sorgerechtsverfahren für nichteheliche Kinder
      – Vaterschaftsfeststellung
   b) **Bisherige Zuständigkeit des Amtsgerichts – Allgemeine Abteilung**
      – Unterhalt für nichteheliche Kinder
      – sonstige Verwandtenunterhaltsansprüche
      – Unterhaltsansprüche gem. §§ 1615 k–m, Betreuungsunterhalt
      – Vaterschaftsanfechtung

2. **Neue Zuständigkeit des Familiengerichts**
   a) Sorgerechtsverfahren für eheliche und nichteheliche Kinder, auch für Maßnahmen nach § 1666 BGB
   b) sämtliche Unterhaltsansprüche, die auf Ehe bzw. auf Verwandtschaft beruhen
   c) Unterhaltsansprüche gem. §§ 1615 k–m BGB, insbes. Betreuungsunterhalt
   d) Abstammungsverfahren: Vaterschaftsfeststellung und Vaterschaftsanfechtung

3. **Fortdauernde Zuständigkeit des Vormundschaftsgerichts**
   Vormundschaftsangelegenheiten für Minderjährige, Adoptionsverfahren
   Einzelmaßnahmen, z. B.
   – § 1631 BGB, Unterbringung
   – § 1643 BGB, Genehmigung von Rechtsgeschäften

A   Erläuterungen

4. Rechtsmittelzug

a) Gegen alle Urteile des Familiengerichts Berufung zum Oberlandesgericht und bei Zulassung Revision zum BGH

b) Gegen alle Beschlüsse des Familiengerichts Beschwerde zum Oberlandesgericht und bei Zulassung weitere Beschwerde zum BGH

5. Übergangsregelung

Die am 1. Juli 1998 anhängigen Verfahren bleiben weiterhin bei den Gerichten anhängig, also z. B. beim Vormundschaftsgericht oder Amtsgericht, Prozeßabteilung, bei denen sie anhängig sind!

Ist bis zum 1. Juli 1998 eine Entscheidung ergangen, gelten für die Zulässigkeit von Rechtsmitteln und die Zuständigkeit in 2. Instanz die alten Vorschriften! Andernfalls ist stets das OLG Rechtsmittelgericht.

Kapitel 9
Beistandschaft

I.
Allgemeines

Anlaß dieser durch das Beistandschaftsgesetz vom 4.12.1997 (BGBl. I S. 2846) getroffenen Neuregelung war zum einen die verfassungsrechtlich in Art. 6 Abs. 5 GG gebotene Gleichstellung ehelicher und nichtehelicher Kinder (nicht notwendige Eingriffe in die Elternrechte sollen vermieden werden, vor allem sollen nicht verheiratete Mütter nicht länger diskriminiert werden, vgl. BT-Drucks. 13/892, S. 23) und zum anderen die Beseitigung der unterschiedlichen Rechtslage in den alten und neuen Bundesländern (in letzteren gab es keine gesetzliche Amtspflegschaft für nichteheliche Kinder und auch die Bestellung eines Beistands mit Vertretungsmacht zur Vaterschaftsfeststellung war nicht möglich).

300

Das Beistandschaftsgesetz sieht eine Abschaffung der gesetzlichen Amtspflegschaft vor. An deren Stelle tritt eine **freiwillige Beistandschaft**, die von allen alleinsorgeberechtigten Elternteilen gleichermaßen beantragt werden kann. Ein völliger Wegfall der Kompetenzen des Jugendamts als gesetzlicher Vertreter ist dagegen nicht vorgesehen. Grund hierfür ist, daß die Jugendämter nach Meinung des Gesetzgebers in den alten Bundesländern bisher wichtige Hilfestellungen gegeben und in besonderem Maße dazu beigetragen haben, die Rechte nichtehelicher Kinder (Vaterschaftsfeststellung und Unterhaltssicherung) zu wahren und durchzusetzen.

II.
Abschaffung bisheriger Regelungen und neue Beistandschaft

Die Regelungen über die gesetzliche Amtspflegschaft (§§ 1706 bis 1710 a. F. BGB) und über die Beistandschaft (§§ 1685, 1686, 1689 bis 1692 a. F. BGB) wurden aufgehoben. An ihre Stelle treten nunmehr die Regelungen über die **Beistandschaft neuen Rechts** (§§ 1712 bis 1717 BGB).

301

A	Erläuterungen

Dieses neue Rechtsinstitut der freiwilligen Beistandschaft gilt für Kinder verheirateter und nicht verheirateter Eltern.

1. Eintritt auf Antrag

302 Die Beistandschaft tritt gem. § 1712 Abs. 1 BGB auf **schriftlichen** Antrag (dient der Rechtssicherheit) des allein sorgeberechtigten Elternteils ein (§ 1713 BGB), und zwar **unmittelbar mit Zugang** des Antrags beim Jugendamt (§ 1714 Satz 1 BGB), so daß eine gerichtliche Bestellung nicht in Betracht kommt. Auch ein Zustimmungserfordernis seitens des Jugendamtes ist nicht vorgesehen.

2. Jugendamt und Verein als Beistand mit Vertretungsmacht

303 Als Beistand ist das **Jugendamt** vorgesehen, wobei es Beistandschaften durch Einzelpersonen oder Verbände nicht geben soll, da diese schon nach bisherigem Recht keine erwähnenswerte praktische Bedeutung erlangt haben. Zudem müßte eine solche Bestellung erst durch gerichtliche Einzelentscheidung herbeigeführt werden, was im Rahmen der Neuregelung gerade vermieden werden sollte (vgl. BT-Drucks. 13/892, S. 28).

Neben dem Jugendamt, das grundsätzlich Beistand wird, kann auch ein **rechtsfähiger Verein** die Beistandschaft übernehmen, soweit Landesrecht dies vorsieht (§ 54 Abs. 1 SGB VIII).

304 Mit dem Eingang des Antrags beim Jugendamt wird dieses im Rahmen des Wirkungskreises gesetzlicher Vertreter des Kindes (§§ 1716 Satz 2, 1915 Abs. 1, 1793 BGB). Damit unterscheidet sich die neue Beistandschaft deutlich von der des bisherigen Rechtes. Diese ließ z. B. eine Klageerhebung durch das Jugendamt nicht zu, da die Beistandschaft als Beistandschaft ohne Vertretungsmacht ausgestaltet war.

3. Antragsberechtigung

305 Antragsberechtigt ist gem. § 1713 Abs. 1 BGB der Elternteil, dem die **alleinige elterliche** Sorge zusteht. Dies entspricht der Intention des Gesetzgebers, Kinder, für die nur ein Elternteil sorgeberechtigt ist, unter besonderen Schutz zu stellen. Demzufolge kann der Antrag nicht von Eltern, die die gemeinsame Sorge ausüben, oder von einem Elternteil, der die elterliche Sorge nicht hat, gestellt werden. Außerdem kann der Antrag auch von

einem nach § 1776 BGB berufenen Vormund gestellt werden, der somit auch die Möglichkeit hat, bei der Feststellung der Vaterschaft und bei Unterhaltsklagen staatliche Hilfe in Anspruch zu nehmen.

4. Wirkungskreis des Beistands

Gem. § 1712 Abs. 1 BGB ist die Beistandschaft nur vorgesehen für die **Vaterschaftsfeststellung** und die **Unterhaltssicherung,** wobei der Beistand hier Vertretungsmacht hat (§§ 1716 Satz 2, 1915 Abs. 1, 1793 Satz 1 BGB). Dies entspricht den bisherigen Kernbereichen der gesetzlichen Amtspflegschaft und der Beistandschaft. Zu dem Aufgabenkreis des Beistands gehören also **nicht** Erklärungen und Anträge, welche die Adoption, die Ehelicherklärung oder die zivilrechtliche Namensänderung betreffen. 306

Da es sich bei der neuen Beistandschaft um ein freiwilliges Hilfsangebot handelt (vgl. BT-Drucks. 13/892, S. 28), ist es nur folgerichtig, daß diese Beistandschaft nur in dem Umfang eintritt, in dem der Antragsteller es wünscht.

5. Beendigung der Beistandschaft

Die Beistandschaft kann gem. § 1715 Abs. 1 Satz 1 BGB **jederzeit** auf schriftliches Verlangen des Antragstellers beendet werden, was sich ebenfalls zwingend aus der neuen Ausgestaltung als Hilfestellung ergibt. 307

Die Beistandschaft endet auch, wenn der Elternteil die Alleinsorge verliert, § 1715 Abs. 2 i. V. m. § 1713 Abs. 1 BGB. Dies kann dann der Fall sein:
- wenn das Kind volljährig wird;
- wenn die gemeinsame elterliche Sorge eintritt (etwa durch Heirat der Eltern eines nichtehelichen Kindes);
- bei Adoption des Kindes durch einen Dritten.

6. Keine Einschränkung der elterlichen Sorge

Eine wesentliche Neuerung gegenüber der bisherigen gesetzlichen Amtspflegschaft ist, daß gem. § 1716 Satz 1 BGB die elterliche Sorge durch die neue Beistandschaft in keiner Weise eingeschränkt wird. 308

A   Erläuterungen

III.
Beratung und Hilfe durch das Jugendamt

309   Um das Institut der freiwilligen Beistandschaft den betroffenen Müttern bekanntzumachen – nur so ist sichergestellt, daß weiterhin auch die Rechte des Kindes (Vaterschaftsfeststellung, Unterhaltssicherung) gewahrt bleiben – hat das Jugendamt der Mutter unverzüglich Beratung und Unterstützung anzubieten (§ 52a Abs. 1 Satz 1 SGB VIII).

Den Namen der jeweiligen Mutter erfährt das Jugendamt wie bisher vom Standesbeamten. Dieser hat weiterhin eine Mitteilungspflicht gegenüber dem Jugendamt hinsichtlich der Geburt eines nichtehelichen Kindes (§ 21b Personenstandsgesetz).

310   Im Rahmen des persönlichen Gesprächs mit der Mutter hat das Jugendamt dann gem. § 52a Abs. 1 SGB VIII hinzuweisen:
- auf die Bedeutung der Vaterschaftsfeststellung;
- auf die Möglichkeit, eine Beistandschaft zu beantragen;
- auf die Rechtsfolgen einer solchen Beistandschaft.

IV.
Überleitungsregelung

311   Die bisherigen gesetzlichen Amtspflegschaften werden ohne weiteres in Beistandschaften des neuen Rechts umgewandelt, ohne daß es einer gerichtlichen Entscheidung bedarf, Art. 223 EGBGB. Der Aufgabenkreis beschränkt sich dabei allerdings auf Vaterschaftsfeststellung und Geltendmachung von Unterhaltsansprüchen. Wünscht die Mutter keine Beistandschaft, so muß sie dies dem Jugendamt schriftlich mitteilen, § 1715 Abs. 1 BGB.

312   Dagegen erlöschen Beistandschaften ohne Vertretungsmacht mit Inkrafttreten des Gesetzes, also am 1.7.1998.

V.
Übersicht zum Beistandschaftsgesetz

I. Bisherige Rechtslage

1. Amtspflegschaft **bei nichtehelichen Kindern**
   a) Grundsätzlich Alleinsorge der Mutter, § 1705 Satz 1 a. F. BGB
   b) Einschränkung der elterlichen Sorge durch **automatischen** Eintritt der gesetzlichen Amtspflegschaft, § 1706 a. F. BGB
   c) Aufgaben des Pflegers:
      - Feststellung der Vaterschaft
      - Geltendmachung des Kindesunterhalts
      - Regelung von Erb- und Pflichtteilsrechten
   d) Nur auf Antrag der Mutter beim Vormundschaftsgericht: Nichteintritt oder Aufhebung der Amtspflegschaft
2. Beistandschaft bei **ehelichen** Kindern für Alleinsorgeberechtigten, § 1685 Abs. 1 a. F. BGB:
   a) Bestellung durch Vormundschaftsgericht auf Antrag
   b) Aufgabe des Beistands: **Unterstützung** innerhalb des Wirkungskreises (alle oder bestimmte Angelegenheiten, insbes. Unterhalt)
   c) Elterliche Sorge bleibt unberührt!

II. Neue Rechtslage, §§ 1712 bis 1714 BGB

1. Geltungsbereich: Kinder, deren Eltern verheiratet oder nicht verheiratet sind
2. Eintritt auf **schriftlichen** Antrag des **alleinsorgeberechtigten** Elternteils, und zwar **unmittelbar** mit Zugang beim Jugendamt (§§ 1712 Abs. 1, 1713, 1714 Satz 1 BGB)
3. Jugendamt und Verein als **Beistand mit Vertretungsmacht**
4. **Wirkungskreis** des Beistands:
   a) Vaterschaftsfeststellung
   b) Unterhaltssicherung
5. **Beendigung** der Beistandschaft:
   - jederzeit auf schriftliches Verlangen oder
   - bei Verlust der Alleinsorge
6. **Keine** Einschränkung der elterlichen Sorge, § 1716 BGB
7. Übergangsregelung, Art. 223 EGBGB
   a) Alte Amtspflegschaften werden neue Beistandschaften, falls keine schriftliche Mitteilung der Mutter, § 1715 BGB
   b) Bisherige Beistandschaften erlöschen am 1. 7. 1998

Kapitel 10
Erbrechtliche Gleichstellung nichtehelicher Kinder

I.
Bisherige Rechtslage

Im Verhältnis zu ihrer Mutter hatten nichteheliche Kinder immer schon dieselbe Rechtsposition wie eheliche Kinder. Nur die Rechtsstellung gegenüber dem Vater hat sich im Laufe der Jahre stark verändert. 313

Ursprünglich galten gem. § 1589 Abs. 2 in der vor 1969 geltenden Fassung, ein uneheliches Kind und sein Vater als nicht miteinander verwandt. Damit standen weder dem Kind noch dem Vater irgendwelche gegenseitigen Erbansprüche gegeneinander zu. Durch das Nichtehelichengesetz (NEhelG) vom 19. 8. 1969 (in Kraft getreten am 1. 7. 1970) wurde der Begriff des nichtehelichen Kindes eingeführt. Dieses Gesetz brachte eine erhebliche Verbesserung der Rechtsstellung dieser Kinder. Das Verhältnis eines nichtehelichen Kindes zu seinem Vater wurde grundlegend geändert. Insbesondere wurde die ursprüngliche Fassung des § 1589 Abs. 2 BGB aufgehoben. 314

Entsprechend dem verfassungsrechtlichen Gebot der Gleichbehandlung in Art. 6 Abs. 5 GG wurde erstmals die Verwandteneigenschaft des Kindes zu seinem Vater anerkannt. Als Konsequenz waren nichteheliche Kinder in den nach dem 1. 7. 1970 eingetretenen Erbfällen erbberechtigt, wenn die Vaterschaft – durch Anerkennung des Erblassers oder durch Urteil – förmlich festgestellt worden war. Sie wurden Erbe 1. Ordnung und waren somit auch pflichtteilsberechtigt.

Das Nichtehelichengesetz hat jedoch keine völlige Gleichstellung ehelicher und nichtehelicher Kinder eingeführt. Hinsichtlich der Erbfolge nach dem Vater gab es weiterhin **zwei gravierende** Unterschiede, die deutlich erkennen ließen, daß das nichteheliche Kind im Denken des damaligen Gesetzgebers das „unerwünschte Kind" war, nämlich den sogenannten Erbersatzanspruch und den vorzeitigen Erbausgleich. 315

| A | Erläuterungen |

1. Erbersatzanspruch

316 Neben ehelichen Kindern bzw. dem Ehegatten des Erblassers wurde das nichteheliche Kind nicht Teil der Erbengemeinschaft. Ihm stand lediglich ein sog. Erbersatzanspruch in Höhe seines gesetzlichen Erbteils gem. §§ 1934a ff. a. F. BGB zu. Das Kind wurde aber nicht Miterbe, d. h. an den Nachlaßgegenständen mitbeteiligt, sondern erhielt – wie eine enterbte pflichtteilsberechtigte Person – nur eine Geldforderung gegen die Erben. Das nichteheliche Kind hatte somit keinen Besitz am Nachlaß und war an der Verwaltung nicht beteiligt. Es hatte auch keine entsprechenden Kontrollrechte. Vielmehr hatten die Erben die Möglichkeit, Nachlaßgegenstände beiseite zu schaffen. Im Ergebnis war das nichteheliche Kind daher erbrechtlich erheblich schlechter gestellt als das eheliche Kind, jedenfalls im Verhältnis zu den ehelichen Kindern und der Ehefrau.

Umgekehrt galt für den Vater dasselbe: Ihm stand beim Tod seines nichtehelichen Kindes neben der Mutter und deren ehelichen Abkömmlingen gem. § 1934a Abs. 2, Abs. 3, 1. Alt. a. F. BGB ebenfalls nur ein Erbersatzanspruch zu.

Gesetzgeberischer Hintergrund für den Erbersatzanspruch war es, eine Miterbengemeinschaft zwischen der ehelichen Familie des Erblassers und dem nichtehelichen Kind zu verhindern. Der Gesetzgeber befürchtete, das nichteheliche Kind könne sich als Störfaktor in einer Miterbengemeinschaft erweisen, emotionale Belastungen auslösen und – im Ergebnis – die Zerschlagung von Wirtschaftsvermögen oder die Versteigerung von Immobilienbesitz erzwingen (vgl. BT-Drucks. V/2370, S. 91).

2. Vorzeitiger Erbausgleich

317 Außerdem konnte ein nichteheliches Kind zwischen seinem 21. und 27. Lebensjahr gem. § 1934d a. F. BGB von seinem Vater einen sogenannten vorzeitigen Erbausgleich in Geld verlangen. Der zu zahlende Ausgleichsbetrag belief sich auf das Dreifache bis zum Zwölffachen des durchschnittlichen Jahresunterhalts, berechnet aus den letzten fünf Jahren, in denen der Vater voll unterhaltspflichtig war. Das Kind konnte den Anspruch notfalls im Klagewege durchsetzen. Der Vater hatte aber im umgekehrten Fall kein Recht darauf, den vorzeitigen Erbausgleich zu verlangen. Machte das nichteheliche Kind von der Möglichkeit des vorzeitigen Erbausgleichs Gebrauch, so verlor es durch dessen rechtsgültige Vereinbarung oder rechtskräftige Festlegung endgültig die Erbberechtigung für sich und seine Abkömmlinge (§ 1934 a. F. BGB).

In der Praxis führte der vorzeitige Erbausgleich häufig zu erheblichen finanziellen Belastungen. Zudem war es für den ausgleichspflichtigen Vater unangenehm, umfassend Auskunft über seine Einkommens- und Vermögensverhältnisse erteilen zu müssen.

Die Möglichkeit des vorzeitigen Erbausgleichs sollte dem nichtehelichen Kind eine Start- bzw. Existenzgründungshilfe – notfalls gegen den Wunsch des Vaters – verschaffen. Hierdurch sollte ein generelles Lebensdefizit des nichtehelichen Kindes gegenüber den ehelichen Kindern ausgeglichen werden. Gleichzeitig wurde durch die Beendigung der erbrechtlichen Beziehungen zwischen Vater und nichtehelichem Kind ein späterer Konflikt mit der ehelichen Familie des Erblassers vermieden (vgl. BT-Drucks. V/4179, S. 6).

3. Sonderregelungen für „Altkinder" und DDR-Fälle

Durch das NEhelG wurden jedoch nicht alle nichtehelichen Kinder erfaßt: **318**

3.1 „Altkinder"

Für vor dem 1. 7. 1949 geborene Kinder galt gem. Art. 12 § 10 Abs. 2 **319** NEhelG das alte Recht weiter. Diese sog. Altkinder galten also weiterhin als nicht mit ihrem Vater verwandt und waren von jeglichem Erb- und Pflichtteilsrecht nach dem Vater ausgeschlossen. Maßgeblich für den Ausschluß dieser Kinder waren vor allem der Gesichtspunkt des Vertrauensschutzes. Das BVerfG (BVerfGE 44,1) hat diese gesetzgeberische Entscheidung als verfassungsgemäß bestätigt.

3.2 DDR-Fälle

Eine weitere Ausnahme ergab sich aus dem Einigungsvertrag für Erbfälle, **320** für die nach Art. 235 § 1 Abs. 1 a. F. EGBGB DDR-Erbrecht anwendbar war. Für nichteheliche Kinder, die vor dem Beitritt am 3. 10. 1990 geboren worden waren, blieb es bei der in der DDR geltenden erbrechtlichen Gleichstellung nichtehelicher und ehelicher Kinder. Für diese Kinder waren die für eheliche Kinder geltenden Vorschriften des BGB anwendbar.

II.
Neue Rechtslage

1. Allgemeines

321 Viele Faktoren haben den Gesetzgeber veranlaßt, die schon lange angestrebte völlige erbrechtliche Gleichstellung nichtehelicher und ehelicher Kinder endlich zu verwirklichen.

1.1 Gesellschaftliche Entwicklung

322 Die Zahl der nichtehelichen Geburten ist in den letzten Jahren stark angestiegen. Kamen 1970 noch 5,4 % nichteheliche Kinder zur Welt, ist diese Zahl 1992 auf 14,7 % angestiegen (Wirtschaft und Statistik 1993, S. 92). Die Zahl nichtehelicher Lebensgemeinschaften mit Kindern ist von 71 000 (1982) auf 198 000 (1991) angestiegen. Ebenfalls zugenommen hat damit die Akzeptanz nichtehelicher Geburten bzw. nichtehelicher Lebensgemeinschaften mit Kindern in der Gesellschaft. Es wurde daher bereits seit langem gefordert, die Gesetzeslage an den gesellschaftlichen Wandel anzupassen (vgl. Barth/Wagenitz, ZEV 1994, 79).

1.2 Einigungsvertrag

323 Wie bereits erwähnt, hatte der Einigungsvertrag eine Rechtsspaltung zur Folge: Für nichteheliche Kinder aus der früheren DDR war teilweise das für eheliche Kinder geltende Recht des BGB anwendbar. Bei den Verhandlungen zum Einigungsvertrag bestand allerdings Übereinstimmung, daß diese Rechtsspaltung alsbald durch gesetzgeberische Maßnahmen überwunden werden müßte (vgl. BT-Drucks. 11/7817, S. 36).

1.3 Entscheidung des BVerfG vom 7. 5. 1991

324 Sowohl der Erbersatzanspruch als auch der vorzeitige Erbausgleich gaben bereits seit langem Anlaß zu heftigem Meinungsstreit. Je mehr durch die Zunahme von Scheidungen und Wiederverheiratungen auch eheliche Kinder fern vom väterlichen Erblasser aufwuchsen, um so weniger rechtfertigte sich die Ungleichbehandlung von nichtehelichen und ehelichen Kindern.

Einerseits wurde die Benachteiligung der Kinder durch den Erbersatzanspruch zunehmend als Diskriminierung angesehen: Als Gläubiger eines Geldanspruchs war das nichteheliche Kind nicht an Besitz und Verwaltung des Nachlasses beteiligt und daher der Gefahr ausgesetzt, daß Nachlaßgegenstände beiseite geschafft und die Bemessung und tatsächliche Durchsetzung des Anspruchs erschwert würden (BT-Drucks. 13/4183, S. 8). Außerdem wurde das Kind nicht unmittelbarer Rechtsnachfolger seines Vaters oder seiner väterlichen Verwandten.

Andererseits wurde die Besserstellung des nichtehelichen Kindes durch den vorzeitigen Erbausgleich kritisiert. Die Verfassungsmäßigkeit von § 1934 d BGB war bereits seit langem angezweifelt worden (vgl. zum Meinungsstand MüKo/Leipold, 1. Aufl., § 1934, Rn. 4 bis 7). Auch die Entscheidung des BVerfG (BVerfGE 58, 377; NJW 1982, 565), die § 1934 d BGB Abs. 1 und 2 für verfassungsgemäß erklärte, hat kein Ende der Diskussion bewirkt. Dafür sorgten insbesondere die auf Auskunft und Zahlung – häufig zur Unzeit – in Anspruch genommenen Väter bzw. die Interessenverbände der Väter.

Durch den Erbersatzanspruch und den vorzeitigen Erbausgleich wurde eine Sonderstellung nichtehelicher Kinder geschaffen, die ihrer heute bestehenden gesellschaftlichen Situation und ihrer Einbettung in die verschiedenen familiären Zusammenlebensformen nicht mehr gerecht wurde (vgl. Stintzing FuR 1994, 73). Auch das BVerfG hat sich schließlich dieser Ansicht angeschlossen: Es weist in seiner Entscheidung vom 7. 5. 1991 (BverfGE 84, 168, 187; NJW 1991, 1944) ausdrücklich auf die Möglichkeit der Angleichung der Stellung ehelicher und nichtehelicher Kinder im Erbrecht hin. Dieser Äußerung des Gerichts als obiter dictum der Entscheidung hat der Gesetzgeber Folge geleistet. **325**

1.4 Europarechtliche Vereinheitlichung

Auch die europäische Rechtsvereinheitlichung verlangte eine weitergehende Gleichstellung nichtehelicher und ehelicher Kinder: Nach Art. 9 des **Europäischen Übereinkommens über die Rechtslage der nichtehelichen Kinder** hat ein nichteheliches Kind die gleichen Rechte am Nachlaß seines Vaters und seiner Mutter und den Mitgliedern ihrer Familie, wie wenn es ehelich wäre. Die Bundesrepublik Deutschland konnte dieses Übereinkommen bisher wegen der Unterscheidung zwischen nichtehelichen und ehelichen Kindern nicht unterzeichnen (vgl. BT-Drucks. 13/4183, S. 7). **326**

A Erläuterungen

2. Die Neuregelung im einzelnen

327 Durch das Erbrechtsgleichstellungsgesetz (ErbGleichG) vom 16. 12. 1997 (BGBl. I S. 2968, in Kraft ab 1. 4. 1998) wurde nun endlich die erbrechtliche Sonderstellung des nichtehelichen Kindes beseitigt.

2.1 Wegfall des Erbersatzanspruchs

328 Zum einen wurden die Vorschriften über den Erbersatzanspruch in §§ 1934a, 1934b, 2383a BGB gestrichen. Die erbrechtlichen Verhältnisse zwischen einem „nichtehelichen Kind" und seinem Vater bestimmen sich nunmehr nach den allgemeinen Grundsätzen der §§ 1924 ff. BGB. Das bedeutet, daß nichteheliche Abkömmlinge jetzt – auch neben dem überlebenden Ehegatten und den ehelichen Abkömmlingen des Erblassers – gesamthänderisch berechtigte Miterben sind.

2.2 Abschaffung des vorzeitigen Erbausgleichs

329 Gleichzeitig wurde nun die Möglichkeit eines vorgezogenen Erbausgleichs des nichtehelichen Kindes beseitigt und die entsprechenden Regelungen, nämlich §§ 1934d und 1934e BGB gestrichen. Damit wurde eine völlige Gleichstellung ehelicher und nichtehelicher Kinder in erbrechtlicher Hinsicht herbeigeführt.

2.3 Keine Gleichstellung für „Altkinder"

330 Erneut nicht berücksichtigt vom ErbGleichG werden die vor dem 1. 7. 1949 geborenen nichtehelichen Kinder, die bereits durch das NEhelG von 1969 nicht erfaßt wurden. Dieses Gesetz nahm in Art. 12 § 10 Abs. 2 Kinder, die bei seinem Inkrafttreten (1. 7. 1970) bereits das 21. Lebensjahr vollendet hatten, ausdrücklich von der Anwendung des neuen Rechts aus. Sie galten also weiterhin als nicht mit ihrem Vater verwandt und waren weder erb- noch pflichtteilsberechtigt. Der Gesetzgeber hatte diese Entscheidung damals „aus Gründen der Rechtssicherheit und des Vertrauensschutzes" sowie wegen der Schwierigkeit nachträglicher Sachverhaltsfeststellung getroffen.

28 Jahre später wiegen diese Gründe natürlich noch schwerer, so daß es der jetzige Gesetzgeber weitgehend bei dieser Rechtslage belassen hat (vgl. BT-Drucks. 13/8510, S. 6). Art. 12 § 10 NEhelG wurde durch das ErbGleichG daher – entgegen kritischer Stimmen – nicht aufgehoben.

3. Neuregelung für „Altkinder" durch das KindRG – notarielle Vereinbarung

Eine Verbesserung der Rechtslage für diese sog. Altkinder hat aber das KindRG mit sich gebracht. Durch Art. 14 § 10a KindRG wurde in das Nichtehelichengesetz ein neuer § 10a eingefügt. Nach dessen Abs. 1 können der Vater und das Kind **vereinbaren**, daß die alte Rechtslage i. S. d. § 10 Abs. 2 NEhelG keine Anwendung findet. Als Konsequenz sind Vater und Kind dann wechselseitig erbberechtigt, d. h. ihnen stehen gesetzliche Erb- und Pflichtteilsrechte gegeneinander zu. Gem. § 10a Abs. 2 NEhelG kann eine solche Vereinbarung nur von den Beteiligten persönlich geschlossen werden und bedarf der notariellen Beurkundung. Außerdem ist gem. § 10a Abs. 3 NEhelG ggf. die Einwilligung des jeweiligen Ehegatten (von Vater oder Kind) notwendig. 331

Eine derartige Vereinbarung liegt im Interesse der vor dem 1. 7. 1949 geborenen Kinder, da diese anderenfalls auch in Zukunft keinerlei gesetzliche Erb- und Pflichtsteilsrechte hätten. Psychologisch gesehen bedeutet eine solche Vereinbarung außerdem eine Quasi-Legitimation des Kindes durch den Vater. Sie kann auch im Interesse des Vaters liegen, der z. B. erreichen will, daß **das nichteheliche** und die ehelichen Kinder völlig gleichgestellt werden oder der auf Kosten anderer gesetzlicher Erben (sonstige Verwandte) dem Kind die Stellung eines gesetzlichen Erben einräumen will. 332

4. Übergangsvorschriften

Gem. dem neu eingefügten Art. 225 Abs. 1 EGBGB bleiben die geltenden Vorschriften über das Erbrecht des nichtehelichen Kindes bis zum 1. 4. 1998 weiter anwendbar, wenn vor diesem Zeitpunkt 333

- der Erblasser gestorben ist,
- über den vorzeitigen Erbausgleich eine wirksame Vereinbarung getroffen oder
- der vorzeitige Erbausgleich durch rechtskräftiges Urteil zuerkannt worden ist.

Gem. Art. 225 Abs. 2 EGBGB gelten für Zahlungen, die der Vater dem Kind im Hinblick auf den Erbausgleich geleistet und nicht zurückgefordert hat, die Vorschriften der §§ 2050 Abs. 1, 2051 Abs. 1 und 2315 BGB entsprechend, wenn ein Erbausgleich nicht zustandegekommen ist. Sie müssen bei der Auseinandersetzung mit den anderen Erben berücksichtigt und ggf. ausgeglichen werden. 334

Gem. Art. 235 § 1 Abs. 2 EGBGB gelten für nichteheliche Kinder, die vor dem Beitritt geboren wurden, die §§ 1924 ff. BGB, wenn der Erblasser nach dem Wirksamwerden des Beitritts, aber vor Inkrafttreten dieses Gesetzes gestorben ist.

III.
Praxistip

335 Wie bereits oben ausgeführt, wird durch das ErbGleichG die erbrechtliche Sonderstellung der nichtehelichen Kinder beseitigt. Die Möglichkeit eines vorzeitigen Erbausgleichs gem. §§ 1934a, 1934b und 2383a BGB wurde ersatzlos gestrichen. Von Gesetzes wegen haben somit „nichteheliche" Kinder nicht mehr die Möglichkeit, ab dem 21. Geburtstag vom Vater den vorzeitigen Erbausgleich zu fordern. Je nach der familiären Konstellation kann es aber im Interesse des Vaters bzw. der Restfamilie liegen, mit dem „nichtehelichen" Kind eine gesonderte erbrechtliche Regelung zu treffen. Es bietet sich dann an, diesem Kind eine entsprechende Zuwendung zu machen und sodann Erb- und Pflichtteilsverzicht zu vereinbaren. Auf diese Weise wird eine spätere erbrechtliche Auseinandersetzung mit der Restfamilie vermieden.

Es kann also durchaus interessant sein, auch in Zukunft auf einen „vorzeitigen Erbausgleich" im Rahmen einer vertraglichen Regelung hinzuarbeiten. Auch kann es im Interesse des Kindes liegen, sei es zur Existenz- oder zur Familiengründung, eine vorzeitige Erbabfindung zu erhalten. So gesehen kann das alte Institut des vorzeitigen Erbausgleichs auch in Zukunft als Anregung für vertragliche Gestaltungen dienen.

IV.
Übersicht zum Erbrechtsgleichstellungsgesetz

I. Bisherige Rechtslage

1. Rechtslage vor dem 1. 7. 1970
   Vater und „uneheliches" Kind nicht miteinander verwandt, § 1589 Abs. 2 a. F. BGB, keine wechselseitigen Erb- bzw. Pflichtteilsansprüche

2. Rechtslage vom 1. 7. 1970 bis zum 30. 6. 1998
   a) NEhelG ab 1. 7. 1970
      – Kind und Vater gelten als verwandt; Aufhebung des § 1589 Abs. 2 a. F. BGB

Erbrechtliche Gleichstellung nichtehelicher Kinder   **A**

- Kind heißt „nichtehelich"
- gegenseitige Erbberechtigung, aber
- - Erbersatzanspruch, § 1934 a ff. BGB:
  Geldforderung in Höhe des Wertes des gesetzlichen Erbteils
- - vorzeitiger Erbausgleich, § 1934 d BGB:
  Geldanspruch des nichtehelichen Kindes gegen den Vater

Folge: Kind verliert Erbberechtigung für sich und seine Kinder, § 1934 e BGB

b) Keine Geltung für sog. **Altkinder** (vor dem 1. Juli 1949 geboren) – insoweit keine wechselseitigen Erb- und Pflichtteilsansprüche

c) DDR-Fälle

Geltung der erbrechtlichen Vorschriften, §§ 1924 ff. BGB, auch für nichteheliche vor dem Beitritt, am 3. 10. 1990, geborene Kinder (für diese war zuvor DDR-Erbrecht anwendbar)

II. Neue Rechtslage

1. Wegfall des Erbersatzanspruchs gem. §§ 1934 a ff. BGB und des vorzeitigen Erbausgleichs gem. § 1934 d BGB

   Folge: Völlige Gleichstellung ehelicher und nichehelicher Kinder!

2. Keine Gleichstellung der sog. **Altkinder** (geb. vor dem 1. 7. 1949)

   a) Altkinder werden von der Gleichstellung nicht erfaßt. Weitergeltung des alten Rechts gem. Art. 12, § 10 Abs. 2 NEhelG (kein Verwandtschaftsverhältnis, keine gegenseitigen Erb- und Pflichtteilsansprüche)

   b) **Neuregelung für Altkinder durch das KindRG**

   Neuer § 10a NEhelG: durch notarielle Vereinbarung zwischen Altkind und Vater: Anwendbarkeit des neuen Rechts!

III. Übergangsregelung

Bis zum 1. 4. 1998 geltendes Recht bleibt anwendbar, wenn

- Erblasser vor 1. 4. 1998 verstorben ist oder
- vorzeitiger Erbausgleich wirksam geregelt war.

Kapitel 11
Kindesunterhaltsgesetz

Ursprünglich hatte der Gesetzgeber geplant, gemeinsam mit der Kindschaftsrechtsreform das Gesetz zur Vereinheitlichung des Unterhaltsrechts minderjähriger Kinder (Kindesunterhaltsgesetz – KindUG) zu verabschieden. Dies ist nicht gelungen; mit der Verabschiedung ist jedoch in nächster Zeit zu rechnen. Das KindUG wird – nach augenblicklichem Sachstand – voraussichtlich ebenfalls am 1. 7. 1998 in Kraft treten.   336

Die geplante Neuregelung enthält folgende wesentliche Elemente (Stand bei Redaktionsschluß nach BT-Drucks. 13/7338):

I.
Gleichstellung ehelicher und nichtehelicher Kinder

Auf den Unterhaltsanspruch aller minderjährigen Kinder, unabhängig davon, ob die Eltern verheiratet oder nicht verheiratet sind, sollen die gleichen Regelungen Anwendung finden. Demgemäß werden die bisher geltenden Vorschriften für den Unterhalt nichtehelicher Kinder (§§ 1615a bis 1615k BGB) aufgehoben.   337

II.
Regelunterhalt für alle minderjährigen Kinder

Danach sollen in Zukunft auch Kinder, deren Eltern verheiratet sind, einen Anspruch auf Regelunterhalt im vereinfachten Verfahren geltend machen können.   338

Der Anspruch auf Regelunterhalt setzt lediglich voraus, daß
- das Kind minderjährig ist und
- mit dem Elternteil, gegen den der Anspruch geltend gemacht wird, nicht in einem Haushalt lebt.

Das minderjährige Kind kann das Verfahren so gestalten, daß der Regelunterhalt auch für die Zeit über die Vollendung des 18. Lebensjahres hinaus begehrt wird.

III.
Dynamisierung des Unterhalts

339 Weiter vereinfacht werden soll die Geltendmachung des Unterhaltes durch automatische Dynamisierung. Geplant ist, daß die Regelbeträge kraft Gesetzes automatisch alle zwei Jahre entsprechend der Nettolohnentwicklung angepaßt werden. Im Bundesgesetzblatt sind dann nur noch die neuen Regelbeträge als Ergebnis der gesetzlich vorgegebenen Anpassungsberechnung zu verkünden. Der Tenor einer Entscheidung über den Regelunterhalt wird in Zukunft nur noch dem fortschreitenden Alter des Kindes entsprechend abstrakt nach Altersstufe und anzurechnenden kindesbezogenen Leistungen festgelegt werden. Eine Abänderungsklage ist dann nur noch bei veränderten Umständen außerhalb der allgemeinen Einkommensentwicklung erforderlich.

Weiterhin ist vorgesehen, daß der Individualunterhalt, der neben dem Regelunterhalt für alle Kinder möglich sein soll, im Verhältnis zum Regelunterhalt beantragt wird (z. B. Regelunterhalt plus 20 %). Durch die Anknüpfung an den Regelunterhalt dynamisiert sich auch der Individualunterhalt.

IV.
Volljährige Kinder bis zur Vollendung des 21. Lebensjahres

340 Nach der Neuregelung sollen die Voraussetzungen des Unterhaltsanspruchs bis zur Vollendung des 21. Lebensjahres des Kindes der Rechtslage für minderjährige Kinder angeglichen werden. Das bedeutet im einzelnen, daß der verminderte Selbstbehalt (= notwendiger Selbstbehalt nach der Düsseldorfer Tabelle) und die gesteigerte Unterhaltspflicht bestehen bleiben, bis die Kinder das 21. Lebensjahr vollendet haben. Das gleiche gilt für das Rangverhältnis, das nach dem Entwurf auch bis zur Vollendung des 21. Lebensjahres gelten soll. Die Kinder zwischen dem 18. und dem 21. Lebensjahr sind jedoch den minderjährigen nur dann gleichgestellt, solange sie im Haushalt der Eltern oder eines Elternteiles leben und sich noch in der allgemeinen Schulausbildung befinden.

V.
Unterhalt für die Vergangenheit

Gesetzlich normiert werden soll beim **Unterhalt für die Vergangenheit**, daß die Zahlungspflicht ab Aufforderung zur Auskunftserteilung besteht und nicht erst, wie im derzeitigen Recht, bei Inverzugsetzung. 341

Zu beachten ist jedoch, daß nach BGH-Rechtsprechung auch heute schon im Wege der sogenannten **Stufenmahnung** der Unterhaltspflichtige per Auskunftsaufforderung in Verzug gesetzt werden kann. Er muß aufgefordert werden, Auskunft über sein Einkommen zu erteilen und den sich aus der Auskunft ergebenden Unterhalt zu bezahlen. Außerdem soll der Unterhalt auch für einen Zeitraum geltend gemacht werden können, in dem der Berechtigte aus rechtlichen oder aus tatsächlichen Gründen, die im Verantwortungsbereich des Verpflichteten lagen, an der Geltendmachung seiner Ansprüche gehindert war. Hiermit werden die Fälle erfaßt, in denen die Vaterschaft noch nicht feststeht oder sich der Verpflichtete entzieht, indem er unbekannten Aufenthalts ist.

VI.
Ausweitung des Auskunftsrechts

Nach der geplanten Neuregelung des § 643 Abs. 1 ZPO-E soll das Gericht die Befugnis erhalten, von beiden Parteien, dem Unterhaltsverpflichteten und dem Unterhaltsberechtigten, für alle Angaben, die zur Bemessung des Unterhalts erforderlich sind, Belege anzufordern. 342

Desweiteren erhält das Gericht nach der künftigen Vorschrift des § 643 Abs. 2 ZPO-E für den Fall unvollständiger oder nicht erteilter Auskunft sowie nicht oder unvollständig vorgelegter Belege die Befugnis, Auskünfte von bestimmten Dritten über die für die Unterhaltsbemessung maßgebenden Tatsachen einzuholen. Hierbei handelt es sich insbesondere um den Arbeitgeber, die Sozialleistungsträger, Versicherungsunternehmen, das Finanzamt sowie die Träger der Sozialhilfe.

VII.
Vereinfachtes Verfahren über den Regelunterhalt

Künftig steht das Regelunterhaltssystem auch ehelichen Kindern zur Verfügung. Danach kann der Regelunterhalt im vereinfachten Beschlußverfahren durch den Rechtspfleger festgesetzt werden (vgl. im einzelnen Schwolow FuR 1997, 4). 343

Kapitel 12
Anmerkungen zur Arbeit von Rechtsanwälten in Familiensachen

I.
Einvernehmliche Scheidung

Das Gesetz (§§ 1566 BGB und 630 ZPO) stellt das Leitbild der einvernehmlichen Scheidung in den Vordergrund. Zur einvernehmlichen Scheidung gehört die Einigung der Ehegatten über die verschiedenen Scheidungsfolgen. Dieses Leitbild der Scheidung ist in der Öffentlichkeit und in den Medien leider noch zu wenig vorherrschend. Hier dominiert immer noch die Vorstellung, Scheidung bedeutet lange dauernde persönliche und gerichtliche Auseinandersetzungen, die Lösung der Konflikte mit Hilfe von Rechtsanwälten und Richtern.

344

Die Scheidungsforschung hat erwiesen, daß jahrelange Streitigkeiten der Eltern die Entwicklung der Kinder in der Regel beeinträchtigen. Die Konsequenzen für die Arbeitsweise des Anwalts liegen auf der Hand.

II.
Das Interesse des Scheidungsmandanten – das Familiensystem

Gem. § 43a Abs. 4 BRAO ist es dem Rechtsanwalt untersagt, widerstreitende Interessen zu vertreten. Was ist aber das Interesse des Scheidungsmandanten? Ist sein Interesse nur darauf gerichtet, auf Kosten des anderen Ehegatten finanziell gut wegzukommen? Sind nicht jede Mutter und jeder Vater weit mehr daran interessiert, daß das Wohl der Kinder trotz Trennung und Scheidung nicht beeinträchtigt wird?

345

Wer häufiger Familiensachen bearbeitet, wird aus der Lektüre der einschlägigen Literatur bzw. aus eigener Erfahrung wissen, daß die Familie als ein System verstanden wird. Die einzelnen Familienmitglieder, ihr seelisches und körperliches Wohl hängen voneinander ab.

346 Ein System ist auch der Scheidungsverbund. Die einzelnen Folgesachen hängen zusammen. Dies bedeutet: Jede Maßnahme einer Stelle kann Folgen auf einem anderen Gebiet auslösen. So hat das Eintreten des Anwalts für finanzielle Interessen des Mandanten möglicherweise Konsequenzen in anderen Bereichen, insbesondere Konsequenzen für das Wohl der Kinder. Es ist deshalb wichtig, mit dem Mandanten zu erarbeiten, wie die Situation der betreffenden Scheidungsfamilie konkret aussieht und welches sein „wahres Interesse" ist.

III.
Wege zur einvernehmlichen Scheidung

347 In den letzten Jahren tritt in einer Vielzahl von Veröffentlichungen immer stärker das Konzept der Mediation in den Vordergrund. Wenn geeignete Mediatoren zur Verfügung stehen und die Parteien diesen Weg gehen wollen, ist Mediation sicher bei einem Teil der Ehescheidungen der geeignete Weg. Wer keinen Mediator kennt, kann sich an folgende Adresse wenden: Bundesarbeitsgemeinschaft für Familien-Mediation e.V., Haspelstraße 24, 35037 Marburg.

Die Philosophie der Mediation ist in Familiensachen in ganz besonderem Maß angemessen: Es soll keine Sieger oder Verlierer geben; es sollen auf der Grundlage ehrlicher Auskünfte unter vorrangiger Mitwirkung der Ehegatten Lösungen erarbeitet werden, die von beiden Parteien als fair empfunden werden und mit denen die Familie nach der Scheidung leben kann.

Die Lösungen sollen den konkreten Interessen und den individuellen Bedürfnissen der Ehegatten und der Familie gerecht werden. Interessierten Mandanten empfehle ich die Lektüre des Buchs „Scheidung ohne Richter – neue Lösungen für Trennungskonflikte" von Krabbe (Rowohlt-Taschenbuch).

348 Die gleichen Grundsätze für das Verfahren und die Inhalte gelten auch, wenn eine einvernehmliche Scheidung mit Hilfe von Rechtsanwälten erarbeitet wird. Zwar wirken auch Familienrichter, Notare und das Jugendamt häufig bei der Erarbeitung von Scheidungsvereinbarungen mit. Die wesentliche Rolle für die erfolgreiche Lösung der Scheidungsprobleme spielen gleichwohl erfahrungsgemäß die Rechtsanwälte.

IV.
Anwaltsstil in Familiensachen

Um Vertragsverhandlungen mit der anderen Seite und den „gegnerischen" Kollegen erfolgreich zu führen, sind ein angemessener, moderater Anwaltsstil, die Bereitschaft zur Kooperation und Verhandlungsgeschick erforderlich. Hierzu sind in jüngster Zeit zwei Bücher erschienen, auf die an dieser Stelle hingewiesen werden soll: Ponschab, „Kooperation statt Konfrontation – Neue Wege anwaltlichen Verhandelns" und Heussen (Hrsg.), „Handbuch Vertragsverhandlungen/Vertragsmanagement". Es wird deutlich, daß nicht nur in Familiensachen, sondern ganz allgemein das Leitbild der anwaltlichen Berufsausübung in einer starken Umwandlung begriffen ist. **349**

Jeder Anwalt, der an einigen länger dauernden strittigen Sorgerechtsverfahren beteiligt war, hat die Erfahrung gemacht, wie belastend diese Form der Auseinandersetzung für das beteiligte Ehepaar und möglicherweise auch für ihn selbst war. Zu diesem Thema gibt es eine Untersuchung „Position und Verhalten des Rechtsanwalts in strittigen Sorgerechtsverfahren" von Annika Schmid, herausgegeben vom „Verein Humane Trennung und Scheidung e.V.-VHTS", Schneppenhorstweg 5, 13627 Berlin. Anhand empirischer Untersuchungen ist dargelegt, welche Auswirkungen auf die beteiligten Ehegatten ein Anwaltsstil hat, der darauf abzielt, beim Streit um die elterliche Sorge und den Umgang die gegnerische Partei in ihrer Erziehungsfähigkeit herabzusetzen. Die Lektüre dieser kurzen Broschüre kann jedem Anwalt empfohlen werden, dem daran liegt, dem wohlverstandenen Interesse seines Mandanten und dessen Familie nicht zu schaden. **350**

V.
Berücksichtigung der Kinder bei Trennung und Scheidung

Wichtig ist es, mit den Mandanten darüber zu sprechen, daß sie auch bei Trennung und Scheidung auf der Paarebene weiter gemeinsam die elterliche Verantwortung zu tragen haben. **351**

Um die Eltern hierfür zu sensibilisieren, erhalten sie von mir die Broschüre von Lederle u. a. „Eltern bleiben Eltern – Hilfe für Kinder bei Trennung und Scheidung", die die Deutsche Arbeitsgemeinschaft für Jugend- und Eheberatung e. V., Neumarkter Straße 84c, 81673 München, im Auftrag des Bundesfamilienministeriums herausgegeben hat und die kostenlos bezogen werden kann.

Darüber hinaus ist für die Mandanten empfehlenswert das Buch von Leinhofer „Glückliche Kinder trotz Trennung der Eltern" (mvg-Moderne Verlagsgesellschaft mbH, München). In diesem Buch wird eindringlich dargestellt, wie Eltern helfen können, ihr Kind in dieser Lebenskrise zu stützen, und wie die Trennung zu einem Neubeginn für Eltern und Kinder werden kann.

VI.
Kampf um die elterliche Sorge nach dem KindRG?

352 Wenn nach Inkrafttreten des KindRG der Mandant um die elterliche Sorge „kämpfen" will, sollten folgende Fragen überlegt werden:
– Besteht überhaupt eine Chance, daß die gemeinsame Sorge aufgehoben und ganz oder teilweise auf den Mandanten übertragen wird?
– Lassen sich die Anliegen des Mandanten nicht auf andere Weise erreichen, insbesondere auch durch Beratung gem. § 17 SGB VIII durch das Jugendamt, eine Scheidungsberatungsstelle oder durch Mediation?
– Welches ist die Lösung, die dem Wohl des Kindes am besten dient?

Bevor eine streitige Auseinandersetzung um den Aufenthalt begonnen wird, also um die Frage, bei welchem Elternteil das Kind leben soll, welcher Elternteil für die Erziehung der „besser" Geeignete ist, sollte also das Für und Wider, sollten insbesondere Chancen und Auswirkungen einer solchen Auseinandersetzung überlegt werden. Nachdem die Frage der elterlichen Sorge nicht mehr mit der Scheidung in Verbindung steht, ist die Scheidung jedenfalls kein Grund mehr, eine Sorgeregelung zu beantragen.

353 Oft wird während des gerichtlichen Sorgerechtsstreits der persönliche Umgang des Mandanten mit dem Kind vernachlässigt oder beeinträchtigt, da das Augenmerk zu sehr auf den Konflikt um die elterliche Sorge gerichtet wird. Nach längeren Auseinandersetzungen um die elterliche Sorge, nimmt jedenfalls meist die Beziehung des „Verlierers" zum Kind Schaden.

Im übrigen sollte beachtet werden: Wenn schon zwischen der Erziehungsfähigkeit der beiden Eltern ein Vergleich angestellt werden muß, sollte der andere Ehegatte nicht unnötig herabgesetzt werden. Jugendämter und Sachverständige attestieren in der Regel auch dem anderen Ehegatten, daß er gut zur Erziehung geeignet ist. Es reicht wohl aus, den eigenen Mandanten als den „besseren" Erzieher darzustellen.

Bereits durch das Kinder- und Jugendhilfegesetz hat der Gesetzgeber 1990 in den §§ 17 und 18 KJHG gewissermaßen im Vorgriff auf die Kindschaftsrechtsreform das Leitbild der „dem Kindeswohl förderlichen Wahrnehmung der elterlichen Verantwortung" formuliert. Die Eltern sollen „dabei unterstützt werden, ein einvernehmliches Konzept für die Wahrnehmung der elterlichen Sorge zu entwickeln." **354**

Das Leitbild des KindRG ist es, die elterliche Sorge soweit wie möglich bei beiden Eltern zu belassen bzw. allenfalls teilweise Rechte zu entziehen, wenn dies die beste Lösung für das Kind ist.

Maßstab ist stets eine zukunftsorientierte Sichtweise: Demgemäß heißt es wörtlich in § 1671 BGB: **355**

Dem Antrag ist stattzugeben, „soweit ... zu erwarten ist, daß die Aufhebung der gemeinsamen Sorge und die Übertragung auf den Antragsteller dem Wohl des Kindes am besten entspricht."

Es geht also um Regelungen und Lösungen, die sich für die Zukunft der Kinder und der betreffenden Familie positiv auswirken. Gemeinsam mit dem Mandanten solche Lösungen zu erarbeiten und seiner Familie in der Scheidungskrise zu helfen, ist eine Form der Ausübung des Anwaltsberufs, die wesentlich mehr Befriedigung verschafft als zahlreiche gewonnene Prozesse.

Teil B
Gesetzesänderungen[1])

I.
Bürgerliches Gesetzbuch

– Auszug –

VIERTES BUCH
Familienrecht

ERSTER ABSCHNITT
Bürgerliche Ehe

Fünfter Titel
Wirkungen der Ehe im allgemeinen

§ 1355

(1) Die Ehegatten sollen einen gemeinsamen Familiennamen (Ehenamen) bestimmen. Die Ehegatten führen den von ihnen bestimmten Ehenamen. Bestimmen die Ehegatten keinen Ehenamen, so führen sie ihren zur Zeit der Eheschließung geführten Namen auch nach der Eheschließung.

(2) Zum Ehenamen können die Ehegatten durch Erklärung gegenüber dem Standesbeamten den Geburtsnamen des Mannes oder den Geburtsnamen der Frau bestimmen.

(3) *Die Erklärung über die Bestimmung des Ehenamens soll bei der Eheschließung erfolgen. Wird die Erklärung später abgegeben, so muß sie öffentlich beglaubigt werden.*

. . .

---

[1] Die Änderungen treten, soweit nicht anders angegeben, zum 1. Juli 1998 in Kraft.

Sechster Titel
Eheliches Güterrecht

I. Gesetzliches Güterrecht

§ 1371[1]

(1) Wird der Güterstand durch den Tod eines Ehegatten beendet, so wird der Ausgleich des Zugewinns dadurch verwirklicht, daß sich der gesetzliche Erbteil des überlebenden Ehegatten um ein Viertel der Erbschaft erhöht; hierbei ist unerheblich, ob die Ehegatten im einzelnen Fall einen Zugewinn erzielt haben.

...

(4) Sind erbberechtigte Abkömmlinge des verstorbenen Ehegatten, welche nicht aus der durch den Tod des Ehegatten aufgelösten Ehe stammen, ~~oder erbersatzberechtigte Abkömmlinge~~ vorhanden, so ist der überlebende Ehegatte verpflichtet, diesen Abkömmlingen, wenn und soweit sie dessen bedürfen, die Mittel zu einer angemessenen Ausbildung aus dem nach Absatz 1 zusätzlich gewährten Viertel zu gewähren.

ZWEITER ABSCHNITT
Verwandtschaft

Zweiter Titel
Abstammung

§ 1591

Mutter eines Kindes ist die Frau, die es geboren hat.

§ 1592

Vater eines Kindes ist der Mann,
1. *der zum Zeitpunkt der Geburt mit der Mutter des Kindes verheiratet ist,*
2. *der die Vaterschaft anerkannt hat oder*
3. *dessen Vaterschaft nach § 1600 d gerichtlich festgestellt ist.*

---

[1] Änderung durch ErbGleichG; in Kraft ab 1. April 1998.

§ 1593

(1) § 1592 Nr. 1 gilt entsprechend, wenn die Ehe durch Tod aufgelöst wurde und innerhalb von dreihundert Tagen nach der Auflösung ein Kind geboren wird. Steht fest, daß das Kind mehr als dreihundert Tage vor seiner Geburt empfangen wurde, so ist dieser Zeitraum maßgebend. Wird von einer Frau, die eine weitere Ehe geschlossen hat, ein Kind geboren, das sowohl nach den Sätzen 1 und 2 Kind des früheren Ehemannes als auch nach § 1592 Nr. 1 Kind des neuen Ehemannes wäre, so ist es nur als Kind des neuen Ehemannes anzusehen. Wird die Vaterschaft angefochten und wird rechtskräftig festgestellt, daß der neue Ehemann nicht Vater des Kindes ist, so ist es Kind des früheren Ehemannes.

(2) § 1592 Nr. 1 gilt auch, wenn die Ehe später für nichtig erklärt wird.

§ 1594

(1) Die Rechtswirkungen der Anerkennung können, soweit sich nicht aus dem Gesetz anderes ergibt, erst von dem Zeitpunkt an geltend gemacht werden, zu dem die Anerkennung wirksam wird.

(2) Eine Anerkennung der Vaterschaft ist nicht wirksam, solange die Vaterschaft eines anderen Mannes besteht.

(3) Eine Anerkennung unter einer Bedingung oder Zeitbestimmung ist unwirksam.

(4) Die Anerkennung ist schon vor der Geburt des Kindes zulässig.

§ 1595

(1) Die Anerkennung bedarf der Zustimmung der Mutter.

(2) Die Anerkennung bedarf auch der Zustimmung des Kindes, wenn der Mutter insoweit die elterliche Sorge nicht zusteht.

(3) Für die Zustimmung gilt § 1594 Abs. 3 und 4 entsprechend.

§ 1596

(1) Wer in der Geschäftsfähigkeit beschränkt ist, kann nur selbst anerkennen. Die Zustimmung des gesetzlichen Vertreters ist erforderlich. Für einen Geschäftsunfähigen kann der gesetzliche Vertreter mit Genehmigung des Vormundschaftsgerichts anerkennen. Für die Zustimmung der Mutter gelten die Sätze 1 und 2 entsprechend.

B Gesetzesänderungen

(2) Für ein Kind, das geschäftsunfähig oder noch nicht vierzehn Jahre alt ist, kann nur der gesetzliche Vertreter der Anerkennung zustimmen. Im übrigen kann ein Kind, das in der Geschäftsfähigkeit beschränkt ist, nur selbst zustimmen; es bedarf hierzu der Zustimmung des gesetzlichen Vertreters.

(3) Ein geschäftsfähiger Betreuter kann nur selbst anerkennen oder zustimmen; § 1903 bleibt unberührt.

(4) Anerkennung und Zustimmung können nicht durch einen Bevollmächtigten erklärt werden.

§ 1597

(1) Anerkennung und Zustimmung müssen öffentlich beurkundet werden.

(2) Beglaubigte Abschriften der Anerkennung und aller Erklärungen, die für die Wirksamkeit der Anerkennung bedeutsam sind, sind dem Vater, der Mutter und dem Kind sowie dem Standesbeamten zu übersenden.

(3) Der Mann kann die Anerkennung widerrufen, wenn sie ein Jahr nach der Beurkundung noch nicht wirksam geworden ist. Für den Widerruf gelten die Absätze 1 und 2 sowie § 1594 Abs. 3 und § 1596 Abs. 1, 3 und 4 entsprechend.

§ 1598

(1) Anerkennung, Zustimmung und Widerruf sind nur unwirksam, wenn sie den Erfordernissen der vorstehenden Vorschriften nicht genügen.

(2) Sind seit der Eintragung in ein deutsches Personenstandsbuch fünf Jahre verstrichen, so ist die Anerkennung wirksam, auch wenn sie den Erfordernissen der vorstehenden Vorschriften nicht genügt.

§ 1599

(1) § 1592 Nr. 1 und 2 und § 1593 gelten nicht, wenn auf Grund einer Anfechtung rechtskräftig festgestellt ist, daß der Mann nicht der Vater des Kindes ist.

(2) § 1592 Nr. 1 und § 1593 gelten auch nicht, wenn das Kind nach Anhängigkeit eines Scheidungsantrags geboren wird und ein Dritter spätestens bis zum Ablauf eines Jahres nach Rechtskraft des dem Scheidungsantrag stattgebenden Urteils die Vaterschaft anerkennt; § 1594 Abs. 2 ist nicht anzuwenden. Neben den nach den §§ 1595 und 1596 notwendigen Erklärungen bedarf die Anerkennung der Zustimmung des Mannes, der im Zeitpunkt der Geburt mit der Mutter

des Kindes verheiratet ist; für diese Zustimmung gelten § 1594 Abs. 3 und 4, § 1596 Abs. 1 Satz 1 bis 3, Abs. 3 und 4, § 1597 Abs. 1 und 2, § 1598 Abs. 1 entsprechend. Die Anerkennung wird frühestens mit Rechtskraft des dem Scheidungsantrag stattgebenden Urteils wirksam.

§ 1600

Berechtigt, die Vaterschaft anzufechten, sind der Mann, dessen Vaterschaft nach § 1592 Nr. 1 und 2, § 1593 besteht, die Mutter und das Kind.

§ 1600 a

(1) Die Anfechtung kann nicht durch einen Bevollmächtigten erfolgen.

(2) Der Mann, dessen Vaterschaft nach § 1592 Nr. 1 und 2, § 1593 besteht, und die Mutter können die Vaterschaft nur selbst anfechten. Dies gilt auch, wenn sie in der Geschäftsfähigkeit beschränkt sind; sie bedürfen hierzu nicht der Zustimmung ihres gesetzlichen Vertreters. Sind sie geschäftsunfähig, so kann nur ihr gesetzlicher Vertreter anfechten.

(3) Für ein geschäftsunfähiges oder in der Geschäftsfähigkeit beschränktes Kind kann nur der gesetzliche Vertreter anfechten.

(4) Die Anfechtung durch den gesetzlichen Vertreter ist nur zulässig, wenn sie dem Wohl des Vertretenen dient.

(5) Ein geschäftsfähiger Betreuter kann die Vaterschaft nur selbst anfechten.

§ 1600 b

(1) Die Vaterschaft kann binnen zwei Jahren gerichtlich angefochten werden. Die Frist beginnt mit dem Zeitpunkt, in dem der Berechtigte von den Umständen erfährt, die gegen die Vaterschaft sprechen.

(2) Die Frist beginnt nicht vor der Geburt des Kindes und nicht, bevor die Anerkennung wirksam geworden ist. In den Fällen des § 1593 Abs. 1 Satz 4 beginnt die Frist nicht vor der Rechtskraft der Entscheidung, durch die festgestellt wird, daß der neue Ehemann der Mutter nicht der Vater des Kindes ist.

(3) Hat der gesetzliche Vertreter eines minderjährigen Kindes die Vaterschaft nicht rechtzeitig angefochten, so kann das Kind nach dem Eintritt der Volljährigkeit selbst anfechten. In diesem Fall beginnt die Frist nicht vor Eintritt der Volljährigkeit und nicht vor dem Zeitpunkt, in dem das Kind von den Umständen erfährt, die gegen die Vaterschaft sprechen.

B   Gesetzesänderungen

(4) Hat der gesetzliche Vertreter eines Geschäftsunfähigen die Vaterschaft nicht rechtzeitig angefochten, so kann der Anfechtungsberechtigte nach dem Wegfall der Geschäftsunfähigkeit selbst anfechten. Absatz 3 Satz 2 gilt entsprechend.

(5) Erlangt das Kind Kenntnis von Umständen, auf Grund derer die Folgen der Vaterschaft für es unzumutbar werden, so beginnt für das Kind mit diesem Zeitpunkt die Frist des Absatzes 1 Satz 1 erneut.

(6) Der Fristablauf ist gehemmt, solange der Anfechtungsberechtigte widerrechtlich durch Drohung an der Anfechtung gehindert wird. Im übrigen sind die für die Verjährung geltenden Vorschriften der §§ 203, 206 entsprechend anzuwenden.

§ 1600 c

(1) In dem Verfahren auf Anfechtung der Vaterschaft wird vermutet, daß das Kind von dem Mann abstammt, dessen Vaterschaft nach § 1592 Nr. 1 und 2, § 1593 besteht.

(2) Die Vermutung nach Absatz 1 gilt nicht, wenn der Mann, der die Vaterschaft anerkannt hat, die Vaterschaft anficht und seine Anerkennung unter einem Willensmangel nach § 119 Abs. 1, § 123 leidet; in diesem Fall ist § 1600 d Abs. 2 und 3 entsprechend anzuwenden.

§ 1600 d

(1) Besteht keine Vaterschaft nach § 1592 Nr. 1 und 2, § 1593, so ist die Vaterschaft gerichtlich festzustellen.

(2) Im Verfahren auf gerichtliche Feststellung der Vaterschaft wird als Vater vermutet, wer der Mutter während der Empfängniszeit beigewohnt hat. Die Vermutung gilt nicht, wenn schwerwiegende Zweifel an der Vaterschaft bestehen.

(3) Als Empfängniszeit gilt die Zeit von dem dreihundertsten bis zu dem einhunderteinundachtzigsten Tage vor der Geburt des Kindes, mit Einschluß sowohl des dreihundertsten als auch des einhunderteinundachtzigsten Tages. Steht fest, daß das Kind außerhalb des Zeitraums des Satzes 1 empfangen worden ist, so gilt dieser abweichende Zeitraum als Empfängniszeit.

(4) Die Rechtswirkungen der Vaterschaft können, soweit sich nicht aus dem Gesetz anderes ergibt, erst vom Zeitpunkt ihrer Feststellung an geltend gemacht werden.

§ 1600 e

(1) Auf Klage des Mannes gegen das Kind oder auf Klage der Mutter oder des Kindes gegen den Mann entscheidet das Familiengericht über die Feststellung oder Anfechtung der Vaterschaft.

(2) Ist die Person, gegen die die Klage zu richten wäre, verstorben, so entscheidet das Familiengericht auf Antrag der Person, die nach Absatz 1 klagebefugt wäre.

§§ 1600 f bis 1600 o

gegenstandslos

Dritter Titel
Unterhaltspflicht

I. Allgemeine Vorschriften

§ 1610

(1) Das Maß des zu gewährenden Unterhalts bestimmt sich nach der Lebensstellung des Bedürftigen (angemessener Unterhalt).

(2) Der Unterhalt umfaßt den gesamten Lebensbedarf einschließlich der Kosten einer angemessenen Vorbildung zu einem Beruf, bei einer der Erziehung bedürftigen Person auch die Kosten der Erziehung.

(3) Verlangt ein ~~eheliches~~ Kind, das in den Haushalt eines geschiedenen Elternteils aufgenommen ist, von dem anderen Elternteil Unterhalt, so gilt als Bedarf des Kindes bis zur Vollendung des achtzehnten Lebensjahres mindestens der *auf der Grundlage des § 1615f für ein* Kind der entsprechenden Altersstufe festgesetzte Regelbedarf. Satz 1 ist entsprechend anzuwenden, wenn die Eltern nicht nur vorübergehend getrennt leben oder ihre Ehe für nichtig erklärt worden ist.

II. *Besondere Vorschriften für das Kind und seine nicht miteinander verheirateten Eltern*

§ 1615 a

Besteht für ein Kind keine Vaterschaft nach § 1592 Nr. 1, § 1593 und haben die Eltern das Kind auch nicht während ihrer Ehe gezeugt oder nach seiner Geburt die Ehe miteinander geschlossen, gelten die allgemeinen Vorschriften, soweit sich nicht anderes aus den folgenden Vorschriften ergibt.

B Gesetzesänderungen

§ 1615 l

(1) Der Vater hat der Mutter für die Dauer von sechs Wochen vor und acht Wochen nach der Geburt des Kindes Unterhalt zu gewähren.

(2) Soweit die Mutter einer Erwerbstätigkeit nicht nachgeht, weil sie infolge der Schwangerschaft oder einer durch die Schwangerschaft oder die Entbindung verursachten Krankheit dazu außerstande ist, ist der Vater verpflichtet, ihr über die in Absatz 1 bezeichnete Zeit hinaus Unterhalt zu gewähren. Das gleiche gilt, soweit von der Mutter wegen der Pflege oder Erziehung des Kindes eine Erwerbstätigkeit nicht erwartet werden kann. *Die Unterhaltspflicht beginnt frühestens vier Monate vor der Geburt; sie endet drei Jahre nach der Geburt, sofern es nicht insbesondere unter Berücksichtigung der Belange des Kindes grob unbillig wäre, einen Unterhaltsanspruch nach Ablauf dieser Frist zu versagen.*

(3) Die Vorschriften über die Unterhaltspflicht zwischen Verwandten sind entsprechend anzuwenden. Die Verpflichtung des Vaters geht der Verpflichtung der Verwandten der Mutter vor. Die Ehefrau und minderjährige unverheiratete Kinder des Vaters gehen bei Anwendung des § 1609 der Mutter vor; die Mutter geht den übrigen Verwandten des Vaters vor. § 1613 Abs. 2, § 1615 d und § 1615 i Abs. 1, 3 gelten entsprechend. Der Anspruch erlischt nicht mit dem Tode des Vaters.

(4) Der Anspruch verjährt in vier Jahren. Die Verjährung beginnt, soweit sie nicht gehemmt oder unterbrochen ist, mit dem Schluß des auf die Entbindung folgenden Jahres.

(5) *Wenn der Vater das Kind betreut, steht ihm der Anpruch nach Absatz 2 Satz 2 gegen die Mutter zu. In diesem Fall gelten die Absätze 3 und 4 entsprechend.*

§ 1615 o

(1) Auf Antrag des Kindes kann durch einstweilige Verfügung angeordnet werden, daß der Mann, der die Vaterschaft anerkannt hat oder der nach § 1600 d Abs. 2 als Vater vermutet wird, den für die ersten drei Monate dem Kinde zu gewährenden Unterhalt zu zahlen hat. Der Antrag kann bereits vor der Geburt des Kindes durch die Mutter oder einen für die Leibesfrucht bestellten Pfleger gestellt werden; in diesem Falle kann angeordnet werden, daß der erforderliche Betrag angemessene Zeit vor der Geburt zu hinterlegen ist.

(2) *Auf Antrag der Mutter kann durch einstweilige Verfügung angeordnet werden, daß der Mann, der die Vaterschaft anerkannt hat oder der nach § 1600 d*

Abs. 2 als Vater vermutet wird, die nach § 1615 k und die nach § 1615 l für die ersten drei Monate nach der Geburt des Kindes voraussichtlich zu leistenden Beträge an die Mutter zu zahlen hat; auch kann die Hinterlegung eines angemessenen Betrages angeordnet werden.

(3) Eine Gefährdung des Anspruchs braucht nicht glaubhaft gemacht zu werden.

Vierter Titel
Rechtsverhältnis zwischen den Eltern und dem Kinde im allgemeinen

§ 1616

Das Kind erhält den Ehenamen seiner Eltern als Geburtsnamen.

§ 1617

(1) Führen die Eltern keinen Ehenamen und steht ihnen die Sorge gemeinsam zu, so bestimmen sie durch Erklärung gegenüber dem Standesbeamten den Namen, den der Vater oder die Mutter zur Zeit der Erklärung führt, zum Geburtsnamen des Kindes. Eine nach der Beurkundung der Geburt abgegebene Erklärung muß öffentlich beglaubigt werden. Die Bestimmung der Eltern gilt auch für ihre weiteren Kinder.

(2) Treffen die Eltern binnen eines Monats nach der Geburt des Kindes keine Bestimmung, überträgt das Familiengericht das Bestimmungsrecht einem Elternteil. Absatz 1 gilt entsprechend. Das Gericht kann dem Elternteil für die Ausübung des Bestimmungsrechts eine Frist setzen. Ist nach Ablauf der Frist das Bestimmungsrecht nicht ausgeübt worden, so erhält das Kind den Namen des Elternteils, dem das Bestimmungsrecht übertragen ist.

(3) Ist ein Kind nicht im Inland geboren, so überträgt das Gericht einem Elternteil das Bestimmungsrecht nach Absatz 2 nur dann, wenn ein Elternteil oder das Kind dies beantragt oder die Eintragung des Namens des Kindes in ein deutsches Personenstandsbuch oder in ein amtliches deutsches Identitätspapier erforderlich wird.

§ 1617 a

(1) Führen die Eltern keinen Ehenamen und steht die elterliche Sorge nur einem Elternteil zu, so erhält das Kind den Namen, den dieser Elternteil im Zeitpunkt der Geburt des Kindes führt.

(2) Der Elternteil, dem die elterliche Sorge für ein unverheiratetes Kind allein zusteht, kann dem Kind durch Erklärung gegenüber dem Standesbeamten den Namen des anderen Elternteils erteilen. Die Erteilung des Namens bedarf der Einwilligung des anderen Elternteils und, wenn das Kind das fünfte Lebensjahr vollendet hat, auch der Einwilligung des Kindes. Die Erklärungen müssen öffentlich beglaubigt werden. Für die Einwilligung des Kindes gilt § 1617 c Abs. 1 entsprechend.

§ 1617 b

(1) Wird eine gemeinsame Sorge der Eltern erst begründet, wenn das Kind bereits einen Namen führt, so kann der Name des Kindes binnen drei Monaten nach der Begründung der gemeinsamen Sorge neu bestimmt werden. Die Frist endet, wenn ein Elternteil bei Begründung der gemeinsamen Sorge seinen gewöhnlichen Aufenthalt nicht im Inland hat, nicht vor Ablauf eines Monats nach Rückkehr in das Inland. Hat das Kind das fünfte Lebensjahr vollendet, so ist die Bestimmung nur wirksam, wenn es sich der Bestimmung anschließt. § 1617 Abs. 1 und § 1617 c Abs. 1 Satz 2 und 3 und Abs. 3 gelten entsprechend.

(2) Wird rechtskräftig festgestellt, daß ein Mann, dessen Familienname Geburtsname des Kindes geworden ist, nicht der Vater des Kindes ist, so erhält das Kind auf seinen Antrag oder, wenn das Kind das fünfte Lebensjahr noch nicht vollendet hat, auch auf Antrag des Mannes den Namen, den die Mutter im Zeitpunkt der Geburt des Kindes führt, als Geburtsnamen. Der Antrag erfolgt durch Erklärung gegenüber dem Standesbeamten, die öffentlich beglaubigt werden muß. Für den Antrag des Kindes gilt § 1617 c Abs. 1 Satz 2 und 3 entsprechend.

§ 1617 c

(1) Bestimmen die Eltern einen Ehenamen, nachdem das Kind das fünfte Lebensjahr vollendet hat, so erstreckt sich der Ehename auf den Geburtsnamen des Kindes nur dann, wenn es sich der Namensgebung anschließt. Ein in der Geschäftsfähigkeit beschränktes Kind, welches das vierzehnte Lebensjahr vollendet hat, kann die Erklärung nur selbst abgeben; es bedarf hierzu der Zustimmung seines gesetzlichen Vertreters. Die Erklärung ist gegenüber dem Standesbeamten abzugeben; sie muß öffentlich beglaubigt werden.

(2) Absatz 1 gilt entsprechend,

1. wenn sich der Ehename, der Geburtsname eines Kindes geworden ist, ändert oder

2. wenn sich in den Fällen der §§ 1617, 1617a und 1617 b der Familienname eines Elternteils, der Geburtsname eines Kindes geworden ist, auf andere Weise als durch Eheschließung ändert.

(3) Eine Änderung des Geburtsnamens erstreckt sich auf den Ehenamen des Kindes nur dann, wenn sich auch der Ehegatte der Namensänderung anschließt; Absatz 1 Satz 3 gilt entsprechend.

§ 1618

Der Elternteil, dem die elterliche Sorge für ein unverheiratetes Kind allein zusteht, und sein Ehegatte, der nicht Elternteil des Kindes ist, können dem Kind durch Erklärung gegenüber dem Standesbeamten ihren Ehenamen erteilen. Sie können diesen Namen auch dem von dem Kind zur Zeit der Erklärung geführten Namen voranstellen oder anfügen; ein bereits zuvor nach Halbsatz 1 vorangestellter oder angefügter Ehename entfällt. Die Erteilung, Voranstellung oder Anfügung des Namens bedarf, wenn das Kind den Namen des anderen Elternteils führt, der Einwilligung des anderen Elternteils und, wenn das Kind das fünfte Lebensjahr vollendet hat, auch der Einwilligung des Kindes. Das Familiengericht kann die Einwilligung des anderen Elternteils ersetzen, wenn die Erteilung, Voranstellung oder Anfügung des Namens zum Wohl des Kindes erforderlich ist. Die Erklärungen müssen öffentlich beglaubigt werden. § 1617 c gilt entsprechend.

Fünfter Titel
Elterliche Sorge

§ 1626

(1) *Die Eltern haben die Pflicht und das Recht*, für das minderjährige Kind zu sorgen (elterliche Sorge). Die elterliche Sorge umfaßt die Sorge für die Person des Kindes (Personensorge) und das Vermögen des Kindes (Vermögenssorge).

(2) Bei der Pflege und Erziehung berücksichtigen die Eltern die wachsende Fähigkeit und das wachsende Bedürfnis des Kindes zu selbständigem verantwortungsbewußtem Handeln. Sie besprechen mit dem Kind, soweit es nach dessen Entwicklungsstand angezeigt ist, Fragen der elterlichen Sorge und streben Einvernehmen an.

(3) *Zum Wohl des Kindes gehört in der Regel der Umgang mit beiden Elternteilen. Gleiches gilt für den Umgang mit anderen Personen, zu denen das Kind*

Bindungen besitzt, wenn ihre Aufrechterhaltung für seine Entwicklung förderlich ist.

§ 1626 a

(1) Sind die Eltern bei der Geburt des Kindes nicht miteinander verheiratet, so steht ihnen die elterliche Sorge dann gemeinsam zu, wenn sie
1. erklären, daß sie die Sorge gemeinsam übernehmen wollen (Sorgeerklärungen), oder
2. einander heiraten; dies gilt auch, wenn die Ehe später für nichtig erklärt wird.

(2) Im übrigen hat die Mutter die elterliche Sorge.

§ 1626 b

(1) Eine Sorgeerkärung unter einer Bedingung oder einer Zeitbestimmung ist unwirksam.

(2) Die Sorgeerklärung kann schon vor der Geburt des Kindes abgegeben werden.

(3) Eine Sorgeerklärung ist unwirksam, soweit eine gerichtliche Entscheidung über die elterliche Sorge nach den §§ 1671, 1672 getroffen oder eine solche Entscheidung nach § 1696 Abs. 1 geändert wurde.

§ 1626 c

(1) Die Eltern können die Sorgeerklärungen nur selbst abgeben.

(2) Die Sorgeerklärung eines beschränkt geschäftsfähigen Elternteils bedarf der Zustimmung seines gesetzlichen Vertreters. Die Zustimmung kann nur von diesem selbst abgegeben werden; § 1626 b Abs. 1 und 2 gilt entsprechend. Das Familiengericht hat die Zustimmung auf Antrag des beschränkt geschäftsfähigen Elternteils zu ersetzen, wenn die Sorgeerklärung dem Wohl dieses Elternteils nicht widerspricht.

§ 1626 d

(1) Sorgeerklärungen und Zustimmungen müssen öffentlich beurkundet werden.

(2) Die beurkundende Stelle teilt die Abgabe von Sorgeerklärungen und Zustimmungen unter Angabe des Geburtsorts des Kindes sowie des Namens, den

das Kind zur Zeit der Beurkundung seiner Geburt geführt hat, dem nach § 87 c Abs. 6 Satz 2 des Achten Buches Sozialgesetzbuch zuständigen Jugendamt zum Zwecke der Auskunftserteilung nach § 58 a des Achten Buches Sozialgesetzbuch unverzüglich mit.

§ 1626 e

Sorgeerklärungen und Zustimmungen sind nur unwirksam, wenn sie den Erfordernissen der vorstehenden Vorschriften nicht genügen.

§ 1628

~~(1)~~ Können sich die Eltern in einer einzelnen Angelegenheit oder in einer bestimmten Art von Angelegenheiten der elterlichen Sorge, deren Regelung für das Kind von erheblicher Bedeutung ist, nicht einigen, so kann das *Familiengericht* auf Antrag eines Elternteils die Entscheidung einem Elternteil übertragen, ~~sofern dies dem Wohle des Kindes entspricht.~~ Die Übertragung kann mit Beschränkungen oder mit Auflagen verbunden werden.

(2) *aufgehoben*

§ 1629

(1) Die elterliche Sorge umfaßt die Vertretung des Kindes. Die Eltern vertreten das Kind gemeinschaftlich; ist eine Willenserklärung gegenüber dem Kind abzugeben, so genügt die Abgabe gegenüber einem Elternteil. Ein Elternteil vertritt das Kind allein, soweit er die elterliche Sorge allein ausübt oder ihm die Entscheidung nach § 1628 ~~Abs. 1~~ übertragen ist. *Bei Gefahr im Verzug ist jeder Elternteil dazu berechtigt, alle Rechtshandlungen vorzunehmen, die zum Wohl des Kindes notwendig sind; der andere Elternteil ist unverzüglich zu unterrichten.*

(2) Der Vater und die Mutter können das Kind insoweit nicht vertreten, als nach § 1795 ein Vormund von der Vertretung des Kindes ausgeschlossen ist. *Steht die elterliche Sorge für ein Kind den Eltern gemeinsam zu, so kann der Elternteil, in dessen Obhut sich das Kind befindet, Unterhaltsansprüche des Kindes gegen den anderen Elternteil geltend machen.* Das *Familiengericht* kann dem Vater und der Mutter nach § 1796 die Vertretung entziehen; *dies gilt nicht für die Feststellung der Vaterschaft.*

(3) *Sind die Eltern des Kindes miteinander verheiratet, so kann ein Elternteil, solange die Eltern getrennt leben oder eine Ehesache zwischen ihnen anhängig ist,*

B   Gesetzesänderungen

Unterhaltsansprüche des Kindes gegen den anderen Elternteil nur im eigenen Namen geltend machen. Eine von einem Elternteil erwirkte gerichtliche Entscheidung und ein zwischen den Eltern geschlossener gerichtlicher Vergleich wirken auch für und gegen das Kind.

§ 1630

(1) Die elterliche Sorge erstreckt sich nicht auf Angelegenheiten des Kindes, für die ein Pfleger bestellt ist.

(2) Steht die Personensorge oder die Vermögenssorge einem Pfleger zu, so entscheidet das *Familiengericht*, falls sich die Eltern und der Pfleger in einer Angelegenheit nicht einigen können, die sowohl die Person als auch das Vermögen des Kindes betrifft.

(3) Geben die Eltern das Kind für längere Zeit in Familienpflege, so kann das Familiengericht auf Antrag der Eltern oder der Pflegeperson Angelegenheiten der elterlichen Sorge auf die Pflegeperson übertragen. Für die Übertragung auf Antrag der Pflegeperson ist die Zustimmung der Eltern erforderlich. Im Umfang der Übertragung hat die Pflegeperson die Rechte und Pflichten eines Pflegers.

§ 1631

(1) Die Personensorge umfaßt *insbesondere die Pflicht und das Recht*, das Kind zu pflegen, zu erziehen, zu beaufsichtigen und seinen Aufenthalt zu bestimmen.

(2) *Entwürdigende Erziehungsmaßnahmen, insbesondere körperliche und seelische Mißhandlungen, sind unzulässig.*

(3) Das *Familiengericht* hat die Eltern auf Antrag bei der Ausübung der Personensorge in geeigneten Fällen zu unterstützen.

§ 1631 a

~~(1)~~ In Angelegenheiten der Ausbildung und des Berufes nehmen die Eltern insbesondere auf Eignung und Neigung des Kindes Rücksicht. Bestehen Zweifel, so soll der Rat eines Lehrers oder einer anderen geeigneten Person eingeholt werden.

(2) *aufgehoben.*

§ 1632

(1) Die Personensorge umfaßt das Recht, die Herausgabe des Kindes von jedem zu verlangen, der es den Eltern oder einem Elternteil widerrechtlich vorenthält.

(2) Die Personensorge umfaßt ferner das Recht, den Umgang des Kindes auch mit Wirkung für und gegen Dritte zu bestimmen.

(3) *Über Streitigkeiten, die eine Angelegenheit nach Absatz 1 oder 2 betreffen, entscheidet das Familiengericht auf Antrag eines Elternteils.*

(4) *Lebt das Kind seit längerer Zeit in Familienpflege und wollen die Eltern das Kind von der Pflegeperson wegnehmen, so kann das Familiengericht von Amts wegen oder auf Antrag der Pflegeperson anordnen, daß das Kind bei der Pflegeperson verbleibt, wenn und solange das Kindeswohl durch die Wegnahme gefährdet würde.*

§ 1634
(Umgangsrecht)

aufgehoben

§ 1639

(1) Was das Kind von Todes wegen erwirbt oder was ihm unter Lebenden unentgeltlich zugewendet wird, haben die Eltern nach den Anordnungen zu verwalten, die durch letztwillige Verfügung oder bei der Zuwendung getroffen worden sind. ~~Kommen die Eltern den Anordnungen nicht nach, so hat das Vormundschaftsgericht die erforderlichen Maßregeln zu treffen.~~

...

§ 1640

(1) Die Eltern haben das ihrer Verwaltung unterliegende Vermögen, welches das Kind von Todes wegen erwirbt, zu verzeichnen, das Verzeichnis mit der Versicherung der Richtigkeit und Vollständigkeit zu versehen und dem *Familiengericht* einzureichen. Gleiches gilt für Vermögen, welches das Kind sonst anläßlich eines Sterbefalles erwirbt, sowie für Abfindungen, die anstelle von Unterhalt gewährt werden, und unentgeltliche Zuwendungen. Bei Haushaltsgegenständen genügt die Angabe des Gesamtwertes.

B   Gesetzesänderungen

(2) Absatz 1 gilt nicht,
1. wenn der Wert eines Vermögenserwerbes *30 000* Deutsche Mark nicht übersteigt oder
2. soweit der Erblasser durch letztwillige Verfügung oder der Zuwendende bei der Zuwendung eine abweichende Anordnung getroffen hat.

(3) Reichen die Eltern entgegen Absatz 1, 2 ein Verzeichnis nicht ein oder ist das eingereichte Verzeichnis ungenügend, so kann das *Familiengericht* anordnen, daß das Verzeichnis durch eine zuständige Behörde oder einen zuständigen Beamten oder Notar aufgenommen wird.

(4) *aufgehoben*

§ 1666

(1) Wird das körperliche, geistige oder seelische Wohl des Kindes oder sein Vermögen durch mißbräuchliche Ausübung der elterlichen Sorge, durch Vernachlässigung des Kindes, durch unverschuldetes Versagen der Eltern oder durch das Verhalten eines Dritten gefährdet, so hat das Familiengericht, wenn die Eltern nicht gewillt oder nicht in der Lage sind, die Gefahr abzuwenden, die zur Abwendung der Gefahr erforderlichen Maßnahmen zu treffen.

(2) In der Regel ist anzunehmen, daß das Vermögen des Kindes gefährdet ist, wenn der Inhaber der Vermögenssorge seine Unterhaltspflicht gegenüber dem Kind oder seine mit der Vermögenssorge verbundenen Pflichten verletzt oder Anordnungen des Gerichts, die sich auf die Vermögenssorge beziehen, nicht befolgt.

(3) Das Gericht kann Erklärungen des Inhabers der elterlichen Sorge ersetzen.

(4) In Angelegenheiten der Personensorge kann das Gericht auch Maßnahmen mit Wirkung gegen einen Dritten treffen.

§ 1667

(1) Das *Familiengericht* kann anordnen, daß die Eltern ein Verzeichnis des Vermögens des Kindes einreichen und über die Verwaltung Rechnung legen. Die Eltern haben das Verzeichnis mit der Versicherung der Richtigkeit und Vollständigkeit zu versehen. Ist das eingereichte Verzeichnis ungenügend, so kann das *Familiengericht* anordnen, daß das Verzeichnis durch eine zuständige Behörde oder durch einen zuständigen Beamten oder Notar aufgenommen wird.

(2) Das *Familiengericht* kann anordnen, daß das Geld des Kindes in bestimmter Weise anzulegen und daß zur Abhebung seine Genehmigung erforderlich ist. Gehören Wertpapiere, Kostbarkeiten oder Buchforderungen gegen den Bund oder ein Land zum Vermögen des Kindes, so kann das *Familiengericht* dem Elternteil, der das Kind vertritt, die gleichen Verpflichtungen auferlegen, die nach §§ 1814 bis 1816, 1818 einem Vormund obliegen; die §§ 1819, 1820 sind entsprechend anzuwenden.

(3) Das *Familiengericht* kann dem Elternteil, der das Vermögen des Kindes gefährdet, Sicherheitsleistung für das seiner Verwaltung unterliegende Vermögen auferlegen. Die Art und den Umfang der Sicherheitsleistung bestimmt das *Familiengericht* nach seinem Ermessen. Bei der Bestellung und Aufhebung der Sicherheit wird die Mitwirkung des Kindes durch die Anordnung des *Familiengerichts* ersetzt. *Die Sicherheitsleistung darf nur dadurch erzwungen werden, daß die Vermögenssorge gemäß § 1666 Abs. 1 ganz oder teilweise entzogen wird.*

(4) Die Kosten der angeordneten Maßnahmen trägt der Elternteil, der sie veranlaßt hat.

§ 1670
(Vermögenssorge im Konkurs)

aufgehoben

§ 1671

(1) Leben Eltern, denen die elterliche Sorge gemeinsam zusteht, nicht nur vorübergehend getrennt, so kann jeder Elternteil beantragen, daß ihm das Familiengericht die elterliche Sorge oder einen Teil der elterlichen Sorge allein überträgt.

(2) Dem Antrag ist stattzugeben, soweit

1. *der andere Elternteil zustimmt, es sei denn, daß das Kind das vierzehnte Lebensjahr vollendet hat und der Übertragung widerspricht, oder*
2. *zu erwarten ist, daß die Aufhebung der gemeinsamen Sorge und die Übertragung auf den Antragsteller dem Wohl des Kindes am besten entspricht.*

(3) Dem Antrag ist nicht stattzugeben, soweit die elterliche Sorge auf Grund anderer Vorschriften abweichend geregelt werden muß.

B Gesetzesänderungen

§ 1672

(1) Leben die Eltern nicht nur vorübergehend getrennt und steht die elterliche Sorge nach § 1626 a Abs. 2 der Mutter zu, so kann der Vater mit Zustimmung der Mutter beantragen, daß ihm das Familiengericht die elterliche Sorge oder einen Teil der elterlichen Sorge allein überträgt. Dem Antrag ist stattzugeben, wenn die Übertragung dem Wohl des Kindes dient.

(2) Soweit eine Übertragung nach Absatz 1 stattgefunden hat, kann das Familiengericht auf Antrag eines Elternteils mit Zustimmung des anderen Elternteils entscheiden, daß die elterliche Sorge den Eltern gemeinsam zusteht, wenn dies dem Wohl des Kindes nicht widerspricht. Das gilt auch, soweit die Übertragung nach Absatz 1 wieder aufgehoben wurde.

§ 1678

(1) Ist ein Elternteil tatsächlich verhindert, die elterliche Sorge auszuüben, oder ruht seine elterliche Sorge, so übt der andere Teil die elterliche Sorge allein aus; dies gilt nicht, wenn die elterliche Sorge dem Erbteil nach § 1626 a Abs. 2, § 1671 oder § 1672 Abs. 1 allein zustand.

(2) Ruht die elterliche Sorge des Elternteils, dem sie nach § 1626 a Abs. 2 allein zustand, und besteht keine Aussicht, daß der Grund des Ruhens wegfallen werde, so hat das Familiengericht die elterliche Sorge dem anderen Elternteil zu übertragen, wenn dies dem Wohl des Kindes dient.

§ 1680

(1) Stand die elterliche Sorge den Eltern gemeinsam zu und ist ein Elternteil gestorben, so steht die elterliche Sorge dem überlebenden Elternteil zu.

(2) Ist ein Elternteil, dem die elterliche Sorge gemäß § 1671 oder § 1672 Abs. 1 allein zustand, gestorben, so hat das Familiengericht die elterliche Sorge dem überlebenden Elternteil zu übertragen, wenn dies dem Wohl des Kindes nicht widerspricht. Stand die elterliche Sorge der Mutter gemäß § 1626 a Abs. 2 allein zu, so hat das Familiengericht die elterliche Sorge dem Vater zu übertragen, wenn dies dem Wohl des Kindes dient.

(3) Absatz 1 und Absatz 2 Satz 2 gelten entsprechend, soweit einem Elternteil, dem die elterliche Sorge gemeinsam mit dem anderen Elternteil oder gemäß § 1626 a Abs. 2 allein zustand, die elterliche Sorge entzogen wird.

§ 1681

(1) § 1680 Abs. 1 und 2 gilt entsprechend, wenn die elterliche Sorge eines Elternteils endet, weil er für tot erklärt oder seine Todeszeit nach den Vorschriften des Verschollenheitsgesetzes festgestellt worden ist.

(2) Lebt dieser Elternteil noch, so hat ihm das Familiengericht auf Antrag die elterliche Sorge in dem Umfang zu übertragen, in dem sie ihm vor dem nach § 1677 maßgebenden Zeitpunkt zustand, wenn dies dem Wohl des Kindes nicht widerspricht.

§ 1682

Hat das Kind seit längerer Zeit in einem Haushalt mit einem Elternteil und dessen Ehegatten gelebt und will der andere Elternteil, der nach §§ 1678, 1680, 1681 den Aufenthalt des Kindes nunmehr alleine bestimmen kann, das Kind von dem Ehegatten wegnehmen, so kann das Familiengericht von Amts wegen oder auf Antrag des Ehegatten anordnen, daß das Kind bei dem Ehegatten verbleibt, wenn und solange das Kindeswohl durch die Wegnahme gefährdet würde. Satz 1 gilt entsprechend, wenn das Kind seit längerer Zeit in einem Haushalt mit einem Elternteil und einer nach § 1685 Abs. 1 umgangsberechtigten volljährigen Person gelebt hat.

§ 1683

(1) Sind die Eltern des Kindes nicht oder nicht mehr miteinander verheiratet und will der Elternteil, dem die Vermögenssorge zusteht, die Ehe mit einem Dritten schließen, so hat er dies dem Vormundschaftsgericht anzuzeigen, auf seine Kosten ein Verzeichnis des Kindesvermögens einzureichen und, soweit eine Vermögensgemeinschaft zwischen ihm und dem Kinde besteht, die Auseinandersetzung herbeizuführen.

(2) Das Vormundschaftsgericht kann gestatten, daß die Auseinandersetzung erst nach der Eheschließung vorgenommen wird.

(3) Das Vormundschaftsgericht kann ferner gestatten, daß die Auseinandersetzung ganz oder teilweise unterbleibt, wenn dies den Vermögensinteressen des Kindes nicht widerspricht.

~~(4) Erfüllt der Elternteil die ihm nach den vorstehenden Vorschriften obliegenden Verpflichtungen nicht, so kann ihm das Vormundschaftsgericht die Vermögenssorge entziehen.~~

B Gesetzesänderungen

§ 1684

(1) Das Kind hat das Recht auf Umgang mit jedem Elternteil; jeder Elternteil ist zum Umgang mit dem Kind verpflichtet und berechtigt.

(2) Die Eltern haben alles zu unterlassen, was das Verhältnis des Kindes zum jeweils anderen Elternteil beeinträchtigt oder die Erziehung erschwert. Entsprechendes gilt, wenn sich das Kind in der Obhut einer anderen Person befindet.

(3) Das Familiengericht kann über den Umfang des Umgangsrechts entscheiden und seine Ausübung, auch gegenüber Dritten, näher regeln. Es kann die Beteiligten durch Anordnungen zur Erfüllung der in Absatz 2 geregelten Pflicht anhalten.

(4) Das Familiengericht kann das Umgangsrecht oder den Vollzug früherer Entscheidungen über das Umgangsrecht einschränken oder ausschließen, soweit dies zum Wohl des Kindes erforderlich ist. Eine Entscheidung, die das Umgangsrecht oder seinen Vollzug für längere Zeit oder auf Dauer einschränkt oder ausschließt, kann nur ergehen, wenn andernfalls das Wohl des Kindes gefährdet wäre. Das Familiengericht kann insbesondere anordnen, daß der Umgang nur stattfinden darf, wenn ein mitwirkungsbereiter Dritter anwesend ist. Dritter kann auch ein Träger der Jugendhilfe oder ein Verein sein; dieser bestimmt dann jeweils, welche Einzelperson die Aufgabe wahrnimmt.

§ 1685

(1) Großeltern und Geschwister haben ein Recht auf Umgang mit dem Kind, wenn dieser dem Wohl des Kindes dient.

(2) Gleiches gilt für den Ehegatten oder früheren Ehegatten eines Elternteils, der mit dem Kind längere Zeit in häuslicher Gemeinschaft gelebt hat, und für Personen, bei denen das Kind längere Zeit in Familienpflege war.

(3) § 1684 Abs. 2 bis 4 gilt entsprechend.

§ 1686

Jeder Elternteil kann vom anderen Elternteil bei berechtigtem Interesse Auskunft über die persönlichen Verhältnisse des Kindes verlangen, soweit dies dem Wohl des Kindes nicht widerspricht. Über Streitigkeiten entscheidet das Familiengericht.

§ 1687

(1) Leben Eltern, denen die elterliche Sorge gemeinsam zusteht, nicht nur vorübergehend getrennt, so ist bei Entscheidungen in Angelegenheiten, deren Rege-

lung für das Kind von erheblicher Bedeutung ist, ihr gegenseitiges Einvernehmen erforderlich. Der Elternteil, bei dem sich das Kind mit Einwilligung des anderen Elternteils oder auf Grund einer gerichtlichen Entscheidung gewöhnlich aufhält, hat die Befugnis zur alleinigen Entscheidung in Angelegenheiten des täglichen Lebens. Entscheidungen in Angelegenheiten des täglichen Lebens sind in der Regel solche, die häufig vorkommen und die keine schwer abzuändernden Auswirkungen auf die Entwicklung des Kindes haben. Solange sich das Kind mit Einwilligung dieses Elternteils oder auf Grund einer gerichtlichen Entscheidung bei dem anderen Elternteil aufhält, hat dieser die Befugnis zur alleinigen Entscheidung in Angelegenheiten der tatsächlichen Betreuung. § 1629 Abs. 1 Satz 4 und § 1684 Abs. 2 Satz 1 gelten entsprechend.

(2) Das Familiengericht kann die Befugnisse nach Absatz 1 Satz 2 und 4 einschränken oder ausschließen, wenn dies zum Wohl des Kindes erforderlich ist.

§ 1687a

Für jeden Elternteil, der nicht Inhaber der elterlichen Sorge ist und bei dem sich das Kind mit Einwilligung des anderen Elternteils oder eines sonstigen Inhabers der Sorge oder auf Grund einer gerichtlichen Entscheidung aufhält, gilt § 1687 Abs. 1 Satz 4 und 5 und Abs. 2 entsprechend.

§ 1688

(1) Lebt ein Kind für längere Zeit in Familienpflege, so ist die Pflegeperson berechtigt, in Angelegenheiten des täglichen Lebens zu entscheiden sowie den Inhaber der elterlichen Sorge in solchen Angelegenheiten zu vertreten. Sie ist befugt, den Arbeitsverdienst des Kindes zu verwalten sowie Unterhalts-, Versicherungs-, Versorgungs- und sonstige Sozialleistungen für das Kind geltend zu machen und zu verwalten. § 1629 Abs. 1 Satz 4 gilt entsprechend.

(2) Der Pflegeperson steht eine Person gleich, die im Rahmen der Hilfe nach §§ 34, 35 und § 35a Abs. 1 Satz 2 Nr. 3 und 4 des Achten Buches Sozialgesetzbuch die Erziehung und Betreuung eines Kindes übernommen hat.

(3) Die Absätze 1 und 2 gelten nicht, wenn der Inhaber der elterlichen Sorge etwas anderes erklärt. Das Familiengericht kann die Befugnisse nach den Absätzen 1 und 2 einschränken oder ausschließen, wenn dies zum Wohl des Kindes erforderlich ist.

(4) Für eine Person, bei der sich das Kind auf Grund einer gerichtlichen Entscheidung nach § 1632 Abs. 4 oder § 1682 aufhält, gelten die Absätze 1 und 3 mit der Maßgabe, daß die genannten Befugnisse nur das Familiengericht einschränken oder ausschließen kann.

§§ 1689–1692

aufgehoben

§ 1696

(1) *Das Vormundschaftsgericht und das Familiengericht haben ihre Anordnungen zu ändern, wenn dies aus triftigen, das Wohl des Kindes nachhaltig berührenden Gründen angezeigt ist.*

(2) Maßnahmen nach den §§ 1666 bis 1667 ~~und nach § 1671 Abs. 5~~ sind aufzuheben, wenn eine Gefahr für das Wohl des Kindes nicht mehr besteht.

(3) Länger dauernde Maßnahmen nach den §§ 1666 bis 1667 ~~und nach § 1671 Abs. 5~~ hat das Gericht in angemessenen Zeitabständen zu überprüfen.

§ 1697

Ist auf Grund einer Maßnahme des Familiengerichts eine Vormundschaft oder Pflegschaft anzuordnen, so kann das Familiengericht auch diese Anordnung treffen und den Vormund oder Pfleger auswählen.

§ 1697 a

Soweit nicht anderes bestimmt ist, trifft das Gericht in Verfahren über die in diesem Titel geregelten Angelegenheiten diejenige Entscheidung, die unter Berücksichtigung der tatsächlichen Gegebenheiten und Möglichkeiten sowie der berechtigten Interessen der Beteiligten dem Wohl des Kindes am besten entspricht.

Sechster Titel
Elterliche Sorge für nichteheliche Kinder

aufgehoben

Siebenter Titel
Beistandschaft

§ 1712

(1) *Auf schriftlichen Antrag eines Elternteils wird das Jugendamt Beistand des Kindes für folgende Aufgaben:*
1. *die Feststellung der Vaterschaft,*

2. die Geltendmachung von Unterhaltsansprüchen einschließlich der Ansprüche auf eine an Stelle des Unterhalts zu gewährende Abfindung sowie die Verfügung über diese Ansprüche; ist das Kind bei einem Dritten entgeltlich in Pflege, so ist der Beistand berechtigt, aus dem vom Unterhaltspflichtigen Geleisteten den Dritten zu befriedigen.

(2) Der Antrag kann auf einzelne der in Absatz 1 bezeichneten Aufgaben beschränkt werden.

§ 1713

(1) Den Antrag kann ein Elternteil stellen, dem für den Aufgabenkreis der beantragten Beistandschaft die alleinige elterliche Sorge zusteht oder zustünde, wenn das Kind bereits geboren wäre. Der Antrag kann auch von einem nach § 1776 berufenen Vormund gestellt werden. Er kann nicht durch einen Vertreter gestellt werden.

(2) Vor der Geburt des Kindes kann die werdende Mutter den Antrag auch dann stellen, wenn das Kind, sofern es bereits geboren wäre, unter Vormundschaft stünde. Ist die werdende Mutter in der Geschäftsfähigkeit beschränkt, so kann sie den Antrag nur selbst stellen; sie bedarf hierzu nicht der Zustimmung ihres gesetzlichen Vertreters. Für eine geschäftsunfähige werdende Mutter kann nur ihr gesetzlicher Vertreter den Antrag stellen.

§ 1714

Die Beistandschaft tritt ein, sobald der Antrag dem Jugendamt zugeht. Dies gilt auch, wenn der Antrag vor der Geburt des Kindes gestellt wird.

§ 1715

(1) Die Beistandschaft endet, wenn der Antragsteller dies schriftlich verlangt. § 1712 Abs. 2 und § 1714 gelten entsprechend.

(2) Die Beistandschaft endet auch, sobald der Antragsteller keine der in § 1713 genannten Voraussetzungen mehr erfüllt.

§ 1716

Durch die Beistandschaft wird die elterliche Sorge nicht eingeschränkt. Im übrigen gelten die Vorschriften über die Pflegschaft mit Ausnahme derjenigen über die Aufsicht des Vormundschaftsgerichts und die Rechnungslegung sinngemäß; die §§ 1791, 1791 c Abs. 3 sind nicht anzuwenden.

B Gesetzesänderungen

§ 1717

Die Beistandschaft tritt nur ein, wenn das Kind seinen gewöhnlichen Aufenthalt im Inland hat; sie endet, wenn das Kind seinen gewöhnlichen Aufenthalt im Ausland begründet. Dies gilt für die Beistandschaft vor der Geburt des Kindes entsprechend.

Achter Titel
Annahme als Kind

I. Annahme Minderjähriger

§ 1741

(1) Die Annahme als Kind ist zulässig, wenn sie dem Wohl des Kindes dient und zu erwarten ist, daß zwischen dem Annehmenden und dem Kind ein Eltern-Kind-Verhältnis entsteht. *Wer an einer gesetzes- oder sittenwidrigen Vermittlung oder Verbringung eines Kindes zum Zwecke der Annahme mitgewirkt oder einen Dritten hiermit beauftragt oder hierfür belohnt hat, soll ein Kind nur dann annehmen, wenn dies zum Wohl des Kindes erforderlich ist.*

(2) *Wer nicht verheiratet ist, kann ein Kind nur allein annehmen. Ein Ehepaar kann ein Kind nur gemeinschaftlich annehmen. Ein Ehegatte kann ein Kind seines Ehegatten allein annehmen. Er kann ein Kind auch dann allein annehmen, wenn der andere Ehegatte das Kind nicht annehmen kann, weil er geschäftsunfähig ist oder das einundzwanzigste Lebensjahr noch nicht vollendet hat.*

(3) *aufgehoben*

§ 1743

Der Annehmende muß das fünfundzwanzigste, in den Fällen des § 1741 Abs. 2 Satz 3 das einundzwanzigste Lebensjahr vollendet haben. In den Fällen des § 1741 Abs. 2 Satz 2 muß ein Ehegatte das fünfundzwanzigste Lebensjahr, der andere Ehegatte das einundzwanzigste Lebensjahr vollendet haben.

§ 1746

(1) Zur Annahme ist die Einwilligung des Kindes erforderlich. Für ein Kind, das geschäftsunfähig oder noch nicht vierzehn Jahre alt ist, kann nur sein gesetzlicher Vertreter die Einwilligung erteilen. Im übrigen kann das Kind die Einwilligung nur selbst erteilen; es bedarf hierzu der Zustimmung seines gesetzlichen Vertreters. Die Einwilligung bedarf bei unter-

schiedlicher Staatsangehörigkeit des Annehmenden und des Kindes der Genehmigung des Vormundschaftsgerichts; *dies gilt nicht, wenn die Annahme deutschem Recht unterliegt.*

...

(3) Verweigert der Vormund oder Pfleger die Einwilligung oder Zustimmung ohne triftigen Grund, so kann das Vormundschaftsgericht sie ersetzen; *einer Erklärung nach Absatz 1 durch die Eltern bedarf es nicht, soweit diese nach §§ 1747, 1750 unwiderruflich in die Annahme eingewilligt haben oder ihre Einwilligung nach § 1748 durch das Vormundschaftsgericht ersetzt worden ist.*

§ 1747

(1) *Zur Annahme eines Kindes ist die Einwilligung der Eltern erforderlich. Sofern kein anderer Mann nach § 1592 als Vater anzusehen ist, gilt im Sinne des Satzes 1 und des § 1748 Abs. 4 als Vater, wer die Voraussetzung des § 1600 d Abs. 2 Satz 1 glaubhaft macht.*

(2) *Die Einwilligung kann erst erteilt werden, wenn das Kind acht Wochen alt ist. Sie ist auch dann wirksam, wenn der Einwilligende die schon feststehenden Annehmenden nicht kennt.*

(3) *Sind die Eltern nicht miteinander verheiratet und haben sie keine Sorgeerklärungen abgegeben,*
1. *kann die Einwilligung des Vaters bereits vor der Geburt erteilt werden;*
2. *darf, wenn der Vater die Übertragung der Sorge nach § 1672 Abs. 1 beantragt hat, eine Annahme erst ausgesprochen werden, nachdem über den Antrag des Vaters entschieden worden ist;*
3. *kann der Vater darauf verzichten, die Übertragung der Sorge nach § 1672 Abs. 1 zu beantragen. Die Verzichtserklärung muß öffentlich beurkundet werden. § 1750 gilt sinngemäß mit Ausnahme von Absatz 4 Satz 1.*

(4) *Die Einwilligung eines Elternteils ist nicht erforderlich, wenn er zur Abgabe einer Erklärung dauernd außerstande oder sein Aufenthalt dauernd unbekannt ist.*

§ 1748

(1) *Das Vormundschaftsgericht hat auf Antrag des Kindes die Einwilligung eines Elternteils zu ersetzen, wenn dieser seine Pflichten gegenüber dem Kind anhaltend gröblich verletzt hat oder durch sein Verhalten gezeigt hat, daß ihm das Kind gleichgültig ist, und wenn das Unterbleiben*

der Annahme dem Kind zu unverhältnismäßigem Nachteil gereichen würde. Die Einwilligung kann auch ersetzt werden, wenn die Pflichtverletzung zwar nicht anhaltend, aber besonders schwer ist und das Kind voraussichtlich dauernd nicht mehr der Obhut des Elternteils anvertraut werden kann.

...

(4) In den Fällen des § 1626 a Abs. 2 hat das Vormundschaftsgericht die Einwilligung des Vaters zu ersetzen, wenn das Unterbleiben der Annahme dem Kind zu unverhältnismäßigem Nachteil gereichen würde.

§ 1751

(1) Mit der Einwilligung eines Elternteils in die Annahme ruht die elterliche Sorge dieses Elternteils; die Befugnis zum persönlichen Umgang mit dem Kinde darf nicht ausgeübt werden. Das Jugendamt wird Vormund; dies gilt nicht, wenn der andere Elternteil die elterliche Sorge allein ausübt oder wenn bereits ein Vormund bestellt ist. Eine bestehende Pflegschaft bleibt unberührt. Das Vormundschaftsgericht hat dem Jugendamt unverzüglich eine Bescheinigung über den Eintritt der Vormundschaft zu erteilen; § 1791 ist nicht anzuwenden. *Für den Annehmenden gilt während der Zeit der Adoptionspflege § 1688 Abs. 1 und 3 entsprechend. Hat die Mutter in die Annahme eingewilligt, so bedarf ein Antrag des Vaters nach § 1672 Abs. 1 nicht ihrer Zustimmung.*

...

§ 1754

(1) Nimmt ein Ehepaar ein Kind an oder nimmt ein Ehegatte ein Kind des anderen Ehegatten an, so erlangt das Kind die rechtliche Stellung eines gemeinschaftlichen ~~ehelichen~~ Kindes der Ehegatten.

(2) In den anderen Fällen erlangt das Kind die rechtliche Stellung eines ~~ehelichen~~ Kindes des Annehmenden.

(3) Die elterliche Sorge steht in den Fällen des Absatzes 1 den Ehegatten gemeinsam, in den Fällen des Absatzes 2 dem Annehmenden zu.

§ 1755

(1) Mit der Annahme erlöschen das Verwandtschaftsverhältnis des Kindes und seiner Abkömmlinge zu den bisherigen Verwandten und die sich aus ihm ergebenden Rechte und Pflichten. Ansprüche des Kindes, die bis zur Annahme entstanden sind, insbesondere auf Renten, Waisengeld und

andere entsprechende wiederkehrende Leistungen, werden durch die Annahme nicht berührt; dies gilt nicht für Unterhaltsansprüche.

(2) Nimmt ein Ehegatte das ~~nichteheliche~~ Kind seines Ehegatten an, so tritt das Erlöschen nur im Verhältnis zu dem anderen Elternteil und dessen Verwandten ein.

§ 1756

(1) Sind die Annehmenden mit dem Kind im zweiten oder dritten Grad verwandt oder verschwägert, so erlöschen nur das Verwandtschaftsverhältnis des Kindes und seiner Abkömmlinge zu den Eltern des Kindes und die sich aus ihm ergebenden Rechte und Pflichten.

(2) *Nimmt ein Ehegatte das Kind seines Ehegatten an, so erlischt das Verwandtschaftsverhältnis nicht im Verhältnis zu den Verwandten des anderen Elternteils, wenn dieser die elterliche Sorge hatte und verstorben ist.*

§ 1757

(1) Das Kind erhält als Geburtsnamen den Familiennamen des Annehmenden. Als Familienname gilt nicht der nach § 1355 Abs. 4 dem Ehenamen hinzugefügte Name.

(2) Nimmt ein Ehepaar ein Kind an oder nimmt ein Ehegatte ein Kind des anderen Ehegatten an und führen die Ehegatten keinen Ehenamen, so bestimmen sie den Geburtsnamen des Kindes vor dem Ausspruch der Annahme durch Erklärung gegenüber dem Vormundschaftsgericht, *§ 1617 Abs. 1* gilt entsprechend. Hat das Kind das fünfte Lebensjahr vollendet, so ist die Bestimmung nur wirksam, wenn es sich der Bestimmung vor dem Ausspruch der Annahme durch Erklärung gegenüber dem Vormundschaftsgericht anschließt; *§ 1617 c Abs. 1 Satz 2* gilt entsprechend.

...

(4) ... *§ 1746 Abs. 1 Satz 2, 3, Abs. 3 erster Halbsatz* ist entsprechend anzuwenden.

II. Annahme Volljähriger

§ 1772

(1) Das Vormundschaftsgericht kann beim Ausspruch der Annahme eines Volljährigen auf Antrag des Annehmenden und des Anzunehmenden bestimmen, daß sich die Wirkungen der Annahme nach den Vor-

schriften über die Annahme eines Minderjährigen oder eines verwandten Minderjährigen richten (§§ 1754 bis 1756), wenn

a) ein minderjähriger Bruder oder eine minderjährige Schwester des Anzunehmenden von dem Annehmenden als Kind angenommen worden ist oder gleichzeitig angenommen wird oder

b) der Anzunehmende bereits als Minderjähriger in die Familie des Annehmenden aufgenommen worden ist oder

c) der Annehmende ~~sein nichteheliches Kind oder~~ das Kind seines Ehegatten annimmt *oder*

d) *der Anzunehmende in dem Zeitpunkt, in dem der Antrag auf Annahme bei dem Vormundschaftsgericht eingereicht wird, noch nicht volljährig ist.*

Eine solche Bestimmung darf nicht getroffen werden, wenn ihr überwiegende Interessen der Eltern des Anzunehmenden entgegenstehen.

...

DRITTER ABSCHNITT
Vormundschaft

Erster Titel
Vormundschaft über Minderjährige

I. Begründung der Vormundschaft

§ 1779

(1) Ist die Vormundschaft nicht einem nach § 1776 Berufenen zu übertragen, so hat das Vormundschaftsgericht nach Anhörung des Jugendamtes den Vormund auszuwählen.

(2) Das Vormundschaftsgericht soll eine Person auswählen, die nach ihren persönlichen Verhältnissen und ihrer Vermögenslage sowie nach den sonstigen Umständen zur Führung der Vormundschaft geeignet ist. *Bei der Auswahl unter mehreren geeigneten Personen sind der mutmaßliche*

Wille der Eltern, die Verwandtschaft oder Schwägerschaft mit dem Mündel sowie das religiöse Bekenntnis des Mündels zu berücksichtigen.

...

§ 1791 c

(1) Mit der Geburt eines *Kindes, dessen Eltern nicht miteinander verheiratet sind und* das eines Vormunds bedarf, wird das Jugendamt Vormund, wenn das Kind seinen gewöhnlichen Aufenthalt im Geltungsbereich dieses Gesetzes hat; dies gilt nicht, wenn bereits vor der Geburt des Kindes ein Vormund bestellt ist. *Wurde die Vaterschaft nach § 1592 Nr. 1 oder 2 durch Anfechtung beseitigt,* und bedarf das Kind eines Vormunds, so wird das Jugendamt in dem Zeitpunkt Vormund, in dem die Entscheidung rechtskräftig wird.

(2) War das Jugendamt Pfleger eines *Kindes, dessen Eltern nicht miteinander verheiratet sind,* endet die Pflegschaft kraft Gesetzes und bedarf das Kind eines Vormunds, so wird das Jugendamt Vormund, das bisher Pfleger war.

...

VII. Beendigung der Vormundschaft

§ 1883

aufgehoben

Dritter Titel
Pflegschaft

§ 1912

(1) Eine Leibesfrucht erhält zur Wahrung ihrer künftigen Rechte, soweit diese einer Fürsorge bedürfen, einen Pfleger. ~~Auch ohne diese Voraussetzungen kann für eine Leibesfrucht auf Antrag des Jugendamtes oder der werdenden Mutter ein Pfleger bestellt werden, wenn anzunehmen ist, daß das Kind nichtehelich geboren werden wird.~~

...

FÜNFTES BUCH
Erbrecht

ERSTER ABSCHNITT
Erbfolge

§ 1930[1)]

(1) Ein Verwandter ist nicht zur Erbfolge berufen, solange ein Verwandter einer vorhergehenden Ordnung vorhanden ist~~, auch wenn diesem nur ein Erbersatzanspruch zusteht~~.

§§ 1934 a–1934 e[1)]
gestrichen

ZWEITER ABSCHNITT
Rechtliche Stellung des Erben

Vierter Titel
Mehrheit von Erben

I. Rechtsverhältnis der Erben untereinander

§ 2043

(1) Soweit die Erbteile wegen der zu erwartenden Geburt eines Miterben noch unbestimmt sind, ist die Auseinandersetzung bis zur Hebung der Unbestimmtheit ausgeschlossen.

(2) Das gleiche gilt, soweit die Erbteile deshalb noch unbestimmt sind, weil die Entscheidung ~~über eine Ehelicherklärung,~~ über einen Antrag auf Annahme als Kind, über die Aufhebung des Annahmeverhältnisses oder über die Genehmigung einer vom Erblasser errichteten Stiftung noch aussteht.

FÜNFTER ABSCHNITT
Pflichtteil

§ 2338 a[1)]
gestrichen

[1)] Änderung durch ErbGleichG; in Kraft ab 1. April 1998.

II.
Reichs- und Staatsangehörigkeitsgesetz

– Auszug –

ZWEITER ABSCHNITT

§ 3

Die Staatsangehörigkeit ... wird erworben

1. durch Geburt (§ 4),
2. *durch Erklärung nach § 5,*
3. durch Annahme als Kind (§ 6),
4. gegenstandslos,
5. für einen Ausländer durch Einbürgerung (§§ 8 bis 16).

§ 4

(1) Durch die Geburt erwirbt ein Kind die deutsche Staatsangehörigkeit, wenn ein Elternteil die deutsche Staatsangehörigkeit besitzt. *Ist bei der Geburt des Kindes nur der Vater deutscher Staatsangehöriger und ist zur Begründung der Abstammung nach den deutschen Gesetzen die Anerkennung oder Feststellung der Vaterschaft erforderlich, so bedarf es zur Geltendmachung des Erwerbs einer nach den deutschen Gesetzen wirksamen Anerkennung oder Feststellung der Vaterschaft; die Anerkennungserklärung muß abgegeben oder das Feststellungsverfahren muß eingeleitet sein, bevor das Kind das 23. Lebensjahr vollendet hat.*

(2) Ein Kind, das in dem Gebiet eines Bundesstaats aufgefunden wird (Findelkind), gilt bis zum Beweise des Gegenteils als Kind eines Angehörigen dieses Bundesstaates.

B Gesetzesänderungen

§ 5
Erklärungsrecht für vor dem 1. Juli 1993 geborene Kinder

Durch die Erklärung, deutscher Staatsangehöriger werden zu wollen, erwirbt das vor dem 1. Juli 1993 geborene Kind eines deutschen Vaters und einer ausländischen Mutter die deutsche Staatsangehörigkeit, wenn

1. *eine nach den deutschen Gesetzen wirksame Anerkennung oder Feststellung der Vaterschaft erfolgt ist,*
2. *das Kind seit drei Jahren rechtmäßig seinen gewöhnlichen Aufenthalt im Bundesgebiet hat und*
3. *die Erklärung vor der Vollendung des 23. Lebensjahres abgegeben wird.*

§ 10
aufgehoben

III.
Gerichtsverfassungsgesetz

– Auszug –

Dritter Titel
Amtsgerichte

§ 23 b

(1) Bei den Amtsgerichten werden Abteilungen für Familiensachen (Familiengerichte) gebildet. Familiensachen sind:
1. Ehesachen;
2. *Verfahren betreffend die elterliche Sorge für ein Kind, soweit nach den Vorschriften des Bürgerlichen Gesetzbuchs hierfür das Familiengericht zuständig ist;*
3. *Verfahren über die Regelung des Umgangs mit einem Kind, soweit nach den Vorschriften des Bürgerlichen Gesetzbuchs hierfür das Familiengericht zuständig ist;*
4. *Verfahren über die Herausgabe eines Kindes, für das die elterliche Sorge besteht;*
5. *Streitigkeiten, die die durch Verwandtschaft begründete gesetzliche Unterhaltspflicht betreffen;*

...

11. Verfahren nach den §§ 5 bis 8 des Sorgerechtsübereinkommens-Ausführungsgesetzes;
12. *Kindschaftssachen;*
13. *Streitigkeiten über Ansprüche nach den §§ 1615 k bis 1615 m des Bürgerlichen Gesetzbuchs.*

(2) Sind wegen des Umfangs der Geschäfte oder wegen der Zuweisung von Vormundschafts-, Betreuungs- und Unterbringungssachen mehrere Abteilungen für Familiensachen zu bilden, so sollen alle Familiensachen, die denselben Personenkreis betreffen, derselben Abteilung zugewiesen

B   Gesetzesänderungen

werden. *Wird eine Ehesache rechtshängig, während eine andere Familiensache nach Absatz 1 Satz 2 Nr. 6 bis 11 bei einer anderen Abteilung im ersten Rechtszug anhängig ist, so ist diese von Amts wegen an die Abteilung der Ehesache abzugeben; für andere Familiensachen nach Absatz 1 Satz 2 Nr. 2 bis 5 gilt dies nur, soweit sie betreffen*

1. *in den Fällen der Nummer 2 die elterliche Sorge für ein gemeinschaftliches Kind einschließlich der Übertragung der elterlichen Sorge oder eines Teils der elterlichen Sorge wegen Gefährdung des Kindeswohls auf einen Elternteil, Vormund oder Pfleger,*

2. *in den Fällen der Nummer 3 die Regelung des Umgangs mit einem gemeinschaftlichen Kind der Ehegatten nach den §§ 1684 und 1685 des Bürgerlichen Gesetzbuchs oder des Umgangs des Ehegatten mit einem Kind des anderen Ehegatten nach § 1685 Abs. 2 des Bürgerlichen Gesetzbuchs,*

3. *in den Fällen der Nummer 4 die Herausgabe eines Kindes an den anderen Elternteil,*

4. *in den Fällen der Nummer 5 die Unterhaltspflicht gegenüber einem gemeinschaftlichen Kind.*

. . .

Achter Titel
Oberlandesgerichte

§ 119

(1) Die Oberlandesgerichte sind in bürgerlichen Rechtsstreitigkeiten zuständig für die Verhandlung und Entscheidung über die Rechtsmittel:

1. der Berufung gegen die Endurteile der Amtsgerichte ~~in Kindschaftssachen und~~ in den von den Familiengerichten entschiedenen Sachen;
2. der Beschwerde gegen Entscheidungen der Amtsgerichte ~~in Kindschaftssachen und~~ in den von den Familiengerichten entschiedenen Sachen;
3. der Berufung gegen die Endurteile der Landgerichte;
4. der Beschwerde gegen Entscheidungen der Landgerichte.

(2) § 23 b Abs. 1, 2 gilt entsprechend.

Gerichtsverfassungsgesetz **B**

**Vierzehnter Titel
Öffentlichkeit und Sitzungspolizei**

§ 170

Die Verhandlung *in Familiensachen* ist nicht öffentlich. Dies gilt *nicht für die Familiensachen des § 23 b Abs. 1 Satz 2 Nr. 13 und* für die Familiensachen des § 23 b Abs. 1 Satz 2 Nr. 5, 6, 9 nur, soweit sie mit einer der anderen Familiensachen verhandelt werden.

IV.
Rechtspflegergesetz
– Auszug –

ZWEITER ABSCHNITT

Dem Richter vorbehaltene Geschäfte auf dem Gebiet der freiwilligen Gerichtsbarkeit ...

§ 14

Vormundschaftssachen

(1) Von den Angelegenheiten, die dem Vormundschaftsgericht und im Bürgerlichen Gesetzbuch dem Familiengericht übertragen sind, bleiben dem Richter vorbehalten

...

3. die Geschäfte, welche

    a) *die Feststellung oder Anfechtung der Vaterschaft nach dem Tod des Mannes oder des Kindes (§ 1600 e Abs. 2 des Bürgerlichen Gesetzbuchs),*

    b) *aufgehoben*

    ...

    d) *aufgehoben*

    e) *aufgehoben*

...

betrefffen, soweit sie eine richterliche Entscheidung enthalten;

...

6b. *aufgehoben*

7. die Entscheidung über den Anspruch auf Herausgabe eines Kindes nach § 1632 Abs. 1 des Bürgerlichen Gesetzbuchs und der zu dem persönlichen Gebrauch bestimmten Sachen nach § 50 d des Gesetzes über die Angelegenheiten der freiwilligen Gerichtsbarkeit sowie die Entscheidung über den Verbleib des Kindes bei der Pflegeperson nach § 1632 Abs. 4 oder bei dem Ehegatten oder Umgangsberechtigten nach § 1682 des Bürgerlichen Gesetzbuchs;

8. die Maßnahmen auf Grund des § 1666 des Bürgerlichen Gesetzbuchs zur Abwendung der Gefahr für das körperliche, geistige oder seelische Wohl des Kindes;
9. die Ersetzung der Zustimmung eines gesetzlichen Vertreters zu der Sorgeerklärung eines beschränkt geschäftsfähigen Elternteils gemäß § 1626 c Abs. 2 Satz 1 des Bürgerlichen Gesetzbuchs;

...

15. die Übertragung der elterlichen Sorge nach den §§ 1671, 1672, 1678 Abs. 2, § 1680 Abs. 2 und 3, § 1681 Abs. 1 und 2 des Bürgerlichen Gesetzbuchs;
16. die Regelung des persönlichen Umgangs zwischen Eltern und Kindern sowie Kindern und Dritten nach § 1684 Abs. 3 und 4, § 1685 Abs. 3 des Bürgerlichen Gesetzbuchs, die Entscheidung über die Beschränkung oder den Ausschluß des Rechts zur alleinigen Entscheidung in Angelegenheiten des täglichen Lebens nach den §§ 1687, 1687 a des Bürgerlichen Gesetzbuchs sowie über Streitigkeiten, die eine Angelegenheit nach § 1632 Abs. 2 des Bürgerlichen Gesetzbuchs betreffen;

...

DRITTER ABSCHNITT

Dem Rechtspfleger übertragene Geschäfte in bürgerlichen Rechtsstreitigkeiten, ...

§ 20

Bürgerliche Rechtsstreitigkeiten

Folgende Geschäfte im Verfahren nach der Zivilprozeßordnung und dem Mieterschutzgesetz werden dem Rechtspfleger übertragen:

...

11. die Entscheidung über Anträge auf Festsetzung des ~~für ein nichteheliches Kind zu leistenden~~ Unterhalts in den Fällen der §§ 642 a bis 642 b der Zivilprozeßordnung und über Anträge auf Stundung rückständiger Unterhaltsbeträge nach § 643 a Abs. 4 Satz 2 der Zivilprozeßordnung oder auf Aufhebung oder Änderung einer Stundung nach § 642 f der Zivilprozeßordnung sowie die Maßnahmen und Entscheidungen bei der Umstellung von Unterhaltstiteln nach Artikel 12 § 14 Abs. 3 Satz 1, 2 und Abs. 4 Satz 1 des Gesetzes über die rechtliche Stellung der nichtehelichen Kinder vom 19. August 1969 (Bundesgesetzbl. I S. 1243);

...

V.
Zivilprozeßordnung

– Auszug –

ERSTES BUCH
Allgemeine Vorschriften

ZWEITER ABSCHNITT
Parteien

Erster Titel
Parteifähigkeit, Prozeßfähigkeit

§ 53 a

Wird in einem Rechtsstreit ein Kind durch einen Beistand vertreten, so ist die Vertretung durch den sorgeberechtigten Elternteil ausgeschlossen.

Vierter Titel
Prozeßbevollmächtigte und Beistände

§ 78

(1) Vor den Landgerichten und vor allen Gerichten des höheren Rechtszuges müssen die Parteien sich durch einen bei dem Prozeßgericht zugelassenen Rechtsanwalt als Bevollmächtigten vertreten lassen (Anwaltsprozeß).

(2) In Familiensachen müssen sich die Parteien und Beteiligten nach Maßgabe der folgenden Vorschriften durch einen bei dem Gericht zugelassenen Rechtsanwalt vertreten lassen:
1. die Ehegatten in Ehesachen und Folgesachen in allen Rechtszügen, am Verfahren über Folgesachen beteiligte Dritte nur für die weitere Beschwerde nach § 621 e Abs. 2 vor dem Bundesgerichtshof.

2. die Parteien und am Verfahren beteiligte Dritte in selbständigen Familiensachen des § 621 Abs. 1 Nr. 8 in allen Rechtszügen, in selbständigen Familiensachen des *§ 621 Abs. 1 Nr. 4, 5, 10 mit Ausnahme der Verfahren nach § 1600 e Abs. 2 des Bürgerlichen Gesetzbuchs sowie 11* nur vor den Gerichten des höheren Rechtszuges,
3. die Beteiligten in selbständigen Familiensachen des *§ 621 Abs. 1 Nr. 1 bis 3, 6 und 10 in Verfahren nach § 1600 e Abs. 2 des Bürgerlichen Gesetzbuchs* nur für die weitere Beschwerde nach § 621 e Abs. 2 vor dem Bundesgerichtshof.

...

Fünfter Titel

Prozeßkosten

§ 93 c

Hat eine Klage auf Anfechtung der Vaterschaft Erfolg, so sind die Kosten gegeneinander aufzuheben. § 96 gilt entsprechend.

§ 93 d

(1) In einem Verfahren über Unterhaltsansprüche des ~~nichtehelichen~~ Kindes gegen den Vater ist nicht deswegen ein Teil der Kosten dem Gegner des Vaters aufzuerlegen, weil einem Begehren des Vaters auf Stundung oder Erlaß rückständigen Unterhalts stattgegeben wird. Beantragt der Vater eine Entscheidung nach § 642 f, so hat er die Kosten des Verfahrens zu tragen.

...

DRITTER ABSCHNITT
Verfahren

Erster Titel

Mündliche Verhandlung

§ 153

Hängt die Entscheidung eines Rechtsstreits davon ab, ob ein Mann, dessen Vaterschaft im Wege der Anfechtungsklage angefochten worden ist, der Vater des Kindes ist, so gelten die Vorschriften des § 152 entsprechend.

B Gesetzesänderungen

Dritter Titel
Ladungen, Termine und Fristen

§ 227

(1) Aus erheblichen Gründen kann ein Termin aufgehoben oder verlegt sowie eine Verhandlung vertagt werden.

...

(3) Ein für die Zeit vom 1. Juli bis 31. August bestimmter Termin, mit Ausnahme eines Termins zur Verkündung einer Entscheidung, ist auf Antrag innerhalb einer Woche nach Zugang der Ladung oder Terminsbestimmung zu verlegen. Dies gilt nicht für

...

3. Streitigkeiten in Familiensachen,

...

SECHSTES BUCH
Verfahren in Familiensachen

ERSTER ABSCHNITT
Allgemeine Vorschriften für Verfahren in Ehesachen

~~Erster Titel~~

~~Allgemeine Vorschriften für Ehesachen~~

§ 613

(1) Das Gericht soll das persönliche Erscheinen der Ehegatten anordnen und sie anhören; es kann sie als Parteien vernehmen. *Sind gemeinschaftliche minderjährige Kinder vorhanden, hört das Gericht die Ehegatten auch zur elterlichen Sorge an und weist auf bestehende Möglichkeiten der Beratung durch die Beratungsstellen und Dienste der Träger der Jugendhilfe hin.* Ist ein Ehegatte am Erscheinen vor dem Prozeßgericht verhindert oder hält er sich in so großer Entfernung von dessen Sitz auf, daß ihm das Erscheinen nicht zugemutet werden kann, so kann er durch einen ersuchten Richter angehört oder vernommen werden.

...

§ 620

Das Gericht kann im Wege der einstweiligen Anordnung auf Antrag regeln:

1. die elterliche Sorge für ein gemeinschaftliches Kind;

...

~~Im Falle des Satzes 1 Nr. 1 kann das Gericht eine einstweilige Anordnung auch von Amts wegen erlassen.~~

ZWEITER ABSCHNITT
Allgemeine Vorschriften für Verfahren in anderen Familiensachen

§ 621

(1) Für Familiensachen, die

1. *die elterliche Sorge für ein Kind, soweit nach den Vorschriften des Bürgerlichen Gesetzbuchs hierfür das Familiengericht zuständig ist,*

2. *die Regelung des Umgangs mit einem Kind, soweit nach den Vorschriften des Bürgerlichen Gesetzbuchs hierfür das Familiengericht zuständig ist,*

3. *die Herausgabe eines Kindes, für das die elterliche Sorge besteht,*

4. *die durch Verwandtschaft begründete gesetzliche Unterhaltspflicht,*

...

9. *Verfahren nach den §§ 1382 und 1383 des Bürgerlichen Gesetzbuchs,*

10. *Kindschaftssachen,*

11. *Ansprüche nach den §§ 1615 k bis 1615 m des Bürgerlichen Gesetzbuchs*

betreffen, ist das Familiengericht ausschließlich zuständig.

(2) *Während der Anhängigkeit einer Ehesache ist unter den deutschen Gerichten das Gericht, bei dem die Ehesache im ersten Rechtszug anhängig ist oder war, ausschließlich zuständig für Familiensachen nach Absatz 1 Nr. 5 bis 9; für Familiensachen nach Absatz 1 Nr. 1 bis 4 gilt dies nur, soweit sie betreffen*

1. *in den Fällen der Nummer 1 die elterliche Sorge für ein gemeinschaftliches Kind einschließlich der Übertragung der elterlichen Sorge oder eines Teils der elterlichen Sorge wegen Gefährdung des Kindeswohls auf einen Elternteil, Vormund oder Pfleger,*

B   Gesetzesänderungen

2. in den Fällen der Nummer 2 die Regelung des Umgangs mit einem gemeinschaftlichen Kind der Ehegatten nach den §§ 1684 und 1685 des Bürgerlichen Gesetzbuchs oder des Umgangs eines Ehegatten mit einem Kind des anderen Ehegatten nach § 1685 Abs. 2 des Bürgerlichen Gesetzbuchs,

3. in den Fällen der Nummer 3 die Herausgabe eines Kindes an den anderen Elternteil,

4. in den Fällen der Nummer 4 die Unterhaltspflicht gegenüber einem gemeinschaftlichen Kind mit Ausnahme von Vereinfachten Verfahren zur Abänderung von Unterhaltstiteln.

Ist eine Ehesache nicht anhängig, so richtet sich die örtliche Zuständigkeit nach den allgemeinen Vorschriften.

(3) Wird eine Ehesache rechtshängig, während eine Familiensache der in *Absatz 2 Satz 1* genannten Art bei einem anderen Gericht im ersten Rechtszug anhängig ist, so ist diese von Amts wegen an das Gericht der Ehesache zu verweisen oder abzugeben. § 281 Abs. 2, 3 Satz 1 gilt entsprechend.

§ 621 a

(1) Für die Familiensachen des *§ 621 Abs. 1 Nr. 1 bis 3, 6, 7, 9 und 10 in Verfahren nach § 1600 e Abs. 2 des Bürgerlichen Gesetzbuchs* bestimmt sich, soweit sich aus diesem Gesetz oder dem Gerichtsverfassungsgesetz nichts Besonderes ergibt, das Verfahren nach den Vorschriften des Gesetzes über die Angelegenheiten der freiwilligen Gerichtsbarkeit und nach den Vorschriften der Verordnung über die Behandlung der Ehewohnung und des Hausrats. An die Stelle der §§ 2 bis 6, 8 bis 11, 13, 16 Abs. 2, 3 und des § 17 des Gesetzes über die Angelegenheiten der freiwilligen Gerichtsbarkeit treten die für das zivilprozessuale Verfahren maßgeblichen Vorschriften.

. . .

§ 621 d

(1) Gegen die in der Berufungsinstanz erlassenen Endurteile über Familiensachen des *§ 621 Abs. 1 Nr. 4, 5, 8, 10 mit Ausnahme der Verfahren nach § 1600 e Abs. 2 des Bürgerlichen Gesetzbuchs sowie 11* findet die Revision nur statt, wenn das Oberlandesgericht sie in dem Urteil zugelassen hat; § 546 Abs. 1 Satz 2, 3 gilt entsprechend.

. . .

Zivilprozeßordnung

§ 621 e

(1) Gegen die im ersten Rechtszug ergangenen Endentscheidungen über Familiensachen des § 621 Abs. 1 Nr. 1 bis 3, 6, 7, 9 und 10 *in Verfahren nach § 1600 e Abs. 2 des Bürgerlichen Gesetzbuchs* findet die Beschwerde statt.

(2) In den Familiensachen des § 621 Abs. 1 Nr. 1 bis 3, 6 und 10 *in Verfahren nach § 1600 e Abs. 2 des Bürgerlichen Gesetzbuchs* findet die weitere Beschwerde statt, wenn das Oberlandesgericht sie in dem Beschluß zugelassen hat; § 546 Abs. 1 Satz 2, 3 gilt entsprechend. Die weitere Beschwerde findet ferner statt, soweit das Oberlandesgericht die Beschwerde als unzulässig verworfen hat. Die weitere Beschwerde kann nur darauf gestützt werden, daß die Entscheidung auf einer Verletzung des Gesetzes beruht.

. . .

DRITTER ABSCHNITT
Verfahren in Scheidungs- und Folgesachen

§ 622

(1) Das Verfahren auf Scheidung wird durch Einreichung einer Antragsschrift anhängig.

(2) *Die Antragsschrift muß vorbehaltlich des § 630 Angaben darüber enthalten, ob*

1. *gemeinschaftliche minderjährige Kinder vorhanden sind,*

2. *Familiensachen der in § 621 Abs. 2 Satz 1 bezeichneten Art anderweitig anhängig sind.*

Im übrigen gelten die Vorschriften über die Klageschrift entsprechend.

. . .

§ 623

(1) *Soweit in Familiensachen des § 621 Abs. 1 Nr. 5 bis 9 und Abs. 2 Satz 1 Nr. 4 eine Entscheidung für den Fall der Scheidung zu treffen ist und von einem Ehegatten rechtzeitig begehrt wird, ist hierüber gleichzeitig und zusammen mit der Scheidungssache zu verhandeln und, sofern dem Scheidungsantrag stattgegeben wird, zu entscheiden (Folgesachen). Wird bei einer Familiensache des § 621 Abs. 1 Nr. 5 und 8 und Abs. 2 Satz 1 Nr. 4 ein Dritter Verfahrensbeteiligter, so wird diese Familiensache abgetrennt. Für die Durchführung des Versorgungsaus-*

gleichs in den Fällen des § 1587 b des Bürgerlichen Gesetzbuchs bedarf es keines Antrags.

(2) Folgesachen sind auch rechtzeitig von einem Ehegatten anhängig gemachte Familiensachen nach

1. § 621 Abs. 2 Satz 1 Nr. 1 im Fall eines Antrags nach § 1671 Abs. 1 des Bürgerlichen Gesetzbuchs,
2. § 621 Abs. 2 Satz 1 Nr. 2, soweit deren Gegenstand der Umgang eines Ehegatten mit einem gemeinschaftlichen Kind oder einem Kind des anderen Ehegatten ist, und
3. § 621 Abs. 2 Satz 1 Nr. 3.

Auf Antrag eines Ehegatten trennt das Gericht eine Folgesache nach den Nummern 1 bis 3 von der Scheidungssache ab. Ein Antrag auf Abtrennung einer Folgesache nach Nummer 1 kann mit einem Antrag auf Abtrennung einer Folgesache nach § 621 Abs. 1 Nr. 5 und Abs. 2 Satz 1 Nr. 4 verbunden werden. Im Fall der Abtrennung wird die Folgesache als selbständige Familiensache fortgeführt; § 626 Abs. 2 Satz 3 gilt entsprechend.

(3) Folgesachen sind auch rechtzeitig eingeleitete Verfahren betreffend die Übertragung der elterlichen Sorge oder eines Teils der elterlichen Sorge wegen Gefährdung des Kindeswohls auf einen Elternteil, einen Vormund oder einen Pfleger. Das Gericht kann anordnen, daß ein Verfahren nach Satz 1 von der Scheidungssache abgetrennt wird. Absatz 2 Satz 3 gilt entsprechend.

(4) Das Verfahren muß bis zum Schluß der mündlichen Verhandlung erster Instanz in der Scheidungssache anhängig gemacht oder eingeleitet sein. Satz 1 gilt entsprechend, wenn die Scheidungssache nach § 629 b an das Gericht des ersten Rechtszuges zurückverwiesen ist.

(5) Die vorstehenden Vorschriften gelten auch für Verfahren der in den Absätzen 1 bis 3 genannten Art, die nach § 621 Abs. 3 an das Gericht der Ehesache übergeleitet worden sind. In den Fällen des Absatzes 1 gilt dies nur, soweit eine Entscheidung für den Fall der Scheidung zu treffen ist.

§ 624

...

(2) Die Bewilligung der Prozeßkostenhilfe für die Scheidungssache erstreckt sich auf Folgesachen nach § 621 Abs. 1 Nr. ~~1,~~ 6, soweit sie nicht ausdrücklich ausgenommen werden.

...

Zivilprozeßordnung

§ 625

(1) Hat in eine Scheidungssache der Antragsgegner keinen Rechtsanwalt als Bevollmächtigten bestellt, so ordnet das Prozeßgericht ihm von Amts wegen zur Wahrnehmung seiner Rechte im ersten Rechtszug hinsichtlich des Scheidungsantrags und *eines Antrags nach § 1671 Abs. 1 des Bürgerlichen Gesetzbuchs* einen Rechtsanwalt bei, wenn diese Maßnahme nach der freien Überzeugung des Gerichts zum Schutz des Antragsgegners unabweisbar erscheint; § 78 c Abs. 1, 3 gilt sinngemäß. Vor einer Beiordnung soll der Antragsgegner persönlich und dabei besonders darauf hingewiesen werden, daß die Familiensachen des § 621 Abs. 1 gleichzeitig mit der Scheidungssache verhandelt und entschieden werden können.

...

§ 626

(1) Wird ein Scheidungsantrag zurückgenommen, so gilt § 269 Abs. 3 auch für die Folgesachen, *soweit sie nicht die Übertragung der elterlichen Sorge oder eines Teils der elterlichen Sorge wegen Gefährdung des Kindeswohls auf einen Elternteil, einen Vormund oder einen Pfleger betreffen; in diesem Fall wird die Folgesache als selbständige Familiensache fortgeführt.* Erscheint die Anwendung des § 269 Abs. 3 Satz 2 im Hinblick auf den bisherigen Sach- und Streitstand in den Folgesachen der in § 621 Abs. 1 Nr. 4, 5, 8 bezeichneten Art als unbillig, so kann das Gericht die Kosten anderweitig verteilen. Das Gericht spricht die Wirkungen der Zurücknahme auf Antrag eines Ehegatten aus.

(2) Auf Antrag einer Partei ist ihr durch Beschluß vorzubehalten, eine Folgesache als selbständige Familiensache fortzuführen. Der Beschluß bedarf keiner mündlichen Verhandlung. In der selbständigen Familiensache wird über die Kosten besonders entschieden.

§ 627

(1) Beabsichtigt das Gericht, von *dem Antrag eines Ehegatten nach § 1671 Abs. 1 des Bürgerlichen Gesetzbuchs, dem der andere Ehegatte zustimmt,* abzuweichen, so ist die Entscheidung vorweg zu treffen.

...

§ 628

~~(1)~~ Das Gericht kann dem Scheidungsantrag vor der Entscheidung über eine Folgesache stattgeben, soweit

B	Gesetzesänderungen

1. in einer Folgesache nach § 621 Abs. 1 Nr. 6 oder 8 vor der Auflösung der Ehe eine Entscheidung nicht möglich ist,
2. in einer Folgesache nach § 621 Abs. 1 Nr. 6 das Verfahren ausgesetzt ist, weil ein Rechtsstreit über den Bestand oder die Höhe einer auszugleichenden Versorgung vor einem anderen Gericht anhängig ist,
3. *in einer Folgesache nach § 623 Abs. 2 Satz 1 Nr. 1 und 2 das Verfahren ausgesetzt ist, oder*
4. die gleichzeitige Entscheidung über die Folgesache den Scheidungsausspruch so außergewöhnlich verzögern würde, daß der Aufschub auch unter Berücksichtigung der Bedeutung der Folgesache eine unzumutbare Härte darstellen würde.

Hinsichtlich der übrigen Folgesachen bleibt § 623 anzuwenden.

(2) aufgehoben

§ 629

(1) Ist dem Scheidungsantrag stattzugeben und gleichzeitig über Folgesachen zu entscheiden, so ergeht die Entscheidung einheitlich durch Urteil.

...

(3) Wird ein Scheidungsantrag abgewiesen, so werden die Folgesachen gegenstandslos, *soweit sie nicht die Übertragung der elterlichen Sorge oder eines Teils der elterlichen Sorge wegen Gefährdung des Kindeswohls auf einen Elternteil, einen Pfleger oder einen Vormund betreffen; in diesem Fall wird die Folgesache als selbständige Familiensache fortgeführt. Im übrigen ist einer Partei auf ihren Antrag* in dem Urteil vorzubehalten, eine Folgesache als selbständige Familiensache fortzusetzen. § 626 Abs. 2 Satz 3 gilt entsprechend.

§ 630

(1) Für das Verfahren auf Scheidung nach § 1565 in Verbindung mit § 1566 Abs. 1 des Bürgerlichen Gesetzbuchs muß die Antragsschrift eines Ehegatten auch enthalten:
1. die Mitteilung, daß der andere Ehegatte der Scheidung zustimmen oder in gleicher Weise die Scheidung beantragen wird;
2. *entweder übereinstimmende Erklärungen der Ehegatten, daß Anträge zur Übertragung der elterlichen Sorge oder eines Teils der elterlichen Sorge für die Kinder auf einen Elternteil und zur Regelung des Umgangs der Eltern mit*

den Kindern nicht gestellt werden, weil sich die Ehegatten über das Fortbestehen der Sorge und über den Umgang einig sind, oder, soweit eine gerichtliche Regelung erfolgen soll, die entsprechenden Anträge und jeweils die Zustimmung des anderen Ehegatten hierzu;
3. die Einigung der Ehegatten über die Regelung der Unterhaltspflicht gegenüber einem Kinde, die durch die Ehe begründete gesetzliche Unterhaltspflicht sowie die Rechtsverhältnisse an der Ehewohnung und am Hausrat.

. . .

VIERTER ABSCHNITT
Verfahren auf Nichtigerklärung und auf Feststellung des Bestehens oder Nichtbestehens einer Ehe

. . .

FÜNFTER ABSCHNITT
Verfahren in Kindschaftssachen

§ 640

(1) *Die Vorschriften dieses Abschnitts sind in Kindschaftssachen mit Ausnahme der Verfahren nach § 1600 e Abs. 2 des Bürgerlichen Gesetzbuchs anzuwenden; die §§ 609, 611 Abs. 2 die §§ 612, 613, 615, 616 Abs. 1 und die §§ 617, 618, 619 und 635 sind entsprechend anzuwenden.*

(2) Kindschaftssachen sind *Verfahren,* welche zum Gegenstand haben
1. die Feststellung des Bestehens oder Nichtbestehens eines Eltern-Kindes-Verhältnisses ~~zwischen den Parteien~~; hierunter fällt auch die Feststellung der Wirksamkeit oder Unwirksamkeit einer Anerkennung der Vaterschaft,
2. die Anfechtung der *Vaterschaft* oder
3. die Feststellung des Bestehens oder Nichtbestehens der elterlichen Sorge der einen Partei für die andere.

§ 640 a

(1) *Ausschließlich zuständig ist das Gericht, in dessen Bezirk das Kind seinen Wohnsitz oder bei Fehlen eines inländischen Wohnsitzes seinen gewöhnlichen*

| **B** | Gesetzesänderungen |

Aufenthalt hat. Erhebt die Mutter die Klage, so ist auch das Gericht zuständig, in dessen Bezirk die Mutter ihren Wohnsitz oder bei Fehlen eines inländischen Wohnsitzes ihren gewöhnlichen Aufenthalt hat. Haben das Kind und die Mutter im Inland keinen Wohnsitz oder gewöhnlichen Aufenthalt, so ist der Wohnsitz oder bei Fehlen eines inländischen Wohnsitzes der gewöhnliche Aufenthalt des Mannes maßgebend. Ist eine Zuständigkeit eines Gerichts nach diesen Vorschriften nicht begründet, so ist das Familiengericht beim Amtsgericht Schöneberg in Berlin ausschließlich zuständig. Die Vorschriften sind auf Verfahren nach § 1615 o des Bürgerlichen Gesetzbuchs entsprechend anzuwenden.

...

§ 640 b

In einem Rechtsstreit, der die *Anfechtung der Vaterschaft* zum Gegenstand hat, sind die Parteien prozeßfähig, auch wenn sie in der Geschäftsfähigkeit beschränkt sind; dies gilt nicht für das minderjährige Kind. Ist eine Partei geschäftsunfähig oder ist das Kind noch nicht volljährig, so wird der Rechtsstreit durch den gesetzlichen Vertreter geführt; ~~dieser kann die Klage nur mit Genehmigung des Vormundschaftsgerichts erheben~~.

§ 640 c

(1) Mit einer der im § 640 bezeichneten Klagen kann eine Klage anderer Art nicht verbunden werden. Eine Widerklage anderer Art kann nicht erhoben werden. § 643 Abs. 1 Satz 1 bleibt unberührt.

(2) Während der Dauer der Rechtshängigkeit einer der in § 640 bezeichneten Klagen kann eine entsprechende Klage nicht anderweitig anhängig gemacht werden.

§ 640 d

Ist die ~~Ehelichkeit eines Kindes oder die Anerkennung der~~ Vaterschaft angefochten, so kann das Gericht gegen den Widerspruch des Anfechtenden Tatsachen, die von den Parteien nicht vorgebracht sind, nur insoweit berücksichtigen, als sie geeignet sind, der Anfechtung entgegengesetzt zu werden.

§ 640 e

(1) Ist an dem Rechtsstreit ein Elternteil oder das Kind nicht als Partei beteiligt, so ist der Elternteil oder das Kind unter Mitteilung der Klage zum Termin

zur mündlichen Verhandlung zu laden. Der Elternteil oder das Kind kann der einen oder anderen Partei zu ihrer Unterstützung beitreten.

(2) Ein Kind, das für den Fall des Unterliegens in einem von ihm geführten Rechtsstreit auf Feststellung der Vaterschaft einen Dritten als Vater in Anspruch nehmen zu können glaubt, kann ihm bis zur rechtskräftigen Entscheidung des Rechtsstreits gerichtlich den Streit verkünden. Die Vorschrift gilt entsprechend für eine Klage der Mutter.

§ 640 g

Hat das Kind oder die Mutter die Klage auf Anfechtung oder Feststellung der Vaterschaft erhoben und stirbt die klagende Partei vor Rechtskraft des Urteils, so ist § 619 nicht anzuwenden, wenn der andere Klageberechtigte das Verfahren aufnimmt. Wird das Verfahren nicht binnen eines Jahres aufgenommen, so ist der Rechtsstreit in der Hauptsache als erledigt anzusehen.

§ 640 h

Das Urteil wirkt, sofern es bei Lebzeiten der Parteien rechtskräftig wird, für und gegen alle. Ein Urteil, welches das Bestehen des Eltern-Kindes-Verhältnisses oder der elterlichen Sorge feststellt, wirkt jedoch gegenüber einem Dritten, der das elterliche Verhältnis oder die elterliche Sorge für sich in Anspruch nimmt, nur dann, wenn er an dem Rechtsstreit teilgenommen hat. Satz 2 ist auf solche rechtskräftigen Urteile nicht anzuwenden, die das Bestehen der Vaterschaft nach § 1600 d des Bürgerlichen Gesetzbuchs feststellen.

§§ 641–641 b

aufgehoben

§ 641 c

Die Anerkennung der Vaterschaft, die Zustimmung der Mutter sowie der Widerruf der Anerkennung können auch in der mündlichen Verhandlung zur Niederschrift des Gerichts erklärt werden. Das gleiche gilt für die etwa erforderliche Zustimmung des Kindes oder eines gesetzlichen Vertreters.

§ 641 d

(1) Sobald ein Rechtsstreit auf Feststellung des Bestehens der Vaterschaft nach § 1600 d des Bürgerlichen Gesetzbuchs anhängig oder ein Antrag auf Bewilli-

B Gesetzesänderungen

gung der Prozeßkostenhilfe eingereicht ist, kann das Gericht auf Antrag des Kindes seinen Unterhalt und auf Antrag der Mutter ihren Unterhalt durch eine einstweilige Anordnung regeln. Das Gericht kann bestimmen, daß der Mann Unterhalt zu zahlen oder für den Unterhalt Sicherheit zu leisten hat, und die Höhe des Unterhalts regeln.

...

(4) Die entstehenden Kosten eines von einer Partei beantragten Verfahrens der einstweiligen Anordnung gelten für die Kostenentscheidung als Teil der Kosten der Hauptsache, diejenigen eines vom Nebenintervenienten beantragten Verfahrens der einstweiligen Anordnung als Teil der Kosten der Nebenintervention; § 96 gilt insoweit sinngemäß.

§ 641 e

(1) Die einstweilige Anordnung tritt, wenn sie nicht vorher aufgehoben wird, außer Kraft, sobald derjenige, der die Anordnung erwirkt hat, gegen den Mann einen anderen Schuldtitel über den Unterhalt erlangt, der nicht nur vorläufig vollstreckbar ist.

(2) Ist rechtskräftig festgestellt, daß der Mann der Vater des Kindes ist, so hat auf Antrag des Mannes das Gericht des ersten Rechtszuges eine Frist zu bestimmen, innerhalb derer derjenige, der die Anordnung erwirkt hat, wegen der Unterhaltsansprüche die Klage zu erheben hat. Für Unterhaltsansprüche des Kindes ist eine Frist nicht zu bestimmen, wenn der Mann zugleich mit der Feststellung der Vaterschaft verurteilt ist, den Regelunterhalt zu zahlen. Wird die Frist nicht eingehalten, so hat das Gericht auf Antrag die Anordnung aufzuheben. Das Gericht entscheidet durch Beschluß; der Beschluß kann ohne mündliche Verhandlung ergehen. Die Entscheidung über den Antrag nach Satz 3 unterliegt der sofortigen Beschwerde.

(3) Ist der Mann rechtskräftig verurteilt, den Regelunterhalt, den Regelunterhalt zuzüglich eines Zuschlags oder abzüglich eines Abschlags oder einen Zuschlag zum Regelunterhalt zu zahlen, so hat auf Antrag des Mannes das Gericht des ersten Rechtszuges eine Frist zu bestimmen, innerhalb derer das Kind die Festsetzung des Betrages nach § 642 a Abs. 1 oder nach § 642 d oder § 643 Abs. 2 in Verbindung mit § 642 a Abs. 1 zu beantragen hat. Absatz 2 Satz 3 bis 5 gilt entsprechend.

§ 641 g

Ist die Klage auf Feststellung des Bestehens der Vaterschaft zurückgenommen oder rechtskräftig abgewiesen, so hat *derjenige, der die einstweilige*

Zivilprozeßordnung **B**

Anordnung erwirkt hat, dem Manne den Schaden zu ersetzen, der ihm aus der Vollziehung der einstweiligen Anordnung entstanden ist.

§ 641 h

Weist das Gericht eine Klage auf Feststellung des Nichtbestehens der ~~nichtehelichen~~ Vaterschaft ab, weil es den Kläger oder den Beklagten als Vater festgestellt hat, so spricht es dies in der Urteilsformel aus.

§ 641 k
aufgehoben

SECHSTER ABSCHNITT
Verfahren über den Unterhalt Minderjähriger

Erster Titel
Vereinfachtes Verfahren zur Abänderung von Unterhaltstiteln

§ 641 l

(1) Urteile auf künftig fällig werdende wiederkehrende Unterhaltszahlungen können auf Grund des § 1612 a des Bürgerlichen Gesetzbuchs und einer nach diesen Vorschriften erlassenen Rechtsverordnung (Anpassungsverordnung) auf Antrag im Vereinfachten Verfahren abgeändert werden. ~~Das Vereinfachte Verfahren zur Abänderung von Unterhaltstiteln gilt nicht als Familiensache~~.

. . .

Zweiter Titel
Verfahren über den Regelunterhalt nach § 1615 f des Bürgerlichen Gesetzbuchs

§ 642

Das ~~nichteheliche~~ Kind kann mit der Klage gegen seinen Vater auf Unterhalt, anstatt die Verurteilung des Vaters zur Leistung eines bestimmten Betrages zu begehren, beantragen, den Vater zur Leistung des Regelunterhalts zu verurteilen.

§ 643

(1) Wird auf Klage des Kindes das Bestehen der ~~nichtehelichen~~ Vaterschaft festgestellt, so hat das Gericht auf Antrag den Beklagten zugleich zu verurteilen, dem Kinde den Regelunterhalt zu leisten. Herabsetzung des Unterhalts unter den Regelunterhalt sowie Erlaß und Stundung rückständiger Unterhaltsbeträge können in diesem Verfahren nicht begehrt werden.

...

§ 644

...

(2) Eine Klage wegen der Ansprüche nach den §§ 1615 k, 1615 l des Bürgerlichen Gesetzbuchs kann auch bei dem Gericht erhoben werden, bei dem *eine Klage des Kindes gegen seinen Vater auf Unterhalt* im ersten Rechtszug anhängig ist. Für das Verfahren über die Stundung des Anspruchs nach § 1615 l des Bürgerlichen Gesetzbuchs gelten die §§ 642 e, 642 f entsprechend.

ACHTES BUCH
Zwangsvollstreckung

ERSTER ABSCHNITT
Allgemeine Vorschriften

§ 794

(1) Die Zwangsvollstreckung findet ferner statt:

...

2a. aus Beschlüssen, die den Betrag des ~~vom Vater eines nichtehelichen Kindes zu zahlenden~~ Regelunterhalts *nach § 1615f des Bürgerlichen Gesetzbuchs,* auch eines Zu- oder Abschlags hierzu, festsetzen;

...

VI.
Gesetz über die Angelegenheiten der freiwilligen Gerichtsbarkeit
– Auszug –

ERSTER ABSCHNITT

Allgemeine Vorschriften

§ 33

(1) Ist jemandem durch eine Verfügung des Gerichts die Verpflichtung auferlegt, eine Handlung vorzunehmen, die ausschließlich von seinem Willen abhängt, oder eine Handlung zu unterlassen oder die Vornahme einer Handlung zu dulden, so kann ihn das Gericht, soweit sich nicht aus dem Gesetz ein anderes ergibt, zur Befolgung seiner Anordnung durch Festsetzung von Zwangsgeld anhalten. Ist eine Person herauszugeben, kann das Gericht unabhängig von der Festsetzung eines Zwangsgeldes die Zwangshaft anordnen. Bei Festsetzung des Zwangsmittels sind dem Beteiligten zugleich die Kosten des Verfahrens aufzuerlegen.

(2) Soll eine Sache oder eine Person herausgegeben oder eine Sache vorgelegt werden oder ist eine Anordnung ohne Gewalt nicht durchzuführen, so kann auf Grund einer besonderen Verfügung des Gerichts unabhängig von den gemäß Absatz 1 festgesetzten Zwangsmitteln auch Gewalt gebraucht werden. *Eine Gewaltanwendung gegen ein Kind darf nicht zugelassen werden, wenn das Kind herausgegeben werden soll, um das Umgangsrecht auszuüben.*

. . .

B   Gesetzesänderungen

ZWEITER ABSCHNITT

Vormundschafts-, Familien-, Betreuungs- und Unterbringungssachen

II. Vormundschafts- und Familiensachen

§ 35 b

(1) Für Verrichtungen, die eine Vormundschaft *oder* Pflegschaft ~~oder Beistandschaft~~ betreffen, sind die deutschen Gerichte zuständig, wenn der Mündel *oder* Pflegling ~~oder das Kind~~

1. Deutscher ist oder
2. seinen gewöhnlichen Aufenthalt im Inland hat.

(2) Die deutschen Gerichte sind ferner zuständig, soweit der Mündel *oder* Pflegling ~~oder das Kind~~ der Fürsorge durch ein deutsches Gericht bedarf.

(3) Die Zuständigkeit nach den Absätzen 1 und 2 ist nicht ausschließlich.

§ 43 a
(Ehelicherklärung)

aufgehoben

§ 46 a

Vor einer Entscheidung, durch die einem Elternteil das Bestimmungsrecht nach § *1617 Abs. 2* des Bürgerlichen Gesetzbuchs übertragen wird, soll das *Familiengericht* beide Eltern anhören und auf eine einvernehmliche Bestimmung hinwirken. Die Entscheidung des *Familiengerichts* bedarf keiner Begründung; sie ist unanfechtbar.

§ 48

Wird einem Standesbeamten der Tod einer Person, die ein minderjähriges Kind hinterlassen hat, oder die Geburt eines ~~ehelichen~~ Kindes nach dem Tode des Vaters ~~oder die Geburt eines nichtehelichen Kindes~~ oder die Auffindung eines Minderjährigen, dessen Familienstand nicht zu ermitteln ist, angezeigt, so hat der Standesbeamte hiervon dem Vormundschaftsgericht Anzeige zu machen.

§ 49

(1) Das Vormundschaftsgericht hört das Jugendamt vor einer Entscheidung

1. *nach folgenden Vorschriften des Bürgerlichen Gesetzbuchs:*
   Annahme als Kind (§ 1741), sofern das Jugendamt nicht eine gutachtliche Äußerung nach § 56 d abgegeben hat, Aufhebung des Annahmeverhältnisses (§§ 1760 und 1763) und Rückübertragung der elterlichen Sorge (§ 1751 Abs. 3, § 1764 Abs. 4),

. . .

(4) Bei Gefahr im Verzuge kann das Vormundschaftsgericht einstweilige Anordnungen schon vor Anhörung des Jugendamts treffen. *Die Anhörung ist unverzüglich nachzuholen.*

§ 49 a

(1) *Das Familiengericht hört das Jugendamt vor einer Entscheidung nach folgenden Vorschriften des Bürgerlichen Gesetzbuchs:*
1. *Übertragung von Angelegenheiten der elterlichen Sorge auf die Pflegeperson (§ 1630 Abs. 3),*
2. *Unterstützung der Eltern bei der Ausübung der Personensorge (§ 1631 Abs. 3),*
2a. *Unterbringung, die mit Freiheitsentziehung verbunden ist (§§ 1631 b, 1800, 1915),*
3. *Herausgabe des Kindes, Wegnahme von der Pflegeperson (§ 1632 Abs. 1, 4) oder von dem Ehegatten oder Umgangsberechtigten (§ 1682),*
4. *Umgang mit dem Kind (§ 1632 Abs. 2, §§ 1684 und 1685),*
5. *Gefährdung des Kindeswohls (§ 1666),*
6. *elterliche Sorge bei Getrenntleben der Eltern (§§ 1671, 1672 Abs. 1),*
7. *Ruhen der elterlichen Sorge (§ 1678 Abs. 2),*
8. *elterliche Sorge nach Tod eines Elternteils (§ 1680 Abs. 2, § 1681),*
9. *elterliche Sorge nach Entziehung (§ 1680 Abs. 3).*

(2) § 49 Abs. 3 und 4 gilt entsprechend.

§ 50
Verfahrenspfleger für das minderjährigen Kind[1)]

(1) Das Gericht kann dem minderjährigen Kind einen Pfleger für ein seine Person betreffendes Verfahren bestellen, soweit dies zur Wahrnehmung seiner Interessen erforderlich ist.

---
1) Überschrift nicht amtlich.

(2) Die Bestellung ist in der Regel erforderlich, wenn
1. das Interesse des Kindes zu dem seiner gesetzlichen Vertreter in erheblichem Gegensatz steht,
2. Gegenstand des Verfahrens Maßnahmen wegen Gefährdung des Kindeswohls sind, mit denen die Trennung des Kindes von seiner Familie oder die Entziehung der gesamten Personensorge verbunden ist (§§ 1666, 1666 a des Bürgerlichen Gesetzbuchs), oder
3. Gegenstand des Verfahrens die Wegnahme des Kindes von der Pflegeperson (§ 1632 Abs. 4 des Bürgerlichen Gesetzbuchs) oder von dem Ehegatten oder Umgangsberechtigten (§ 1682 des Bürgerlichen Gesetzbuchs) ist.

Sieht das Gericht in diesen Fällen von der Bestellung eines Pflegers für das Verfahren ab, so ist dies in der Entscheidung zu begründen, die die Person des Kindes betrifft.

(3) Die Bestellung soll unterbleiben oder aufgehoben werden, wenn die Interessen des Kindes von einem Rechtsanwalt oder einem anderen geeigneten Verfahrensbevollmächtigten angemessen vertreten werden.

(4) Die Bestellung endet, sofern sie nicht vorher aufgehoben wird,
1. mit der Rechtskraft der das Verfahren abschließenden Entscheidung oder
2. mit dem sonstigen Abschluß des Verfahrens.

(5) Der Ersatz von Aufwendungen und die Vergütung des Pflegers erfolgen aus der Staatskasse. Im übrigen sind die §§ 1835, 1836 Abs. 1 Satz 1, 2 und 4, Abs. 2 bis 4 des Bürgerlichen Gesetzbuchs entsprechend anzuwenden.

§ 50 c

Lebt ein Kind seit längerer Zeit in Familienpflege, so hört das Gericht in allen die Person des Kindes betreffenden Angelegenheiten auch die Pflegeperson an, es sei denn, daß davon eine Aufklärung nicht erwartet werden kann. *Satz 1 gilt entsprechend, wenn das Kind auf Grund einer Entscheidung nach § 1682 des Bürgerlichen Gesetzbuchs bei dem dort genannten Ehegatten oder Umgangsberechtigten lebt.*

§ 51

(1) Eine Verfügung, durch die von dem *Familiengericht* festgestellt wird, daß ein Elternteil auf längere Zeit an der Ausübung der elterlichen Sorge tatsächlich verhindert ist, wird mit der Bekanntmachung an den anderen Elternteil wirksam, wenn dieser die elterliche Sorge während der Verhin-

derung kraft Gesetzes allein ausübt, anderenfalls mit der Übertragung der Ausübung der elterlichen Sorge auf ihn oder mit der Bestellung des Vommundes.

(2) Eine Verfügung, durch die von dem *Familiengericht* festgestellt wird, daß der Grund für das Ruhen der elterlichen Sorge eines Elternteils nicht mehr besteht, wird mit der Bekanntmachung an diesen wirksam.

§ 52

(1) In einem die Person eines Kindes betreffenden Verfahren soll das Gericht so früh wie möglich und in jeder Lage des Verfahrens auf ein Einvernehmen der Beteiligten hinwirken. Es soll die Beteiligten so früh wie möglich anhören und auf bestehende Möglichkeiten der Beratung durch die Beratungsstellen und -dienste der Träger der Jugendhilfe insbesondere zur Entwicklung eines einvernehmlichen Konzepts für die Wahrnehmung der elterlichen Sorge und der elterlichen Verantwortung hinweisen.

(2) Soweit dies nicht zu einer für das Kindeswohl nachteiligen Verzögerung führt, soll das Gericht das Verfahren aussetzen, wenn

1. die Beteiligten bereit sind, außergerichtliche Beratung in Anspruch zu nehmen, oder

2. nach freier Überzeugung des Gerichts Aussicht auf ein Einvernehmen der Beteiligten besteht; in diesem Fall soll das Gericht den Beteiligten nahelegen, eine außergerichtliche Beratung in Anspruch zu nehmen.

(3) Im Fall des Absatzes 2 kann das Gericht eine einstweilige Anordnung über den Verfahrensgegenstand von Amts wegen erlassen.

§ 52 a

(1) Macht ein Elternteil geltend, daß der andere Elternteil die Durchführung einer gerichtlichen Verfügung über den Umgang mit dem gemeinschaftlichen Kind vereitelt oder erschwert, so vermittelt das Familiengericht auf Antrag eines Elternteils zwischen den Eltern. Das Gericht kann die Vermittlung ablehnen, wenn bereits ein Vermittlungsverfahren oder eine anschließende außergerichtliche Beratung erfolglos geblieben ist.

(2) Das Gericht hat die Eltern alsbald zu einem Vermittlungstermin zu laden. Zu diesem Termin soll das Gericht das persönliche Erscheinen der Eltern anordnen. In der Ladung weist das Gericht auf die möglichen Rechtsfolgen eines erfolglosen Vermittlungsverfahrens nach Absatz 5 hin. In geeigneten Fällen bittet das Gericht das Jugendamt um Teilnahme an dem Termin.

B	Gesetzesänderungen

(3) In dem Termin erörtert das Gericht mit den Eltern, welche Folgen das Unterbleiben des Umgangs für das Wohl des Kindes haben kann. Es weist auf die Rechtsfolgen hin, die sich aus einer Vereitelung oder Erschwerung des Umgangs ergeben können, insbesondere auf die Möglichkeiten der Durchsetzung mit Zwangsmitteln nach § 33 oder der Einschränkung und des Entzugs der Sorge unter den Voraussetzungen der §§ 1666, 1671 und 1696 des Bürgerlichen Gesetzbuchs. Es weist die Eltern auf die bestehenden Möglichkeiten der Beratung durch die Beratungsstellen und -dienste der Träger der Jugendhilfe hin.

(4) Das Gericht soll darauf hinwirken, daß die Eltern Einvernehmen über die Ausübung des Umgangs erzielen. Das Ergebnis der Vermittlung ist im Protokoll festzuhalten. Soweit die Eltern Einvernehmen über eine von der gerichtlichen Verfügung abweichende Regelung des Umgangs erzielen und diese dem Wohl des Kindes nicht widerspricht, ist die Umgangsregelung als Vergleich zu protokollieren; dieser tritt an die Stelle der bisherigen gerichtlichen Verfügung. Wird ein Einvernehmen nicht erzielt, sind die Streitpunkte im Protokoll festzuhalten.

(5) Wird weder eine einvernehmliche Regelung des Umgangs noch Einvernehmen über eine nachfolgende Inanspruchnahme außergerichtlicher Beratung erreicht oder erscheint mindestens ein Elternteil in dem Vermittlungstermin nicht, so stellt das Gericht durch nicht anfechtbaren Beschluß fest, daß das Vermittlungsverfahren erfolglos geblieben ist. In diesem Fall prüft das Gericht, ob Zwangsmittel ergriffen, Änderungen der Umgangsregelung vorgenommen oder Maßnahmen in bezug auf die Sorge ergriffen werden sollen. Wird ein entsprechendes Verfahren von Amts wegen oder auf einen binnen eines Monats gestellten Antrag eines Ehegatten eingeleitet, so werden die Kosten des Vermittlungsverfahrens als Teil der Kosten des anschließenden Verfahrens behandelt.

§ 55 b

(1) In dem Verfahren, das die Feststellung des Vaters eines ~~nichtehelichen~~ Kindes zum Gegenstand hat, hat das Gericht die Mutter des Kindes sowie, wenn der Mann gestorben ist, dessen Ehefrau, Eltern und ~~eheliche~~ Kinder zu hören. ~~War der Mann nichtehelich, so braucht dessen Vater nicht gehört zu werden~~. Das Gericht darf von der Anhörung einer Person nur absehen, wenn diese zur Abgabe einer Erklärung dauernd außerstande oder ihr Aufenthalt dauernd unbekannt ist.

(2) Eine Verfügung, durch die das *Familiengericht* über den Antrag auf Feststellung der Vaterschaft entscheidet, wird erst mit der Rechtskraft wirksam.

Gesetz ü. d. Angelegenheiten der freiwilligen Gerichtsbarkeit **B**

(3) Gegen die Verfügung, durch die das *Familiengericht* die Vaterschaft feststellt, steht den nach Absatz 1 zu hörenden Personen und dem Kinde die Beschwerde zu.

§ 55 c

In Verfahren, die ~~die Ehelicherklärung eines nichtehelichen Kindes oder~~ die Annahme eines Minderjährigen als Kind betreffen, gelten für die Anhörung eines minderjährigen Kindes die Vorschriften des § 50 b Abs. 1, 2 Satz 1, Abs. 3 entsprechend.

§§ 56 a, 56 b

aufgehoben

§ 56 c

(1) Eine Verfügung, durch die das *Familiengericht über die Anfechtung der Vaterschaft* entscheidet, wird erst mit der Rechtskraft wirksam.

(2) Ist die Anfechtung gleichzeitig Gegenstand eines Rechtsstreits nach den Vorschriften der Zivilprozeßordnung, so ist das Verfahren vor dem Vormundschaftsgericht[1] bis zur Erledigung des Rechtsstreits auszusetzen.

§ 56 f

(1) In einem Verfahren, das die Aufhebung eines Annahmeverhältnisses betrifft, soll das Gericht die Sache in einem Termin erörtern, zu dem der Antragsteller sowie der Annehmende, das Kind und, falls das Kind noch minderjährig ist, auch das Jugendamt zu laden sind.

(2) Ist das Kind minderjährig oder geschäftsunfähig und ist der Annehmende sein gesetzlicher Vertreter, so hat das Gericht dem Kind für das Aufhebungsverfahren einen Pfleger zu bestellen. *§ 50 Abs. 3 bis 5 gilt entsprechend.*

. . .

---

[1] Hier liegt ein redaktionelles Versehen des Gesetzgebers vor: Das Wort „Vormundschaftsgericht" muß richtigerweise lauten „Familiengericht".

B Gesetzesänderungen

§ 57

(1) Die Beschwerde steht, unbeschadet der Vorschrift des § 20, zu:

...

7. gegen eine Verfügung, durch die vom Vormund *oder* Pfleger ~~oder Beistand~~ eine Vergütung bewilligt wird, dem Gegenvormund;
8. gegen eine Verfügung, durch welche die Anordnung einer der in ~~§ 1631a Abs. 2,~~ § 1640 Abs. 4, den §§ 1666, 1666 a, 1667~~, 1683 Abs. 4~~ oder in § 1693 des Bürgerlichen Gesetzbuchs vorgesehenen Maßnahmen abgelehnt

oder eine solche Maßnahme aufgehoben wird, den Verwandten und Verschwägerten des Kindes;

...

§ 59

(1) Ein *Kind, für das die elterliche Sorge besteht* oder ein unter Vormundschaft stehender Mündel kann in allen seine Person betreffenden Angelegenheiten ohne Mitwirkung seines gesetzlichen Vertreters das Beschwerderecht ausüben. Das gleiche gilt in sonstigen Angelegenheiten, in denen das Kind oder der Mündel vor einer Entscheidung des *Gerichts* gehört werden soll.

...

§ 63 a

aufgehoben

§ 64

(1) Für die dem Familiengericht obliegenden Verrichtungen sind die Amtsgerichte zuständig.

(2) Wird eine Ehesache rechtshängig, so gibt das Familiengericht im ersten Rechtszug bei ihm anhängige Verfahren der in *§ 621 Abs. 1 Nr. 9, Abs. 2 Nr. 1 bis 3* der Zivilprozeßordnung bezeichneten Art von Amts wegen an das Gericht der Ehesache ab. § 281 Abs. 2, 3 Satz 1 der Zivilprozeßordnung gilt entsprechend.

(3) In Angelegenheiten, die vor das Familiengericht gehören, gelten die Vorschriften des Zweiten und des Dritten ~~Titels des Ersten~~ Abschnitts im Sechsten Buch der Zivilprozeßordnung sowie § 119 Abs. 1 Nr. 1, 2, § 133 Nr. 2 des Gerichtsverfassungsgesetzes ...

IV. Unterbringungssachen

§ 70

(1) Die folgenden Vorschriften gelten für Verfahren über Unterbringungsmaßnahmen. Unterbringungsmaßnahmen sind

1. die Genehmigung einer Unterbringung, die mit Freiheitsentziehung verbunden ist,

    a) eines Kindes (§§ 1631 b, ~~1705~~, 1800, 1915 des Bürgerlichen Gesetzbuchs) und

. . .

Für Unterbringungsmaßnahmen *mit Ausnahme solcher nach § 1631 b des Bürgerlichen Gesetzbuchs* sind die Vormundschaftsgerichte zuständig.

. . .

FÜNFTER ABSCHNITT
Nachlaß- und Teilungssachen

§ 83 a[1)]

Für das Verfahren, das die Stundung eines Pflichtteilsanspruchs ~~oder eines Erbersatzanspruchs~~ zum Gegenstand hat (§ 2331 a in Verbindung mit *§ 1382* des Bürgerlichen Gesetzbuchs), gilt § 53 a entsprechend.

---

1) Änderung durch ErbGleichG; in Kraft ab 1. April 1998.

VII.
Gerichtskostengesetz

– Auszug –

ZWEITER ABSCHNITT
Bürgerliche Rechtsstreitigkeiten,
Familiensachen (§ 1 Abs. 2) und Verfahren vor den Gerichten
der Verwaltungs- und Finanzgerichtsbarkeit

§ 12
Wertberechnung in bürgerlichen Rechtsstreitigkeiten und Familiensachen (§ 1 Abs. 2)

(1) In bürgerlichen Rechtsstreitigkeiten und in den in § 1 Abs. 2 genannten Familiensachen richten sich die Gebühren nach dem für die Zuständigkeit des Prozeßgerichts oder die Zulässigkeit des Rechtsmittels maßgeblichen Wert des Streitgegenstandes, soweit nichts anderes bestimmt ist. In Rechtsstreitigkeiten aufgrund des Gesetzes zur Regelung des Rechts der Allgemeinen Geschäftsbedingungen darf der Streitwert 500 000 Deutsche Mark nicht übersteigen.

(2) In nicht vermögensrechtlichen Streitigkeiten ist der Wert des Streitgegenstandes unter Berücksichtigung aller Umstände des Einzelfalles insbesondere des Umfangs und der Bedeutung der Sache und der Vermögens- und Einkommensverhältnisse der Parteien, nach Ermessen zu bestimmen. In Ehesachen ist für die Einkommensverhältnisse das in drei Monaten erzielte Nettoeinkommen der Eheleute einzusetzen. In Kindschaftssachen ist von einem Wert von 4000 Deutsche Mark auszugehen, in einer Scheidungsfolgesache nach *§ 623 Abs. 2, 3, 5, § 621 Abs. 1 Nr. 1, 2 oder 3* der Zivilprozeßordnung von 1500 Deutsche Mark. Der Wert darf nicht über

Gerichtskostengesetz **B**

2 Millionen Deutsche Mark angenommen werden; in Ehesachen darf er nicht unter 4000 Deutsche Mark angenommen werden.

§ 19 a

Familiensachen

(1) Die Scheidungssache und die Folgesachen (*§ 623 Abs. 1 bis 3, 5, § 621 Abs. 1 Nr. 1 bis 9 der Zivilprozeßordnung*) gelten als ein Verfahren, dessen Gebühren nach dem zusammengerechneten Wert der Gegenstände zu berechnen sind. Eine Scheidungsfolgesache nach *§ 623 Abs. 2, 3, 5, § 621 Abs. 1 Nr. 1, 2 oder 3 der Zivilprozeßordnung* ist auch dann als ein Gegenstand zu bewerten, wenn sie mehrere Kinder betrifft. § 12 Abs. 3 ist nicht anzuwenden.

(2) Absatz 1 Satz 1 gilt entsprechend, wenn nach § 621 a Abs. 2 der Zivilprozeßordnung einheitlich durch Urteil zu entscheiden ist.

(3) *Die Bestellung eines Verfahrenspflegers und deren Aufhebung nach § 50 des Gesetzes über die Angelegenheiten der freiwilligen Gerichtsbarkeit sind Teil der Folgesache.*

SIEBENTER ABSCHNITT
Kostenzahlung und Kostenvorschuß

§ 61

Fälligkeit der Gebühren

In bürgerlichen Rechtsstreitigkeiten einschließlich der Familiensachen nach *§ 621 Abs. 1 Nr. 4, 5, 8 und 11 der Zivilprozeßordnung sowie § 621 Abs. 1 Nr. 10 der Zivilprozeßordnung mit Ausnahme der Verfahren nach § 1600 e Abs. 2 des Bürgerlichen Gesetzbuchs* im Konkursverfahren, im Vergleichsverfahren zur Abwendung des Konkurses und im seerechtlichen Verteilungsverfahren wird die Gebühr mit der Einreichung der Klage-, Antrags-, Einspruchs- oder Rechtsmittelschrift oder mit der Abgabe der entsprechenden Erklärung zu Protokoll fällig; soweit die Gebühr eine Entscheidung oder sonstige gerichtliche Handlung voraussetzt, wird sie mit dieser fällig.

B Gesetzesänderungen

Anlage 1
(zu § 11 Abs. 1)

Teil 9
Auslagen

...

Nr.	Auslagentatbestand	Höhe
9016	*Nach § 50 Abs. 5 FGG an den Verfahrenspfleger zu zahlende Beträge*	*in voller Höhe*

VIII. Kostenordnung

– Auszug –

ERSTER TEIL
Gerichtskosten

ERSTER ABSCHNITT
Allgemeine Vorschriften

7. Geschäftswert

§ 24
Wiederkehrende Nutzungen oder Leistungen

...

(4) *Der Geschäftswert für Unterhaltsansprüche nach den §§ 1615 f bis 1615 h des Bürgerlichen Gesetzbuchs bestimmt sich nach dem Betrag des einjährigen Bezugs.* Ist dieser Betrag in den einzelnen Jahren verschieden, so kommt der höchste Betrag zum Ansatz.

...

ZWEITER ABSCHNITT
Gebühren in Angelegenheiten der freiwilligen Gerichtsbarkeit

4. Familienrechtliche Angelegenheiten

§ 94
Einzelne Verrichtungen des Vormundschaftsgerichts und des Familiengerichts

(1) Die volle Gebühr wird erhoben

...

B   Gesetzesänderungen

2. für die Tätigkeit ~~des Vormundschaftsgerichts~~ im Falle der Heirat eines Elternteils, der das Vermögen seines Kindes verwaltet;
3. *für die in § 1632 Abs. 4, § 1640 Abs. 3 und den §§ 1666 bis 1667 des Bürgerlichen Gesetzbuchs vorgesehenen Entscheidungen und Anordnungen;*
4. für die Übertragung der elterlichen Sorge oder ihrer Ausübung, für die Übertragung des Rechts, für die Person oder das Vermögen des Kindes zu sorgen, sowie für Entscheidungen nach §§ 1684 bis 1686 des Bürgerlichen Gesetzbuchs;
5. *für die Übertragung der Entscheidungsbefugnis in den persönlichen und vermögensrechtlichen Angelegenheiten des Kindes und für die Einschränkung oder Ausschließung der Entscheidungsbefugnis in Angelegenheiten des täglichen Lebens oder über den Umgang;*

...

7. *für Verfahren über die Feststellung oder Anfechtung der Vaterschaft nach § 1600 e Abs. 2 des Bürgerlichen Gesetzbuchs;*

...

(3) In den Fällen des Absatzes 1 Nr. 2 ist nur der Elternteil, der sich wiederverheiraten will, in den Fällen des Absatzes 1 Nr. 8 nur der Elternteil, dessen Einwilligung oder Genehmigung ersetzt wird, zahlungspflichtig. *In den Fällen des Absatzes 1 Nr. 3 bis 6 ist nur der Beteiligte, ausgenommen das Kind, zahlungspflichtig, den das Gericht nach billigem Ermessen bestimmt;* es kann auch anordnen, daß von der Erhebung der Gebühr abzusehen ist.

§ 95
Weitere Verrichtungen des Vormundschafts- und des Familiengerichts

(1) Die volle Gebühr wird erhoben

1. für die nach § 1643 des Bürgerlichen Gesetzbuchs erforderliche Genehmigung zu einem Rechtsgeschäft;
2. für Verfügungen nach § 112, § 1629 Abs. 2, § 1631 Abs. 3, §§ 1645, 1674, 1693, § 2282 Abs. 2, § 2290 Abs. 3, §§ 2347, 2351 des Bürgerlichen Gesetzbuchs;
3. für sonstige Fürsorgetätigkeiten ~~des Vormundschaftsgerichts~~ für ein unter elterlicher Sorge stehendes Kind mit Ausnahme der Tätigkeit in Angelegenheiten der Annahme als Kind.

§ 92 Abs. 1 Satz 1 gilt entsprechend. *Eine Gebühr für die Tätigkeit des Vormundschaftsgerichts wird nicht erhoben, wenn für den Fürsorgebedürftigen eine Vormundschaft, Dauerbetreuung, -pflegschaft oder -beistandschaft besteht oder wenn die Tätigkeit in den Rahmen einer Betreuung, Pflegschaft oder Beistandschaft für einzelne Rechtshandlungen fällt.*

...

§ 100
Bestellung eines Verfahrenspflegers nach § 50 des Gesetzes über die Angelegenheiten der freiwilligen Gerichtsbarkeit

Die Bestellung eines Verfahrenspflegers und deren Aufhebung sind Teil des Verfahrens, für das der Verfahrenspfleger bestellt worden ist. Die Bestellung und deren Aufhebung sind gebührenfrei.

DRITTER ABSCHNITT
Auslagen

§ 137
Sonstige Auslagen

Als Auslagen werden ferner erhoben

...

16. nach § 50 Abs. 5 des Gesetzes über die Angelegenheiten der freiwilligen Gerichtsbarkeit an den Verfahrenspfleger zu zahlende Beträge.

IX.
Bundesgebührenordnung für Rechtsanwälte

– Auszug –

ERSTER ABSCHNITT

Allgemeine Vorschriften

§ 7
Gegenstandswert

(1) Die Gebühren werden, soweit dieses Gesetz nichts anderes bestimmt, nach dem Wert berechnet, den der Gegenstand der anwaltlichen Tätigkeit hat (Gegenstandswert).

(2) In derselben Angelegenheit werden die Werte mehrerer Gegenstände zusammengerechnet.

(3) Eine Scheidungssache und die Folgesachen (*§ 623 Abs. 1 bis 3, 5, § 621 Abs. 1 Nr. 1 bis 9 der Zivilprozeßordnung*) gelten als dieselbe Angelegenheit im Sinne dieses Gesetzes.

DRITTER ABSCHNITT

Gebühren in bürgerlichen Rechtsstreitigkeiten und in ähnlichen Verfahren

§ 31
Prozeßgebühr, Verhandlungsgebühr, Beweisgebühr, Erörterungsgebühr

(1) Der zum Prozeßbevollmächtigten bestellte Rechtsanwalt erhält eine volle Gebühr

1. für das Betreiben des Geschäfts einschließlich der Information (Prozeßgebühr),
2. für die mündliche Verhandlung (Verhandlungsgebühr),

3. für die Vertretung im Beweisaufnahmeverfahren oder bei der Anhörung oder Vernehmung einer Partei nach § 613 der Zivilprozeßordnung (Beweisgebühr),
4. für die Erörterung der Sache, auch im Rahmen eines Versuchs zur gütlichen Beilegung (Erörterungsgebühr).

(2) Erörterungsgebühren und Verhandlungsgebühren, die denselben Gegenstand betreffen und in demselben Rechtszug entstehen, werden aufeinander angerechnet.

(3) Absätze 1 und 2 gelten auch für Scheidungsfolgesachen nach *§ 623 Abs. 1 bis 3, 5, § 621 Abs. 1 Nr. 1 bis 3, 6, 7 und 9 der Zivilprozeßordnung.*

ZWÖLFTER ABSCHNITT

Gebühren in sonstigen Angelegenheiten

§ 118

Geschäftsgebühr, Besprechungsgebühr, Beweisaufnahmegebühr

(1) In anderen als den im Dritten bis Elften Abschnitt geregelten Angelegenheiten erhält der Rechtsanwalt fünf Zehntel bis zehn Zehntel der vollen Gebühr

1. für das Betreiben des Geschäfts einschließlich der Information, des Einreichens, Fertigens oder Unterzeichnens von Schriftsätzen oder Schreiben und des Entwertens von Urkunden (Geschäftsgebühr); der Rechtsanwalt erhält diese Gebühr nicht für einen Rat oder eine Auskunft (§ 20);

...

(2) Soweit die in Absatz 1 Nr. 1 bestimmte Geschäftsgebühr für eine Tätigkeit außerhalb eines gerichtlichen oder behördlichen Verfahrens entsteht, ist sie auf die entsprechenden Gebühren für ein anschließendes gerichtliches oder behördliches Verfahren anzurechnen. *Soweit sie für ein erfolglos gebliebenes Vermittlungsverfahren nach § 52 a des Gesetzes über die Angelegenheiten der freiwilligen Gerichtsbarkeit entsteht, ist sie auf die entsprechende Gebühr für ein sich anschließendes Verfahren anzurechnen.* Die in Satz 1 bezeichnete Geschäftsgebühr ist zur Hälfte auf die entsprechenden Gebühren für ein Verfahren über Anträge auf Vollstreckbarerklärung eines Vergleichs nach § 1044 b der Zivilprozeßordnung anzurechnen.

X.
Einführungsgesetz zum Bürgerlichen Gesetzbuch
– Auszug –

ERSTER TEIL
Allgemeine Vorschriften

ZWEITES KAPITEL
Internationales Privatrecht

ZWEITER ABSCHNITT
Recht der natürlichen Personen und der Rechtsgeschäfte

Artikel 10
Name

Der Name einer Person unterliegt dem Recht des Staates, dem die Person angehört.

(2) Ehegatten können bei oder nach der Eheschließung gegenüber dem Standesbeamten ihren künftig zu führenden Namen wählen
1. nach dem Recht eines Staates, dem einer der Ehegatten angehört, ungeachtet des Artikels 5 Abs. 1, oder
2. nach deutschem Recht, wenn einer von ihnen seinen gewöhnlichen Aufenthalt im Inland hat.

Nach der Eheschließung abgegebene Erklärungen müssen öffentlich beglaubigt werden. Für die Auswirkungen der Wahl auf den Namen eines Kindes ist § 1617c des Bürgerlichen Gesetzbuchs sinngemäß anzuwenden.

(3) *Der Inhaber der Sorge kann gegenüber dem Standesbeamten bestimmen, daß ein Kind den Familiennamen erhalten soll*
1. *nach dem Recht eines Staates, dem ein Elternteil angehört, ungeachtet des Artikels 5 Abs. 1,*

2. *nach deutschem Recht, wenn ein Elternteil seinen gewöhnlichen Aufenthalt im Inland hat, oder*
3. *nach dem Recht des Staates, dem ein den Namen Erteilender angehört.*

Nach der Beurkundung der Geburt abgegebene Erklärungen müssen öffentlich beglaubigt werden.

(4) *aufgehoben*

DRITTER ABSCHNITT
Familienrecht

Artikel 19
Abstammung

(1) Die Abstammung eines Kindes unterliegt dem Recht des Staates, in dem das Kind seinen gewöhnlichen Aufenthalt hat. Sie kann im Verhältnis zu jedem Elternteil auch nach dem Recht des Staates bestimmt werden, dem dieser Elternteil angehört. Ist die Mutter verheiratet, so kann die Abstammung ferner nach dem Recht bestimmt werden, dem die allgemeinen Wirkungen ihrer Ehe bei der Geburt nach Artikel 14 Abs. 1 unterliegen; ist die Ehe vorher durch Tod aufgelöst worden, so ist der Zeitpunkt der Auflösung maßgebend.

(2) Sind die Eltern nicht miteinander verheiratet, so unterliegen Verpflichtungen des Vaters gegenüber der Mutter auf Grund der Schwangerschaft dem Recht des Staates, in dem die Mutter ihren gewöhnlichen Aufenthalt hat.

Artikel 20
Anfechtung der Abstammung

Die Abstammung kann nach jedem Recht angefochten werden, aus dem sich ihre Voraussetzungen ergeben. Das Kind kann die Abstammung in jedem Fall nach dem Recht des Staates anfechten, in dem es seinen gewöhnlichen Aufenthalt hat.

Artikel 21
Wirkungen des Eltern-Kind-Verhältnisses

Das Rechtsverhältnis zwischen einem Kind und seinen Eltern unterliegt dem Recht des Staates, in dem das Kind seinen gewöhnlichen Aufenthalt hat.

B Gesetzesänderungen

Artikel 23
Zustimmung

Die Erforderlichkeit und die Erteilung der Zustimmung des Kindes und einer Person, zu der das Kind in einem familienrechtlichen Verhältnis steht, zu einer Abstammungserklärung, Namenserteilung, ~~Legitimation~~ oder Annahme als Kind unterliegen zusätzlich dem Recht des Staates, dem das Kind angehört. Soweit es zum Wohl des Kindes erforderlich ist, ist statt dessen das deutsche Recht anzuwenden.

ZWEITER TEIL
Verhältnis des Bürgerlichen Gesetzbuchs zu den Landesgesetzen

Artikel 144

Die Landesgesetze können bestimmen, daß das Jugendamt die Beistandschaft mit Zustimmung des Elternteils auf einen rechtsfähigen Verein übertragen kann, dem dazu eine Erlaubnis nach § 54 des Achten Buches Sozialgesetzbuch erteilt worden ist.

FÜNFTER TEIL
Übergangsvorschriften aus Anlaß jüngerer Änderungen des Bürgerlichen Gesetzbuchs und dieses Einführungsgesetzes

Artikel 223

Übergangsvorschrift zum Beistandschaftsgesetz vom 4. Dezember 1997

(1) Bestehende gesetzliche Amtspflegschaften nach den §§ 1706 bis 1710 des Bürgerlichen Gesetzbuchs werden am 1. Juli 1998 zu Beistandschaften nach den §§ 1712 bis 1717 des Bürgerlichen Gesetzbuchs. Der bisherige Amtspfleger wird Beistand. Der Aufgabenkreis des Beistands entspricht dem bisherigen Aufgabenkreis; vom 1. Januar 1999 an fallen andere als die in § 1712 Abs. 1 des Bürgerlichen Gesetzbuchs bezeichneten Aufgaben weg. Dies gilt nicht für die Abwicklung laufender erbrechtlicher Verfahren nach § 1706 Nr. 3 des Bürgerlichen Gesetzbuchs.

(2) Soweit dem Jugendamt als Beistand Aufgaben nach § 1690 Abs. 1 des Bürgerlichen Gesetzbuchs übertragen wurden, werden diese Beistandschaften am

1. Juli 1998 zu Beistandschaften nach den §§ 1712 bis 1717 des Bürgerlichen Gesetzbuchs. Absatz 1 Satz 3 gilt entsprechend. Andere Beistandschaften des Jugendamts enden am 1. Juli 1998.

(3) Soweit anderen Beiständen als Jugendämtern Aufgaben nach § 1690 Abs. 1 des Bürgerlichen Gesetzbuchs übertragen wurden, werden diese Beistandschaften am 1. Juli 1998 zu Beistandschaften nach den §§ 1712 bis 1717 des Bürgerlichen Gesetzbuchs. Absatz 1 Satz 3 Halbsatz 1 gilt entsprechend. Diese Beistandschaften enden am 1. Januar 1999.

Artikel 224
Übergangsvorschrift zum Kindschaftsrechtsreformgesetz vom 16. Dezember 1997

§ 1
Abstammung

(1) Die Vaterschaft hinsichtlich eines vor dem 1. Juli 1998 geborenen Kindes richtet sich nach den bisherigen Vorschriften.

(2) Die Anfechtung der Ehelichkeit und die Anfechtung der Anerkennung der Vaterschaft richten sich nach den neuen Vorschriften über die Anfechtung der Vaterschaft.

(3) § 1599 Abs. 2 des Bürgerlichen Gesetzbuchs ist entsprechend anzuwenden auf Kinder, die vor dem in Absatz 1 genannten Tag geboren wurden.

(4) War dem Kind vor dem in Absatz 1 genannten Tag die Anfechtung verwehrt, weil ein gesetzlich vorausgesetzter Anfechtungstatbestand nicht vorlag, oder hat es vorher von seinem Anfechtungsrecht keinen Gebrauch gemacht, weil es vor Vollendung des zwanzigsten Lebensjahres die dafür erforderlichen Kenntnisse nicht hatte, so beginnt für das Kind an dem in Absatz 1 genannten Tag eine zweijährige Frist für die Anfechtung der Vaterschaft. Ist eine Anfechtungsklage wegen Fristversäumnis oder wegen Fehlens eines gesetzlichen Anfechtungstatbestandes abgewiesen worden, so steht die Rechtskraft dieser Entscheidung einer erneuten Klage nicht entgegen.

(5) Der Beschwerde des Kindes, dem nach neuem Recht eine Beschwerde zusteht, steht die Wirksamkeit einer Verfügung, durch die das Vormundschaftsgericht die Vaterschaft nach den bisher geltenden Vorschriften festgestellt hat, nicht entgegen. Die Beschwerdefrist beginnt frühestens am 1. Juli 1998.

B   Gesetzesänderungen

§ 2
Elterliche Sorge

(1) Ist ein Kind auf Antrag des Vaters für ehelich erklärt worden, so ist dies als Entscheidung gemäß § 1672 Abs. 1 des Bürgerlichen Gesetzbuchs anzusehen. Hat die Mutter in die Ehelicherklärung eingewilligt, so bleibt der Vater dem Kind und dessen Abkömmlingen vor der Mutter und den mütterlichen Verwandten zur Gewährung des Unterhalts verpflichtet, sofern nicht die Sorge wieder der Mutter übertragen wird.

(2) Ist ein Kind auf seinen Antrag nach dem Tod der Mutter für ehelich erklärt worden, so ist dies als Entscheidung gemäß § 1680 Abs. 2 Satz 2 des Bürgerlichen Gesetzbuchs anzusehen.

§ 3
Name des Kindes

(1) Führt ein vor dem 1. Juli 1998 geborenes Kind einen Geburtsnamen, so behält es diesen Geburtsnamen. § 1617a Abs. 2 und die §§ 1617b, 1617c und 1618 des Bürgerlichen Gesetzbuchs bleiben unberührt.

(2) § 1617 Abs. 1 und § 1617c des Bürgerlichen Gesetzbuchs gelten für ein nach dem 31. März 1994 geborenes Kind auch dann, wenn ein vor dem 1. April 1994 geborenes Kind derselben Eltern einen aus den Namen der Eltern zusammengesetzten Geburtsnamen führt.

(3) In den Fällen des Absatzes 2 können die Eltern durch Erklärung gegenüber dem Standesbeamten auch den zusammengesetzten Namen, den das vor dem 1. April 1994 geborene Kind als Geburtsnamen führt, zum Geburtsnamen ihres nach dem 31. März 1994 geborenen Kindes bestimmen. Die Bestimmung muß für alle gemeinsamen Kinder wirksam sein; § 1617 Abs. 1 Satz 2 und 3 sowie § 1617c Abs. 1 des Bürgerlichen Gesetzbuchs gelten entsprechend.

(4) Ist in den Fällen des Absatzes 2 für das nach dem 31. März 1994 geborene Kind bei Inkrafttreten dieser Vorschriften ein Name in ein deutsches Personenstandsbuch eingetragen, so behält das Kind den eingetragenen Namen als Geburtsnamen. Die Eltern können jedoch binnen eines Jahres nach dem Inkrafttreten dieser Vorschrift den Geburtsnamen des vor dem 1. April 1994 geborenen Kindes zum Geburtsnamen auch des nach dem 31. März 1994 geborenen Kindes bestimmen. Absatz 3 Satz 2 gilt entsprechend.

(5) Ist für ein Kind bei Inkrafttreten dieser Vorschrift ein aus den Namen der Eltern zusammengesetzer Name als Geburtsname in ein deutsches Personen-

standsbuch eingetragen, so können die Eltern durch Erklärung gegenüber dem Standesbeamten den Namen, den der Vater oder den die Mutter zum Zeitpunkt der Erklärung führt, zum Geburtsnamen dieses Kindes bestimmen. Absatz 3 Satz 2 gilt entsprechend. Haben die Eltern bereits den Namen des Vaters oder den Namen der Mutter zum Geburtsnamen eines ihrer gemeinsamen Kinder bestimmt, so kann auch für die anderen gemeinsamen Kinder nur dieser Name bestimmt werden.

(6) Die Absätze 3 bis 5 gelten nicht, wenn mehrere vor dem 1. April 1994 geborene Kinder derselben Eltern unterschiedliche Geburtsnamen führen.

Artikel 225[1)]
Übergangsvorschrift zum Gesetz zur erbrechtlichen Gleichstellung nichtehelicher Kinder vom 16. Dezember 1997

(1) Die bis zum 1. April 1998 geltenden Vorschriften über das Erbrecht des nichtehelichen Kindes sind weiter anzuwenden, wenn vor diesem Zeitpunkt

1. *der Erblasser gestorben ist oder*
2. *über den Erbausgleich eine wirksame Vereinbarung getroffen oder der Erbausgleich durch rechtskräftiges Urteil zuerkannt worden ist.*

(2) Ist ein Erbausgleich nicht zustande gekommen, so gelten für Zahlungen, die der Vater dem Kinde im Hinblick auf den Erbausgleich geleistet und nicht zurückgefordert hat, die Vorschriften des § 2050 Abs. 1, des § 2051 Abs. 1 und des § 2315 des Bürgerlichen Gesetzbuchs entsprechend.

SECHSTER TEIL
Inkrafttreten und Übergangsrecht aus Anlaß der Einführung des Bürgerlichen Gesetzbuchs und dieses Einführungsgesetzes in dem in Artikel 3 des Einigungsvertrages genannten Gebiet

Artikel 230
Inkrafttreten

Das Bürgerliche Gesetzbuch und dieses Einführungsgesetz treten für das in Artikel 3 des Einigungsvertrages genannte Gebiet am Tage des Wirksamwerdens des Beitritts nach Maßgabe der folgenden Übergangsvorschriften in Kraft.

---

1) Änderung durch ErbGleichG; in Kraft ab 1. April 1998.

B Gesetzesänderungen

Artikel 235[1)]
Fünftes Buch
Erbrecht

§ 1
Erbrechtliche Verhältnisse

(1) Für die erbrechtlichen Verhältnisse bleibt das bisherige Recht maßgebend, wenn der Erblasser vor dem Wirksamwerden des Beitritts gestorben ist.

(2) Ist der Erblasser nach dem Wirksamwerden des Beitritts gestorben, so gelten in Ansehung eines nichtehelichen Kindes, das vor dem Beitritt geboren ist, die für die erbrechtlichen Verhältnisse eines ehelichen Kindes geltenden Vorschriften.

. . .

---

1) Änderung durch ErbGleichG; in Kraft ab 1. April 1998.

XI.
Sozialgesetzbuch Achtes Buch

Kinder- und Jugendhilfe
– Auszug –

ERSTES KAPITEL
Allgemeine Vorschriften

§ 2
Aufgaben der Jugendhilfe

(1) Die Jugendhilfe umfaßt Leistungen und andere Aufgaben zugunsten junger Menschen und Familien.

. . .

(3) Andere Aufgaben der Jugendhilfe sind

. . .

9. *die Beratung und Unterstützung von Müttern bei Vaterschaftsfeststellung und Geltendmachung von Unterhaltsansprüchen sowie von Pflegern und Vormündern (§§ 52 a, 53),*

. . .

11. *Beistandschaft, Amtspflegschaft, Amtsvormundschaft und Gegenvormundschaft des Jugendamts (§§ 55 bis 58),*

. . .

§ 7
Begriffsbestimmungen

(1) Im Sinne dieses Buches ist

1. Kind, wer noch nicht 14 Jahre alt ist, soweit nicht die Absätze 2 bis 4 etwas anderes bestimmen,

. . .

B Gesetzesänderungen

~~(3) Nichteheliches Kind im Sinne dieses Buches ist, wer nichtehelicher Abstammung und noch nicht 18 Jahre alt ist.~~

(4) Die Bestimmungen dieses Buches, die sich auf die Annahme als Kind beziehen, gelten nur für Personen, die das 18. Lebensjahr noch nicht vollendet haben.

§ 8
Beteiligung von Kindern und Jugendlichen

(1) Kinder und Jugendliche sind entsprechend ihrem Entwicklungsstand an allen sie betreffenden Entscheidungen der öffentlichen Jugendhilfe zu beteiligen. Sie sind in geeigneter Weise auf ihre Rechte im Verwaltungsverfahren sowie im Verfahren vor *dem Familiengericht,* dem Vormundschaftsgericht und dem Verwaltungsgericht hinzuweisen.

...

ZWEITES KAPITEL
Leistungen der Jugendhilfe

ZWEITER ABSCHNITT
Förderung der Erziehung in der Familie

§ 17
Beratung in Fragen der Partnerschaft, Trennung und Scheidung

(1) Mütter und Väter haben im Rahmen der Jugendhilfe Anspruch auf Beratung in Fragen der Partnerschaft, wenn sie für ein Kind oder einen Jugendlichen zu sorgen haben oder tatsächlich sorgen. Die Beratung soll helfen,

1. *ein partnerschaftliches Zusammenleben in der Familie aufzubauen,*
2. *Konflikte und Krisen in der Familie zu bewältigen,*
3. *im Falle der Trennung oder Scheidung die Bedingungen für eine dem Wohl des Kindes oder des Jugendlichen förderliche Wahrnehmung der Elternverantwortung zu schaffen.*

(2) Im Falle der Trennung oder Scheidung sind Eltern unter angemessener Beteiligung des betroffenen Kindes oder Jugendlichen bei der Entwicklung eines

einvernehmlichen Konzepts für die Wahrnehmung der elterlichen Sorge zu unterstützen; dieses Konzept kann auch als Grundlage für die richterliche Entscheidung über die elterliche Sorge nach der Trennung oder Scheidung dienen.

(3) Die Gerichte teilen die Rechtshängigkeit von Scheidungssachen, wenn gemeinschaftliche minderjährige Kinder vorhanden sind (§ 622 Abs. 2 Satz 1 der Zivilprozeßordnung), sowie Namen und Anschriften der Parteien dem Jugendamt mit, damit dieses die Eltern über das Leistungsangebot der Jugendhilfe nach Absatz 2 unterrichtet.

§ 18
Beratung und Unterstützung bei der Ausübung der Personensorge

(1) Mütter und Väter, die allein für ein Kind oder einen Jugendlichen zu sorgen haben oder tatsächlich sorgen, haben Anspruch auf Beratung und Unterstützung bei der Ausübung der Personensorge einschließlich der Geltendmachung von Unterhalts- oder Unterhaltsersatzansprüchen des Kindes oder Jugendlichen.

(2) Die Mutter, der die elterliche Sorge nach § 1626 a Abs. 2 des Bürgerlichen Gesetzbuchs zusteht, hat Anspruch auf Beratung und Unterstützung bei der Geltendmachung ihrer Ansprüche auf Erstattung der Entbindungskosten nach § 1615 k und auf Unterhalt nach § 1615 l des Bürgerlichen Gesetzbuchs.

(3) Kinder und Jugendliche haben Anspruch auf Beratung und Unterstützung bei der Ausübung des Umgangsrechts nach § 1684 Abs. 1 des Bürgerlichen Gesetzbuchs. Sie sollen darin unterstützt werden, daß die Personen, die nach Maßgabe der §§ 1684 und 1685 des Bürgerlichen Gesetzbuchs zum Umgang mit ihnen berechtigt sind, von diesem Recht zu ihrem Wohl Gebrauch machen. Eltern, andere Umgangsberechtigte sowie Personen, in deren Obhut sich das Kind befindet, haben Anspruch auf Beratung und Unterstützung bei der Ausübung des Umgangsrechts. Bei der Befugnis, Auskunft über die persönlichen Verhältnisse des Kindes zu verlangen, bei der Herstellung von Umgangskontakten und bei der Ausführung gerichtlicher oder vereinbarter Umgangsregelungen soll vermittelt und in geeigneten Fällen Hilfestellung geleistet werden.

(4) Ein junger Volljähriger hat bis zur Vollendung des 21. Lebensjahres Anspruch auf Beratung und Unterstützung bei der Geltendmachung von Unterhalts- oder Unterhaltsersatzansprüchen.

VIERTER ABSCHNITT
Hilfe zur Erziehung, Eingliederungshilfe für seelisch behinderte Kinder und Jugendliche, Hilfe für junge Volljährige

Dritter Unterabschnitt
Gemeinsame Vorschriften für die Hilfe zur Erziehung und die Eingliederungshilfe für seelisch behinderte Kinder und Jugendliche

§ 38
Vermittlung bei der Ausübung der Personensorge

Sofern der Inhaber der Personensorge durch eine Erklärung nach § 1688 Abs. 3 Satz 1 des Bürgerlichen Gesetzbuchs die Vertretungsmacht der Pflegeperson soweit einschränkt, daß dies eine dem Wohl des Kindes oder des Jugendlichen förderliche Erziehung nicht mehr ermöglicht, sowie bei sonstigen Meinungsverschiedenheiten sollen die Beteiligten das Jugendamt einschalten.

DRITTES KAPITEL
Andere Aufgaben der Jugendhilfe

ERSTER ABSCHNITT
Vorläufige Maßnahmen zum Schutz von Kindern und Jugendlichen

§ 42
Inobhutnahme von Kindern und Jugendlichen

...

(2) Das Jugendamt ist verpflichtet, ein Kind oder einen Jugendlichen in seine Obhut zu nehmen, wenn das Kind oder der Jugendliche um Obhut bittet. Das Jugendamt hat den Personensorge- oder Erziehungsberechtigten unverzüglich von der Inobhutnahme zu unterrichten. Widerspricht der Personensorge- oder Erziehungsberechtigte der Inobhutnahme, so hat das Jugendamt unverzüglich

1. das Kind oder den Jugendlichen dem Personensorge- oder Erziehungsberechtigten zu übergeben oder

2. eine Entscheidung des *Familiengerichts* über die erforderlichen Maßnahmen zum Wohl des Kindes oder des Jugendlichen herbeizuführen.

Ist der Personensorge- oder Erziehungsberechtigte nicht erreichbar, so gilt Satz 3 Nr. 2 entsprechend.

...

§ 43

Herausnahme des Kindes oder des Jugendlichen ohne Zustimmung des Personensorgeberechtigten

(1) Hält sich ein Kind oder ein Jugendlicher mit Zustimmung des Personensorgeberechtigten bei einer anderen Person oder in einer Einrichtung auf und werden Tatsachen bekannt, die die Annahme rechtfertigen, daß die Voraussetzungen des § 1666 des Bürgerlichen Gesetzbuchs vorliegen, so ist das Jugendamt bei Gefahr im Verzug befugt, das Kind oder den Jugendlichen von dort zu entfernen und bei einer geeigneten Person in einer Einrichtung oder in einer sonstigen betreuten Wohnform vorläufig unterzubringen. Das Jugendamt hat den Personensorgeberechtigten unverzüglich von den getroffenen Maßnahmen zu unterrichten. Stimmt der Personensorgeberechtigte nicht zu, so hat das Jugendamt unverzüglich eine Entscheidung des *Familiengerichts* herbeizuführen.

...

DRITTER ABSCHNITT

Mitwirkung in gerichtlichen Verfahren

§ 51

Beratung und Belehrung in Verfahren zur Annahme als Kind

...

(3) Sind die Eltern nicht miteinander verheiratet und haben sie keine Sorgeerklärungen abgegeben, so hat das Jugendamt den Vater bei der Wahrnehmung seiner Rechte nach § 1747 Abs. 1 und 3 des Bürgerlichen Gesetzbuchs zu beraten.

VIERTER ABSCHNITT
Beistandschaft, Pflegschaft und Vormundschaft für Kinder und Jugendliche, Auskunft über Nichtabgabe von Sorgeerklärungen

§ 52 a
Beratung und Unterstützung bei Vaterschaftsfeststellung und Geltendmachung von Unterhaltsansprüchen

(1) Das Jugendamt hat unverzüglich nach der Geburt eines Kindes, dessen Eltern nicht miteinander verheiratet sind, der Mutter Beratung und Unterstützung insbesondere bei der Vaterschaftsfeststellung und der Geltendmachung von Unterhaltsansprüchen des Kindes anzubieten. Hierbei hat es hinzuweisen auf

1. die Bedeutung der Vaterschaftsfeststellung,
2. die Möglichkeiten, wie die Vaterschaft festgestellt werden kann, insbesondere bei welchen Stellen die Vaterschaft anerkannt werdet kann,
3. die Möglichkeit, die Verpflichtung zur Erfüllung von Unterhaltsansprüchen oder zur Leistung einer an Stelle des Unterhalts zu gewährenden Abfindung nach § 59 Abs. 1 Satz 1 Nr. 3 beurkunden zu lassen,
4. die Möglichkeit, eine Beistandschaft zu beantragen, sowie auf die Rechtsfolgen einer solchen Beistandschaft,
5. die Möglichkeit der gemeinsamen elterlichen Sorge.

Das Jugendamt hat der Mutter ein persönliches Gespräch anzubieten. Das Gespräch soll in der Regel in der persönlichen Umgebung der Mutter stattfinden, wenn diese es wünscht.

(2) Das Angebot nach Absatz 1 kann vor der Geburt des Kindes erfolgen, wenn anzunehmen ist, daß seine Eltern bei der Geburt nicht miteinander verheiratet sein werden.

(3) Wurde eine nach § 1592 Nr. 1 oder 2 des Bürgerlichen Gesetzbuchs bestehende Vaterschaft zu einem Kind oder Jugendlichen durch eine gerichtliche Entscheidung beseitigt, so hat das Gericht dem Jugendamt Mitteilung zu machen. Absatz 1 gilt entsprechend.

§ 53
Beratung und Unterstützung von Pflegern und Vormündern

(1) Das Jugendamt hat dem Vormundschaftsgericht Personen und Vereine vorzuschlagen, die sich im Einzelfall zum Pfleger oder Vormund eignen.

(2) Pfleger und Vormünder haben Anspruch auf regelmäßige und dem jeweiligen erzieherischen Bedarf des Mündels entsprechende Beratung und Unterstützung.

...

(4) *Für die Gegenvormundschaft gelten die Absätze 1 und 2 entsprechend.* Ist ein Verein Vormund, so findet Absatz 3 keine Anwendung.

§ 54
Erlaubnis zur Übernahme von Vereinsvormundschaften

(1) *Ein rechtsfähiger Verein kann Pflegschaften oder Vormundschaften übernehmen, wenn ihm das Landesjugendamt dazu eine Erlaubnis erteilt hat. Er kann eine Beistandschaft übernehmen, soweit Landesrecht dies vorsieht.*

(2) Die Erlaubnis ist zu erteilen, wenn der Verein gewährleistet, daß er

1. eine ausreichende Zahl geeigneter Mitarbeiter hat und diese beaufsichtigen, weiterbilden und gegen Schäden, die diese anderen im Rahmen ihrer Tätigkeit zufügen können, angemessen versichern wird,
2. sich planmäßig um die Gewinnung von Einzelvormündern *und* Einzelpflegern ~~und Beiständen~~ bemüht und sie in ihre Aufgaben einführt, fortbildet und berät,
3. einen Erfahrungsaustausch zwischen den Mitarbeitern ermöglicht.

§ 55
Beistandschaft, Amtspflegschaft und Amtsvormundschaft

(1) Das Jugendamt wird *Beistand,* Pfleger oder Vormund in den durch das Bürgerliche Gesetzbuch vorgesehenen Fällen (*Beistandschaft,* Amtspflegschaft, Amtsvormundschaft).

(2) Das Jugendamt überträgt die Ausübung der Aufgaben *des Beistands, des Amtspflegers oder des Amtsvormunds* einzelnen seiner Beamten oder Angestellten. Die Übertragung gehört zu den Angelegenheiten der laufenden Verwaltung. In dem durch die Übertragung umschriebenen Rahmen ist der Beamte oder Angestellte gesetzlicher Vertreter des Kindes oder des Jugendlichen.

B Gesetzesänderungen

§ 57
Mitteilungspflicht des Jugendamts

Das Jugendamt hat dem Vormundschaftsgericht unverzüglich den Eintritt einer Vormundschaft mitzuteilen.

§ 58
Gegenvormundschaft des Jugendamts

Für die Tätigkeit des Jugendamts als Gegenvormund gelten die §§ 55 und 56 entsprechend.

§ 58 a
Auskunft über Nichtabgabe von Sorgeerklärungen

Sind keine Sorgeerklärungen nach § 1626 a Abs. 1 Nr. 1 des Bürgerlichen Gesetzbuchs abgegeben worden, so kann die Mutter vom Jugendamt unter Angabe des Geburtsorts des Kindes oder des Jugendlichen sowie des Namens, den das Kind oder der Jugendliche zur Zeit der Beurkundung seiner Geburt geführt hat, darüber eine schriftliche Auskunft verlangen.

FÜNFTER ABSCHNITT
Beurkundung und Beglaubigung, vollstreckbare Urkunden

§ 59
Beurkundung und Beglaubigung

(1) Die Urkundsperson beim Jugendamt ist befugt,

1. die Erklärung, durch die die Vaterschaft anerkannt wird, die Zustimmungserklärung des Kindes, des Jugendlichen oder der Mutter sowie die etwa erforderliche Zustimmung des gesetzlichen Vertreters zu einer solchen Erklärung (Erklärungen über die Anerkennung der Vaterschaft) zu beurkunden ~~oder, soweit die Erklärung auch in öffentlich beglaubigter Form abgegeben werden kann, zu beglaubigen~~,

...

5. ~~die Erklärungen zum Familiennamen und zur Einbenennung des nichtehelichen Kindes (§ 1617 Abs. 2, § 1618 des Bürgerlichen Gesetz-~~

Sozialgesetzbuch Achtes Buch B

~~buchs und Artikel 10 Abs. 4 des Einführungsgesetzes zum Bürgerlichen Gesetzbuch) zu beglaubigen,~~

...

7. die Erklärung, durch die der Vater auf die Übertragung der Sorge verzichtet (§ 1747 Abs. 3 Nr. 3 des Bürgerlichen Gesetzbuchs), zu beurkunden,

8. die Sorgeerklärungen (§ 1626a Abs. 1 Nr. 1 des Bürgerlichen Gesetzbuchs) zu beurkunden.

...

VIERTES KAPITEL
Schutz von Sozialdaten

§ 68
Sozialdaten im Bereich *der Beistandschaft*, der Amtspflegschaft und der Amtsvormundschaft

(1) Der Beamte oder Angestellte, dem die Ausübung der *Beistandschaft*, Amtspflegschaft oder Amtsvormundschaft übertragen ist, darf Sozialdaten nur erheben, verarbeiten oder nutzen, soweit dies zur Erfüllung seiner Aufgaben erforderlich ist. Die Nutzung dieser Sozialdaten zum Zweck der Aufsicht, Kontrolle oder Rechnungsprüfung durch die dafür zuständigen Stellen sowie die Übermittlung an diese ist im Hinblick auf den Einzelfall zulässig.

...

(3) Wer unter *Beistandschaft*, Amtspflegschaft oder Amtsvormundschaft gestanden hat, hat nach Vollendung des 18. Lebensjahres ein Recht auf Kenntnis der zu seiner Person in Akten oder auf sonstigen Datenträgern gespeicherten Informationen, soweit nicht berechtigte Interessen Dritter entgegenstehen. Vor Vollendung des 18. Lebensjahres können ihm die gespeicherten Informationen bekanntgegeben werden, soweit er die erforderliche Einsichts- und Urteilsfähigkeit besitzt und keine berechtigten Interessen Dritter entgegenstehen.

...

(5) Für die Tätigkeit des Jugendamts ~~als Beistand oder~~ als Gegenvormund gelten die Absätze 1 bis 4 entsprechend.

B   Gesetzesänderungen

FÜNFTES KAPITEL
Träger der Jugendhilfe, Zusammenarbeit, Gesamtverantwortung

ZWEITER ABSCHNITT
Zusammenarbeit mit der freien Jugendhilfe, ehrenamtliche Tätigkeit

§ 76
Beteiligung anerkannter Träger der freien Jugendhilfe an der Wahrnehmung anderer Aufgaben

(1) Die Träger der öffentlichen Jugendhilfe können anerkannte Träger der freien Jugendhilfe an der Durchführung ihrer Aufgaben nach den §§ 42, 43, 50 bis 52 a und 53 Abs. 2 bis 4 beteiligen oder ihnen diese Aufgaben zur Ausführung übertragen.

...

SIEBTES KAPITEL
Zuständigkeit, Kostenerstattung

ERSTER ABSCHNITT
Sachliche Zuständigkeit

§ 85
Sachliche Zuständigkeit

(1) Für die Gewährung von Leistungen und die Erfüllung anderer Aufgaben nach diesem Buch ist der örtliche Träger sachlich zuständig, soweit nicht der überörtliche Träger sachlich zuständig ist.

(2) Der überörtliche Träger ist sachlich zuständig für

...

10. die Erteilung der Erlaubnis zur Übernahme von Pflegschaften *oder* Vormundschaften ~~oder Beistandschaften~~ durch einen rechtsfähigen Verein (§ 54).

...

ZWEITER ABSCHNITT
Örtliche Zuständigkeit

Erster Unterabschnitt
Örtliche Zuständigkeit für Leistungen

§ 86
Örtliche Zuständigkeit für Leistungen an Kinder, Jugendliche und ihre Eltern

(1) Für die Gewährung von Leistungen nach diesem Buch ist der örtliche Träger zuständig, in dessen Bereich die Eltern ihren gewöhnlichen Aufenthalt haben. ~~An die Stelle der Eltern tritt die Mutter eines nichtehelichen Kindes, wenn und solange die Vaterschaft nicht festgestellt ist.~~ Lebt nur ein Elternteil; so ist dessen gewöhnlicher Aufenthalt maßgebend.

...

Zweiter Unterabschnitt
Örtliche Zuständigkeit für andere Aufgaben

§ 87 c
Örtliche Zuständigkeit für die Beistandschaft, die Amtspflegschaft, die Amtsvormundschaft und die Auskunft nach § 58 a

(1) Für die ~~Pflegschaft oder~~ Vormundschaft *nach § 1791 c des Bürgerlichen Gesetzbuchs* ist das Jugendamt zuständig, in dessen Bereich die Mutter ihren gewöhnlichen Aufenthalt hat. *Wurde die Vaterschaft nach § 1592 Nr. 1 oder 2 des Bürgerlichen Gesetzbuchs durch Anfechtung beseitigt,* so ist der gewöhnliche Aufenthalt der Mutter zu dem Zeitpunkt maßgeblich, zu dem die Entscheidung rechtskräftig wird. Ist ein gewöhnlicher Aufenthalt der Mutter nicht festzustellen, so richtet sich die örtliche Zuständigkeit nach ihrem tatsächlichen Aufenthalt. ~~In den Fällen des § 1709 Abs. 2 des Bürgerlichen Gesetzbuchs ist das Jugendamt zuständig, in dessen Bereich die Butter ihren gewöhnlichen Aufenthalt nimmt; Satz 3 gilt entsprechend.~~

...

(5) Für die Beratung und Unterstützung nach § 52 a sowie für die Beistandschaft gilt Absatz 1 Satz 1 und 3 entsprechend. Sobald der allein sorgeberechtigte Elternteil seinen gewöhnlichen Aufenthalt im Bereich eines anderen Jugendamts nimmt, hat das die Beistandschaft führende Jugendamt bei dem Jugendamt des

anderen Bereichs die Weiterführung der Beistandschaft zu beantragen; Absatz 2 Satz 2 und § 86 d gelten entsprechend.

(6) Für die Erteilung der schriftlichen Auskunft nach § 58 a gilt Absatz 1 entsprechend. Die Mitteilung nach § 1626 d Abs. 2 des Bürgerlichen Gesetzbuchs ist an das für den Geburtsort des Kindes zuständige Jugendamt zu richten; § 88 Abs. 1 Satz 2 gilt entsprechend. Auf Verlangen des nach Satz 1 zuständigen Jugendamts teilt das nach Satz 2 zuständige Jugendamt mit, ob eine Mitteilung nach § 1626 d Abs. 2 des Bürgerlichen Gesetzbuchs vorliegt.

§ 87 d
Örtliche Zuständigkeit für weitere Aufgaben im Vormundschaftswesen

(1) Für die Wahrnehmung der Aufgaben nach § 53 ist der örtliche Träger zuständig, in dessen Bereich der Pfleger *oder* Vormund ~~oder Beistand~~ seinen gewöhnlichen Aufenthalt hat.

(2) Für die Erteilung der Erlaubnis zur Übernahme von Pflegschaften *oder* Vormundschaften ~~oder Beistandschaften~~ durch einen rechtsfähigen Verein (§ 54) ist der überörtliche Träger zuständig, in dessen Bereich der Verein seinen Sitz hat.

NEUNTES KAPITEL
Kinder- und Jugendhilfestatistik

§ 99
Erhebungsmerkmale

...

(4) Erhebungsmerkmal bei den Erhebungen über die Amtspflegschaft und die Amtsvormundschaft sowie die Beistandschaft ist die Zahl der Kinder und Jugendlichen unter

1. *gesetzlicher Amtsvormundschaft,*
2. *bestellter Amtsvormundschaft,*
3. *bestellter Amtspflegschaft sowie*
4. *Beistandschaft,*

gegliedert nach Geschlecht, Art des Tätigwerdens des Jugendamts sowie nach deutscher und ausländischer Staatsangehörigkeit (Deutsche/Ausländer).

...

XII.
Art. 15 KindRG
Übergangsvorschriften[1]

§ 1

(1) In einem Verfahren nach § 621 Abs. 1 Nr. 1 bis 4, 10 und 11 der Zivilprozeßordnung das am 1. Juli 1998 in erster Instanz anhängig ist, bleibt das bisher befaßte Gericht zuständig. § 23 b Abs. 3 Satz 2 des Gerichtsverfassungsgesetzes ist nicht anzuwenden.

(2) Ist die erstinstanzliche Entscheidung in einem Verfahren nach § 621 Abs. 1 Nr. 1 bis 4, 10 und 11 der Zivilprozeßordnung vor dem 1. Juli 1998 verkündet oder statt einer Verkündung zugestellt worden, sind für die Zulässigkeit von Rechtsmitteln und die Zuständigkeit für die Verhandlung und Entscheidung über die Rechtsmittel die bis zum 1. Juli 1998 maßgeblichen Vorschriften weiterhin anzuwenden. In Verfahren nach § 621 Abs. 1 Nr. 1 bis 3 der Zivilprozeßordnung sowie § 621 Abs. 1 Nr. 10 der Zivilprozeßordnung in den Fällen des § 1600 e Abs. 2 des Bürgerlichen Gesetzbuchs tritt an die Stelle der Verkündung oder der Zustellung die Bekanntmachung. Im übrigen richtet sich die Zuständigkeit für die Verhandlung und Entscheidung über die Rechtsmittel nach den Vorschriften, die für die von den Familiengerichten entschiedenen Sachen gelten.

(3) In den Fällen der Absätze 1 und 2 Satz 1 ist, wenn es sich um Verfahren nach § 621 Abs. 1 Nr. 1 bis 3 der Zivilprozeßordnung sowie § 621 Abs. 1 Nr. 10 der Zivilprozeßordnung in den Fällen des § 1600 e Abs. 2 des Bürgerlichen Gesetzbuchs handelt, § 621 a der Zivilprozeßordnung nicht anzuwenden; § 49 a des Gesetzes über die Angelegenheiten der freiwilligen Gerichtsbarkeit ist entsprechend anzuwenden.

§ 2

(1) Ein am 1. Juli 1998 anhängiges Verfahren, welches die Anfechtung der Ehelichkeit oder die Anfechtung der Anerkennung der Vaterschaft

---
[1] Die Übergansvorschriften treten am 1. Juli 2003 außer Kraft.

zum Gegenstand hat, wird als Verfahren auf Anfechtung der Vaterschaft fortgeführt.

(2) Ein am 1. Juli 1998 anhängiges Verfahren, welches die Anfechtung der Ehelichkeit oder die Anfechtung der Anerkennung der Vaterschaft durch die Eltern des Mannes nach den §§ 1595a, 1600g Abs. 2, § 1600l Abs. 2 des Bürgerlichen Gesetzbuchs in der bis zum 1. Juli 1998 geltenden Fassung zum Gegenstand hat, ist als in der Hauptsache erledigt anzusehen.

(3) Ein am 1. Juli 1998 anhängiges Verfahren, dessen Gegenstand eine Genehmigung des Vormundschaftsgerichts nach § 1597 Abs. 1, 3, § 1600k Abs. 1 Satz 2, Abs. 2 Satz 1 des Bürgerlichen Gesetzbuchs in der bis zum 1. Juli 1998 geltenden Fassung ist, ist als in der Hauptsache erledigt anzusehen.

(4) Eine am 1. Juli 1998 anhängige Folgesache, die die Regelung der elterlichen Sorge nach § 1671 des Bürgerlichen Gesetzbuchs in der vor dem 1. Juli 1998 geltenden Fassung zum Gegenstand hat, ist als in der Hauptsache erledigt anzusehen, wenn nicht bis zum Ablauf von drei Monaten nach dem 1. Juli 1998 ein Elternteil beantragt hat, daß ihm das Familiengericht die elterliche Sorge oder einen Teil der elterlichen Sorge allein überträgt.

(5) Ein am 1. Juli 1998 anhängiges Verfahren, welches die Ehelicherklärung eines Kindes betrifft, ist als in der Hauptsache erledigt anzusehen.

(6) In einem Verfahren, das nach den vorstehenden Vorschriften als in der Hauptsache erledigt anzusehen ist, werden keine Gerichtsgebühren erhoben.

XIII.
Änderung sonstigen Bundesrechts

1. Personenstandsgesetz

Das Personenstandsgesetz in der im Bundesgesetzblatt Teil III, Gliederungsnummer 211-1, veröffentlichten bereinigten Fassung, zuletzt geändert durch Artikel 6 des Gesetzes vom 16. Dezember 1993 (BGBl. I S. 2054), wird wie folgt geändert:

1. § 12 Abs. 2 Nr. 2 wird wie folgt gefaßt:

   „2. die Vor- und Familiennamen sowie Wohnort oder letzter Wohnort der Eltern der Ehegatten, soweit sich die Angaben aus den Geburtseinträgen der Ehegatten ergeben; ist die Geburt eines Ehegatten nicht im Geltungsbereich dieses Gesetzes beurkundet, sind die Angaben über die Eltern auch einzutragen, wenn die Voraussetzungen für eine Eintragung in das Geburtenbuch nach § 21 Abs. 1 Nr. 1 oder § 29 Abs. 1 vorliegen".

2. § 15 wird wie folgt geändert:

   a) Absatz 1 wird wie folgt geändert:

   aa) Satz 1 Nr. 1 wird wie folgt gefaßt:

   „1. die gemeinsamen Kinder der Ehegatten,".

   bb) Satz 1 Nr. 2 wird aufgehoben; die Nummern 3 und 4 werden die Nummern 2 und 3.

   cc) In Satz 3 wird die Angabe „Nummern 3 und 4" durch die Angaben „Nummern 2 und 3" ersetzt.

   b) Absatz 3 Satz 1 wird wie folgt gefaßt:

   „Erweist sich nach der Anlegung des Familienbuchs, daß eine der in Absatz 1 genannten Voraussetzungen für die Eintragung des Kindes nicht bestanden hat, so ist für die Ehegatten ein neues Familienbuch ohne Angabe des Kindes anzulegen".

   c) In Absatz 4 Satz 2 wird der Wortlaut nach dem Komma wie folgt gefaßt:

   „wenn die Voraussetzungen nach Absatz 1 erfüllt sind."

3. § 17 Abs. 1 Satz 1 Nr. 1 wird wie folgt gefaßt:
„1. der Vater des Kindes, wenn er Mitinhaber der elterlichen Sorge ist,".

4. § 21 a wird wie folgt gefaßt:

„§ 21 a

Führen Eltern, denen die elterliche Sorge für ein Kind gemeinsam zusteht, keinen Ehenamen und ist von ihnen binnen eines Monats nach der Geburt des Kindes der Geburtsname des Kindes nicht bestimmt worden, so teilt der Standesbeamte dies dem für den Wohnsitz oder gewöhnlichen Aufenthalt des Kindes zuständigen Familiengericht mit."

5a. Nach § 21 a wird folgender § 21 b eingefügt:

„§ 21 b

Der Standesbeamte hat die Geburt eines nichtehelichen Kindes unverzüglich dem Jugendamt anzuzeigen. Ist die Mutter minderjährig, so ist ihr religiöses Bekenntnis anzugeben, wenn es im Geburtseintrag enthalten ist."

5b. In § 21 b werden die Wörter „nichtehelichen Kindes" durch die Wörter „Kindes, dessen Eltern nicht miteinander verheiratet sind," ersetzt.

6. § 29 Abs. 1 wird wie folgt gefaßt:
„(1) Wird die Vaterschaft nach der Beurkundung der Geburt des Kindes anerkannt oder gerichtlich festgestellt, so ist dies am Rande des Geburtseintrags zu vermerken."

7. § 29 a wird wie folgt gefaßt:

„§ 29 a

(1) Die Erklärung, durch welche die Vaterschaft anerkannt wird, sowie die Zustimmungserklärung der Mutter können auch von den Standesbeamten beurkundet werden. Gleiches gilt für die etwa erforderliche Zustimmung des Kindes, des gesetzlichen Vertreters oder des Ehemannes der Mutter zu einer solchen Erklärung sowie für den Widerruf der Anerkennung.

(2) Dem Standesbeamten, der die Geburt des Kindes beurkundet hat, sind beglaubigte Abschriften der Erklärungen nach Absatz 1 zu übersenden. § 29 Abs. 2 Satz 2 gilt entsprechend."

8. In § 29 b Abs. 1 wird das Wort „nichtehelichen" gestrichen.

Änderung sonstigen Bundesrechts   B

9. § 30 Abs. 1 Satz 2 wird wie folgt gefaßt:

„Außerdem ist ein Randvermerk einzutragen, wenn der Ehename der Eltern oder der Familienname eines Elternteils geändert worden ist und sich diese Änderung auf den Familiennamen des Kindes erstreckt."

10. § 31 wird aufgehoben.

11. § 31a wird wie folgt geändert:

a) Absatz 1 Satz 1 wird wie folgt gefaßt:

„Die Erklärung, durch die

1. Eltern den Geburtsnamen eines Kindes bestimmen,
2. ein Kind sich der Bestimmung seines Geburtsnamens durch die Eltern anschließt,
3. ein Kind die Erteilung des von seiner Mutter zur Zeit seiner Geburt geführten Namens anstelle des Namens eines Mannes beantragt, von dem rechtskräftig festgestellt wird, daß er nicht Vater des Kindes ist,
4. ein Mann den Antrag nach Nummer 3 stellt, wenn das Kind das fünfte Lebensjahr noch nicht vollendet hat,
5. ein Kind sich der Änderung des Familiennamens der Eltern oder eines Elternteils anschließt,
6. der Elternteil, dem die elterliche Sorge allein zusteht, und sein Ehegatte, der nicht Elternteil des Kindes ist, dem Kind ihren Ehenamen erteilen oder diesen Namen dem von dem Kind zur Zeit der Erklärung geführten Nahmen voranstellen oder anfügen,
7. der Elternteil, dem die elterliche Sorge allein zusteht, dem Kind den Namen des anderen Elternteils erteilt,

sowie die zu den Nummern 6 und 7 erforderlichen Einwilligungen eines Elternteils oder des Kindes können auch von den Standesbeamten beglaubigt oder beurkundet werden."

b) In Absatz 2 Satz 2 wird die Angabe „Nr. 1a" durch die Angabe „Nr. 1" ersetzt.

12. § 61 Abs. 3 wird aufgehoben; Absatz 4 wird Absatz 3.

13. § 65 Abs. 1 Satz 2 wird wie folgt gefaßt:

„Ebenso ist zu verfahren, wenn sich aus dem Eintrag im Geburtenbuch ergibt, daß die Vaterschaft zu einem Kind anerkannt oder gerichtlich festgestellt worden ist."

B Gesetzesänderungen

2.
Verordnung zur Einführung von Vordrucken für das Vereinfachte Verfahren zur Abänderung von Unterhaltstiteln

1. Die Anlage zu § 1 der Verordnung zur Einführung von Vordrucken für das Vereinfachte Verfahren zur Abänderung von Unterhaltstiteln vom 24. Juni 1977 (BGBl. I S. 978), zuletzt geändert durch Artikel 3 der Verordnung vom 18. Juli 1991 (BGBl. I S. 1547), wird wie folgt geändert:

    a) Soweit in den in der Anlage der Verordnung bestimmten Vordrucken Blatt 1 bis 6 auf der Vorder- und der Rückseite das Wort „Amtsgericht" das für das Vereinfachte Verfahren zur Abänderung von Unterhaltstiteln oder das für eine Abänderungsklage nach § 641 q der Zivilprozeßordnung zuständige Amtsgericht bezeichnet, wird dem Wort jeweils hinzugefügt: „– Familiengericht –".

    b) Auf der Rückseite der Vordrucke Blatt 3 bis 6 wird unter I. im dritten Absatz das Wort „Landgericht" jeweils durch das Wort „Oberlandesgericht" ersetzt.

2. Die auf Absatz 1 beruhenden Teile der dort geänderten Verordnung können auf Grund der Ermächtigung des § 641 t Abs. 1 der Zivilprozeßordnung durch Rechtsverordnung geändert werden.

3.
Gesetz zur Regelung von Fragen der Staatsangehörigkeit

§ 15 Abs. 2 des Gesetzes zur Regelung von Fragen der Staatsangehörigkeit in der im Bundesgesetzblatt Teil III, Gliederungsnummer 102-5, veröffentlichten bereinigten Fassung, das zuletzt durch Artikel 3 des Gesetzes vom 29. Juli 1977 (BGBl. I S. 1101) geändert worden ist, wird wie folgt geändert:

1. Satz 1 wird wie folgt gefaßt:

    „Der Vormund eines Kindes bedarf der Zustimmung der Eltern des Kindes, wenn diesen die Sorge für die Person des Kindes zusteht."

2. In Satz 3 wird das Wort „Mutter" durch das Wort „Eltern" ersetzt.

4.
Transsexuellengesetz

In § 7 Abs. 1 Nr. 1 und 2 des Transsexuellengesetzes vom 10. September 1980 (BGBl. I S. 1654), das zuletzt durch Artikel 7 § 8 des Gesetzes vom 12. September

Änderung sonstigen Bundesrechts **B**

1990 (BGBl. I S. 2002) geändert worden ist, wird jeweils das Wort „dreihundertzwei" durch das Wort „dreihundert" ersetzt.

5.
Unterhaltsvorschußgesetz

In § 2 Abs. 1 Satz 1 des Unterhaltsvorschußgesetzes in der Fassung der Bekanntmachung vom 19. Januar 1994 (BGBl. I S. 165), das zuletzt durch Artikel 27 des Gesetzes vom 20. Dezember 1996 (BGBl. I S. 2049) geändert worden ist, wird das Wort „nichteheliche" gestrichen.

6.
Bundesentschädigungsgesetz

§ 13 Abs. 5 des Bundesentschädigungsgesetzes in der im Bundesgesetzblatt Teil III, Gliederungsnummer 251-1, veröffentlichten bereinigten Fassung, das zuletzt durch Artikel 3 Abs. 3 des Gesetzes vom 28. Oktober 1996 (BGBl. I S. 1546) geändert worden ist, wird aufgehoben.

7.
Beurkundungsgesetz

§ 62 Abs. 1 des Beurkundungsgesetzes vom 28. August 1969 (BGBl. I S. 1513), das zuletzt durch Artikel 7 Abs. 6 des Gesetzes vom 17. Dezember 1990 (BGBl. I S. 2847) geändert worden ist, wird wie folgt geändert:

1. In Nummer 2 wird das Wort „nichtehelichen" gestrichen.

2. In Nummer 3 werden die Wörter „einer Frau" gestrichen.

8.
Bundeszentralregistergesetz

§ 60 Abs. 1 des Bundeszentralregistergesetzes in der Fassung der Bekanntmachung vom 21. September 1984 (BGBl. I S. 1229, 1985 I S. 195), das zuletzt durch Artikel 10 des Gesetzes vom 18. Juni 1997 (BGBl. I S. 1430) geändert worden ist, wird wie folgt geändert:

1. In Nummer 4 wird das Wort „Vormundschaftsrichter" durch die Wörter „Familien- und Vormundschaftsrichter" ersetzt.

2. In Nummer 5 wird das Wort „Vormundschaftsrichters" durch die Wörter „Familien- oder Vormundschaftsrichters" ersetzt.

B   Gesetzesänderungen

3. *Nummer 9 wird wie folgt gefaßt:*

„9. *vorläufige und endgültige Entscheidungen des Familienrichters nach § 1666 Abs. 1 und § 1666 a des Bürgerlichen Gesetzbuchs sowie Entscheidungen des Vormundschaftsrichters nach § 1837 Abs. 4 in Verbindung mit § 1666 Abs. 1 und § 1666 a des Bürgerlichen Gesetzbuchs, welche die Sorge für die Person des Minderjährigen betreffen; ferner die Entscheidungen, durch welche die vorgenannten Entscheidungen aufgehoben oder geändert werden."*

9.
Insolvenzordnung

a) *In § 100 Abs 2 Satz 2 der Insolvenzordnung vom 5. Oktober 1994 (BGBl. I S. 2866), die zuletzt durch Artikel 38 des Gesetzes vom 24. März 1997 (BGBl. I S. 594) geändert worden ist, werden die Wörter „der Mutter seines nichtehelichen Kindes" durch die Wörter „dem anderen Elternteil seines Kindes" ersetzt.*

b)[1] *§ 327 Abs. 1 Nr. 3 der Insolvenzordnung vom 5. Oktober 1994 (BGBl. I S. 2866), die zuletzt durch Artikel 14 § 7 des Gesetzes vom 16. Dezember 1997 (BGBl. I S. 2942) geändert worden ist, wird gestrichen.*

10.
Konkursordnung[1]

Die Konkursordnung in der im Bundesgesetzblatt Teil III, Gliederungsnummer 311-4, veröffentlichten bereinigten Fassung, zuletzt geändert durch Artikel 3 Abs. 5 des Gesetzes vom 28. Oktober 1996 (BGBl. I S. 1546), wird wie folgt geändert:

1. *§ 226 wird wie folgt geändert:*
   a) *Absatz 2 wird wie folgt geändert:*
      aa) *In Nummer 5 wird das Semikolon am Ende durch einen Punkt ersetzt.*
      bb) *Nummer 6 wird gestrichen.*
   b) *In Absatz 4 Satz 1 wird die Angabe „Absatz 2 Nr. 4 bis 6" durch die Angabe „Absatz 2 Nr. 4 und 5" ersetzt.*
2. *In § 227 wird die Verweisung „§ 226 Abs. 2 Nr. 2 bis 6" durch die Verweisung „§ 226 Abs. 2 Nr. 2 bis 5" ersetzt.*

---

1) Änderung durch ErbGleichG; in Kraft ab 1. April 1998.

3. In § 228 Abs. 1 wird die Verweisung „§ 226 Abs. 2 Nr. 4 bis 6" durch die Verweisung „§ 226 Abs. 2 Nr. 4 und 5" ersetzt.

4. In § 230 Abs. 2 Satz 1 wird die Verweisung „§ 226 Abs. 2 Nr. 2 bis 6" durch die Verweisung „§ 226 Abs. 2 Nr. 2 bis 5" ersetzt.

11.
Sorgerechtsübereinkommens-Ausführungsgesetz

In § 6 Abs. 1 Satz 1 des Sorgerechtsübereinkommens-Ausführungsgesetzes vom 5. April 1990 (BGBl. I S. 701), das zuletzt durch Artikel 4 des Gesetzes vom 7. Juli 1997 (BGBl. I S. 1650) geändert worden ist, werden die Wörter „, auch wenn sie ein nichteheliches Kind betreffen," gestrichen.

12.
Auslandsunterhaltsgesetz

In § 10 Abs. 3 des Auslandsunterhaltsgesetzes vom 19. Dezember 1986 (BGBl. I S. 2563) werden der Strichpunkt durch einen Punkt ersetzt und der nachfolgende Halbsatz aufgehoben.

13.
Gesetz über die Änderung von Familiennamen und Vornamen

§ 4 des Gesetzes über die Änderung von Familiennamen und Vornamen in der im Bundesgesetzblatt Teil III, Gliederungsnummer 401-1, veröffentlichten bereinigten Fassung, das zuletzt durch Artikel 7 § 30 des Gesetzes vom 12. September 1990 (BGBl. I S. 2002) geändert worden ist, wird wie folgt gefaßt:

„§ 4

Die Änderung des Familiennamens erstreckt sich, soweit nicht bei der Entscheidung etwas anderes bestimmt wird, auf Kinder der Person, deren Name geändert wird, sofern die Kinder bislang den Namen dieser Person getragen haben und für die Kinder die elterliche Sorge dieser Person besteht."

14.
Verschollenheitsgesetz

In § 16 Abs. 2 Buchstabe c des Verschollenheitsgesetzes in der im Bundesgesetzblatt Teil III, Gliederungsnummer 401-6, veröffentlichten bereinigten Fassung, das zuletzt durch das Gesetzes vom 18. März 1994 (BGBl. I S. 559) geändert worden ist, werden die Wörter „ehelichen und die ihnen rechtlich gleichgestellten" gestrichen.

B   Gesetzesänderungen

15.
Gesetz zur Änderung von Vorschriften des Verschollenheitsrechts

In Artikel 2 § 1 Abs 4 Buchstabe b des Gesetzes zur Änderung von Vorschriften des Verschollenheitsrechts in der im Bundesgesetzblatt Teil III, Gliederungsnummer 401-7, veröffentlichten bereinigten Fassung, das durch Artikel 15 des Gesetzes vom 18. Juni 1997 (BGBl. I S. 1430) geändert worden ist, werden die Wörter „ehelicher oder ein diesem rechtlich gleichgestellter" gestrichen.

16.
Ehegesetz

Das Ehegesetz in der im Bundesgesetzblatt Teil III, Gliederungsnummer 401-1, veröffentlichten bereinigten Fassung, zuletzt geändert durch Artikel 8 Abs. 12 des Gesetzes vom 24. Juni 1994 (BGBl. I S. 1325), wird wie folgt geändert:

1. *§ 8 wird aufgehoben.*
2. *In § 13 a wird die Absatzbezeichnung „(1)" gestrichen und Absatz 2 aufgehoben.*

17.
Gesetz über die rechtliche Stellung nichtehelicher Kinder

In das Gesetz über die rechtliche Stellung der nichtehelichen Kinder vom 19. August 1969 (BGBl. I S. 1243), geändert durch Artikel 2 des Gesetzes vom 17. Juli 1970 (BGBl. I S. 1099), wird nach Artikel 12 § 10 folgender § 10 a eingefügt:

„§ 10 a

(1) § 10 Abs. 2 findet keine Anwendung, wenn der Vater und das Kind dies vereinbaren. Die Vereinbarung gilt nur für künftige Erbfälle.

(2) Die Vereinbarung kann nur von dem Vater und dem Kind persönlich geschlossen werden; sie bedarf der notariellen Beurkundung. Bedarf die Vereinbarung nach § 1903 Abs. 1 des Bürgerlichen Gesetzbuchs der Einwilligung eines Betreuers, so ist auch die Genehmigung des Vormundschaftsgerichts erforderlich.

(3) Ist der Vater oder das Kind verheiratet so bedarf die Vereinbarung der Einwilligung seines Ehegatten. Absatz 2 Satz 1 zweiter Halbsatz, Satz 2 gilt entsprechend."

Änderung sonstigen Bundesrechts **B**

18.

Adoptionsvermittlungsgesetz

§ 5 Abs. 4 Satz 1 des Adoptionsvermittlungsgesetzes in der Fassung der Bekanntmachung vom 27. Dezember 1989 (BGBl. I S. 2016), das zuletzt gemäß Artikel 26 der Verordnung vom 21. September 1997 (BGBl. I S. 2390, 2756) geändert worden ist, wird wie folgt gefaßt:

„Es ist untersagt, Vermittlungstätigkeiten auszuüben, die zum Ziel haben, daß ein Dritter ein Kind auf Dauer bei sich aufnimmt, insbesondere dadurch, daß ein Mann die Vaterschaft für ein Kind, das er nicht gezeugt hat, anerkennt."

19.

Strafgesetzbuch

In § 11 Abs. 1 Nr. 1 Buchstabe a des Strafgesetzbuchs in der Fassung der Bekanntmachung vom 10 März 1987 (BGBl. I S. 945, 1160), das zuletzt durch § 24 des Gesetzes vom 5. November 1997 (BGBl. I S. 2631) geändert worden ist, werden die Wörter „wenn die Beziehung durch eine nichteheliche Geburt vermittelt wird," gestrichen.

20.

Jugendgerichtsgesetz

Das Jugendgerichtsgesetz in der Fassung der Bekanntmachung vom 11. Dezember 1974 (BGBl. I S. 3427), zuletzt geändert durch Artikel 17 des Gesetzes vom 18. Juli 1997 (BGBl. I S. 1430), wird wie folgt geändert:

1. § 34 wird wie folgt geändert:
    a) Absatz 2 wird wie folgt geändert:
        aa) Satz 1 wird aufgehoben.
        bb) Der neue Satz 1 wird wie folgt gefaßt:
            „Dem Jugendrichter sollen für die Jugendlichen die familien- und vormundschaftsrichterlichen Erziehungsaufgaben übertragen werden."
    b) Absatz 3 wird wie folgt geändert:
        aa) Das Wort „vormundschaftsrichterliche" wird durch die Wörter „familien- und vormundschaftsrichterliche" ersetzt.

bb) In Nummer 2 wird hinter die Angabe „1666 a," die Angabe „1837 Abs. 4, §" eingefügt.

2. In § 70 Satz 3 werden jeweils das Wort „Vormundschaftsrichter" durch die Wörter „Familien- und Vormundschaftsrichter" und das Wort „vormundschaftsgerichtliche" durch die Wörter „familien- und vormundschaftsgerichtliche" ersetzt.

3. In § 84 Abs. 2 wird folgender Satz angefügt:
    „Ist in diesen Fällen der Verurteilte volljährig, steht die Einleitung der Vollstreckung dem Jugendrichter des Amtsgerichts zu, dem die familien- oder vormundschaftsrichterlichen Erziehungsaufgaben bei noch fehlender Volljährigkeit oblägen."

4. In § 42 Abs. 1 und 2, § 84 Abs. 2 und § 98 Abs. 1 wird jeweils das Wort „vormundschaftsrichterlichen" durch die Wörter „familien- oder vormundschaftsrichterlichen" ersetzt.

5. In § 3, in der Überschrift zu § 53, in §§ 53 und 54 Abs. 1, § 55 Abs. 1 und § 104 Abs. 4 wird jeweils das Wort „Vormundschaftsrichter" durch die Wörter „Familien- oder Vormundschaftsrichter" ersetzt.

21.

Unterhaltssicherungsgesetz

Das Unterhaltssicherungsgesetz in der Fassung der Bekanntmachung vom 14. Dezember 1987 (BGBl. I S. 2614), zuletzt geändert durch Artikel 9 des Gesetzes vom 15. Dezember 1995 (BGBl. I S. 1726), wird wie folgt geändert:

1. § 3 wird wie folgt gefaßt:

„§ 3

Familienangehörige

(1) Familienangehörige im Sinne dieses Gesetzes sind

1. die Ehefrau des Wehrpflichtigen,
2. Kinder des Wehrpflichtigen,
3. Kinder der Ehefrau des Wehrpflichtigen, die nicht von ihm abstammen, jedoch im gemeinsamen Haushalt leben,
4. die Frau, deren Ehe mit dem Wehrpflichtigen geschieden, für nichtig erklärt oder aufgehoben ist,
5. die Eltern und Großeltern des Wehrpflichtigen,

Änderung sonstigen Bundesrechts **B**

 6. *Geschwister des Wehrpflichtigen.*

 (2) *Kinder, für die dem Wehrpflichtigen die elterliche Sorge zusteht, sowie die in Absatz 1 Nr. 1 und 3 genannten Personen sind Familienangehörige im engeren Sinne. Die übrigen Personen sind sonstige Familienangehörige."*

2. *§ 4 wird wie folgt geändert:*
   - a) *In Absatz 1 wird die Angabe „§ 3 Abs. 1 Nr. 1 und 2 und 6 bis 8" durch die Angabe „§ 3 Abs. 1 Nr. 1, 2, 4 und 5" ersetzt.*
   - b) *In Absatz 2 wird die Angabe „§ 3 Abs. 1 Nr. 4 und 10 bis 12" durch die Angabe „§ 3 Abs. 1 Nr. 3 und 6" ersetzt.*
3. *§ 6 Abs. 1 Satz 2 wird aufgehoben.*
4. *In § 7a Abs. 1 Satz 2 wird die Angabe „Nr. 7" durch die Angabe „Nr. 5" ersetzt.*

22.
Soldatengesetz

In § 21 Satz 1 des Soldatengesetzes in der Fassung der Bekanntmachung vom 15. Dezember 1995 (BGBl. I S. 1737), das zuletzt durch Artikel 3 des Gesetzes vom 9. September 1997 (BGBl. I S. 2294) geändert worden ist, werden die Worte „Beistandes oder" gestrichen.

23.
Soldatenversorgungsgesetz

In § 43 Abs. 3 Satz 2 des Soldatenversorgungsgesetzes in der Fassung der Bekanntmachung vom 19. Januar 1995 (BGBl. I S. 50), das zuletzt durch Artikel 5 § 4 des Gesetzes vom 4. Dezember 1997 (BGBl. I S. 2846) geändert worden ist, werden die Wörter „die Ehelichkeit des Kindes" durch die Wörter „seine Vaterschaft" ersetzt.

24.
Lastenausgleichsgesetz

In § 265 Abs. 2 Satz 3 des Lastenausgleichsgesetzes in der Fassung der Bekanntmachung vom 2. Juni 1993 (BGBl. I S. 845; 1995 I S. 248), das zuletzt durch Artikel 5 Abs. 4 des Gesetzes vom 17. Juli 1997 (BGBl. I S. 1823) geändert worden ist, werden die Wörter „eheliche Kinder, Stiefkinder, als Kind angenommene Personen oder sonstige Personen, denen die rechtliche Stellung ehelicher Kinder zukommt, und nichteheliche Kinder" durch die Wörter „auch Stiefkinder" ersetzt.

25.
Heimarbeitsgesetz

§ 2 Abs. 5 des Heimarbeitsgesetzes in der im Bundesgesetzblatt Teil III, Gliederungsnummer 804-1, veröffentlichten bereinigten Fassung, das zuletzt durch Artikel 30 des Gesetzes vom 11. Oktober 1995 (BGBl. I S. 1250) geändert worden ist, wird wie folgt geändert:
1. In Buchstabe a werden die Wörter „oder von ihnen an Kindes Statt angenommen" gestrichen.
2. In Buchstabe b wird der Strichpunkt durch einen Punkt ersetzt.
3. Buchstabe c wird aufgehoben.

26.
Reichsversicherungsordnung

In § 635 Nr. 3 der Reichsversicherungsordnung in der im Bundesgesetzblatt Teil III, Gliederungsnummer 820-1, veröffentlichten bereinigten Fassung, die zuletzt durch Artikel 6 des Gesetzes vom 23. Juni 1997 (BGBl. I S. 1520) geändert worden ist, wird das Wort „ehelichen" gestrichen.

27.
Bundesversorgungsgesetz

§ 45 Abs. 2 Nr. 3 des Bundesversorgungsgesetzes in der Fassung der Bekanntmachung vom 22. Januar 1982 (BGBl. I S. 21), das zuletzt durch Artikel 1 der Verordnung vom 18. Juli 1997 (BGBl. I S. 1382) geändert worden ist, wird aufgehoben.

28.
Höfeordnung[1)]

Die Höfeordnung in der Fassung der Bekanntmachung vom 26. Juli 1976 (BGBl. I S. 1933) wird wie folgt geändert:
1. In § 5 wird der Satz 2 gestrichen.
2. In § 12 Abs. 10 werden nach dem Wort „Pflichtteilberechtigten" das Komma sowie das Wort „Erbersatzberechtigten" gestrichen.

---

1) Änderung durch ErbGleichG; in Kraft ab 1. April 1998.

Stichwortverzeichnis

Die Zahlen beziehen sich auf die Randnummern

Abstammung
- im Internationalen Privatrecht 157

Abstammungsrecht
- heterologe Insemination 126
- nachehelich geborener Kinder 130 ff., s. a. dort
- Neufassung 122, 126
- Recht auf Kenntnis
- – der eigenen Abstammung 152 f.
- – der genetischen Abstammung 125
- Übersicht 160
- während des Scheidungsverfahrens geborener Kinder 134

Abstammungsverfahren
- Rechtsmittelzug 289
- Übergangsvorschriften 295, s. a. dort
- Zuständigkeit 270

Adoption
- Antrag des Vaters auf Übertragung der elterlichen Sorge während des Adoptionsverfahrens 251
- bisheriges Recht 245
- durch nicht verheiratetes Paar 247
- Einwilligung der Eltern 250, 261
- – bei beschränkter Vaterschaftsvermutung 254 ff., s. a. dort
- – Besonderheiten bei alleiniger elterlicher Sorge der Mutter 251
- – Ersetzung durch das Vormundschaftsgericht 252 f., 256
- Einwilligung des Kindes 248
- – Ersetzung der Zustimmung der Eltern 249
- – Zustimmung des gesetzlichen Vertreters 249
- Folgen 259
- gemeinschaftliche – 247
- Schutzklausel gegen Kinderhandel 260
- Stiefkind-Adoption 247
- Übersicht 261
- Verzicht des Vaters auf Übertragung der elterlichen Sorge 251
- Wegfall der – des eigenen Kindes 246

Alleinvertretung eines Elternteils
- bei Gefahr im Verzug 14
- bei Geltendmachung des Kindesunterhalts 15 ff.
- bei Getrenntleben 23

Altkinder
- Begriff 171
- Erbrecht 171 ff., 319, 330
- – Vereinbarung zwischen Vater und Kind 331 f.

Amtspflegschaft, gesetzliche
- Aufhebung 301
- Überleitungsregelung 311

Angelegenheiten des täglichen Lebens
- Alleinentscheidungsbefugnis
- – des nichtsorgeberechtigten Elternteils 171
- – eines sorgeberechtigten Elternteils 69 f.

239

Stichwortverzeichnis

– – Umfang 69
– Begriff 68
Annahme als Kind, s. Adoption
Antrag auf Übertragung der elterlichen Sorge
– bei Einigkeit über Aufenthalt des Kindes 59 ff.
– bei Uneinigkeit über Aufenthalt des Kindes 63 ff.
– Inhalt 56, 58
Anwalt des Kindes 280 f.
– im Sorgerechts-, Umgangsverfahren 281
Anwaltsstil
– in Familiensachen 349 ff.
Aufenthaltsbestimmungsrecht
– Antrag auf Übertragung 55
Auskunft
– über die persönlichen Verhältnisse des Kindes 114
Ausübung der gemeinsamen elterlichen Sorge bei Trennung
– Alleinentscheidungsbefugnis in Angelegenheiten des täglichen Lebens 68 ff.
– – Angelegenheit des täglichen Lebens 68
– – eines nichtsorgeberechtigten Elternteils 71
– – eines sorgeberechtigten Elternteils 69 f.
– – Umfang 69
– gegenseitiges Einvernehmen der Eltern 67

Beistandschaft 300 f.
– Antrag 302
– – Antragsberechtigte 305
– Auswirkung auf elterliche Sorge 308
– Beendigung 307
– Eintritt 302
– Geltungsbereich 301
– gesetzliche Vertretung des Kindes 304
– Jugendamt 303 f.
– – Beratung und Hilfe 309 f.
– Überleitungsregelung 312
– Übersicht 312
– Umfang 306
– Verein 303 f.
– Wirkungskreis 306
Beschränkte Vaterschaftsvermutung 254 ff.
– Adoption des Kindes
– – Einwilligung 256 f.
– – Ersetzung der Einwilligung 256 f.
– Begriff 254
– Glaubhaftmachung der Beiwohnung 255
– Übertragung der alleinigen elterlichen Sorge 258
Betreuungsunterhalt
– Abfindung 200
– Anspruch des Vaters auf – 184, 209
– Entwicklung 179 ff.
– erweiterter Unterhalt 185
– Erwerbstätigkeit der Mutter 190 ff.
– – Höhe des Unterhaltsbedarfs 194
– für die Vergangenheit 204
– Höhe 194 ff.
– – Einkommen aus nicht zumutbarer Tätigkeit 196
– – Einkommen der Mutter 195
– – erwerbstätige Mutter 194
– – nicht erwerbstätige Mutter 194
– – Vermögen der Mutter 195
– Kritik 211 ff.
– Rangfolge 197 f.
– – des Unterhaltsbedürftigen 197
– – des Unterhaltsschuldners 203
– Stundung 205 f.
– Tod des Unterhaltsschuldners 207

Stichwortverzeichnis

- Übergang des Anspruchs auf Dritten 205
- Übersicht 213
- Unterhaltsvereinbarung 200 ff.
- Verjährung 208
- Verzicht 199
- Wegfall der zeitlichen Begrenzung 183, 210
- Zuständigkeit 269

Briefkontakte
- mit dem Kind 113

Deutsche Staatsangehörigkeit, s. Staatsangehörigkeit, deutsche

Doppelname 239

Ehelicherklärung
- Übergangsvorschrift 159 f., 297, s. a. dort

Ehelichkeit
- eines Kindes 122, 126

Ehelichkeitsanfechtung 132 f., 142, 149
- Übergangsregelung 159 f.

Eigenbedarf 189

Einstweilige Verfügung
- Geltendmachung von Unterhalt 187

Elterliche Sorge
- Antrag des Vaters auf Übertragung während des Adoptionsverfahrens 251
- Anwaltsstil in Sorgerechtsverfahren 350
- bei Kindeswohlgefährdung, s. dort
- bei nicht verheirateten Eltern, s. Elterliche Sorge bei nicht verheirateten Eltern
- bei Tod des Sorgerechts-Inhabers, s. Sorgerechtsinhaber
- bei Trennung, Scheidung, s. Elterliche Sorge bei Trennung, Scheidung
- Beistandschaft 308
- bisherige Rechtslage 1 ff.
- gemeinsame Sorge durch nachfolgende Ehe 167
- Inhalt 12 f.
- Kampf um die – 350 ff.
- Neuregelung 7 ff.
- subsidiäre – 32
- Teilübertragung, s. dort
- Übersichten 82
- Übertragung
- – auf den Vater nach Tod der Mutter 35, 169
- – auf Pflegeperson 24
- – der Alleinsorge von der Mutter auf den Vater 73, 168
- Verzicht des Vaters auf Übertragung 251

Elterliche Sorge bei nicht verheirateten Eltern 39 ff.
- Alleinsorge der Mutter 47
- – Nachweis der Alleinsorge 43
- bisherige Rechtslage 39
- gemeinsame elterliche Sorge 42 ff.
- Neuregelung 40
- Sorgeerklärung, s. dort

Elterliche Sorge bei Trennung, Scheidung 48 ff.
- Ausübung der gemeinsamen Sorge, s. dort
- bei nicht verheirateten Eltern 72 ff.
- – Übertragung auf den Vater 73
- – Übertragung vom Vater auf beide Elternteile 74
- bisherige Rechtslage 48
- Neuregelung 49 ff.
- Teilübertragung, s. dort

Stichwortverzeichnis

- Voraussetzungen für die Übertragung 52 ff.
- – Antrag, s. dort
- – gemeinsame elterliche Sorge 54
- – Getrenntleben 55
- – Widerspruch des Kindes 52, 57
- – Wohl des Kindes 52, 57
- – Zustimmung des anderen Elternteils 52 f.
- Widerspruch des Kindes 52, 57

Erbausgleich, vorzeitiger, s. Vorzeitiger Erbausgleich

Erbersatzanspruch 316, 324 f.
- Abschaffung des – 328

Erbrecht
- Sonderregelung für Altkinder 171 ff., 319, 330, 331 f.

Erbrecht nichtehelicher Kinder
- Altkinder, s. dort
- bisherige Rechtslage 313 ff.
- – Verfassungsmäßigkeit 324 f.
- Entwicklung der Rechtsstellung gegenüber dem Vater 313 ff.
- Erbersatzanspruch 316
- – Abschaffung des – 328
- neue Rechtslage, s. Erbrechtliche Gleichstellung
- Übergangsvorschriften 333 f.
- vorzeitiger Erbausgleich 317, 324 f.
- – Abschaffung 329
- – als vertragliche Regelung 335

Erbrechtliche Gleichstellung nichtehelicher Kinder 321
- DDR-Fälle 320, 334
- Einigungsvertrag 323
- Europäische Rechtsvereinheitlichung 326
- gesellschaftliche Entwicklung 322
- Gleichstellung 327
- – Abschaffung des Erbersatzanspruchs 328

- – Abschaffung des vorzeitigen Erbausgleichs 329
- – keine – für Altkinder 330
- – Übergangsvorschriften 333 f.
- Übersicht 335
- Verfassungsmäßigkeit der bisherigen Rechtslage 324 f.

Erwerbstätigkeit der Mutter
- Betreuungsunterhalt 190 ff.
- – Höhe des Unterhaltsbedarfs 194

Erziehungsfähigkeit der Eltern
- Vergleich der – 353

Erziehungsgeld
- Berücksichtigung beim Betreuungsunterhalt 195

Erziehungsmaßnahmen, entwürdigende
- Begriff 28 f.
- Mißhandlungsverbot 30 f.

Familiengericht
- Abstammungsverfahren, s. dort
- Betreuungsunterhalt, s. dort
- Mitteilungen an Jugendamt über Scheidungsverfahren 80
- Scheidung, s. Scheidungsantrag, Scheidungsverbund, Scheidungsverfahren
- Sorge- und Umgangsrechtsverfahren, s. dort
- Übersicht zum Verfahrensrecht 299
- Vaterschaftsfeststellung 145
- Zuständigkeit, sachliche 264

Familienpflege
- Verbleibensanordnung 25

Familienverfahren
- Anwaltsstil in – 349 ff.
- Berücksichtigung des Familiensystems 345 f.
- Übergangsvorschriften 291 f., s. a. dort

Stichwortverzeichnis

– – Außerkrafttreten der – 299
– – Kosten 298
– – Rechtsmittel 293 f.
Familienverfahrensrecht 263
– Übersicht 299

Gefahr im Verzug
– Alleinvertretung eines Elternteils 14, 71
Genetische Abstammung
– Recht auf Kenntnis der – 125
Genetische Mutterschaft 124
Gerichtliches Vermittlungsverfahren
– im Umgangsrechtsverfahren 285
Geschwister
– Umgangsrecht 111
Gesetzliche Amtspflegschaft, s. Amtspflegschaft, gesetzliche
Großeltern
– Umgangsrecht 111

Individualunterhalt 339
Insemination, heterologe 126
Internationales Privatrecht
– Abstammung 157
– Vaterschaftsanfechtung 158

Jugendamt
– Amtspflegschaft für Vaterschaftsfeststellung 136
– Aufgaben hinsichtlich des Umgangsrechts 117 ff.
– Beratung in Sorge- und Umgangsrechtsverfahren 283 f.
– Beratung und Hilfe im Rahmen der Beistandschaft 309 f.
– Beratungsansprüche
– – der Eltern, sonstigen Umgangsberechtigten 78 ff., 118
– – der Kinder 81, 117

– – des nicht verheirateten Vaters 82
– Mitteilungen
– – des Familiengerichts 80
– – des Standesamts 309
– Mitwirkung beim beschützten Umgang 107, 109
Jugendhilfe
– Beratung in Sorge- und Umgangsrechtsverfahren 283 f.

Kindergeld
– Berücksichtigung beim Betreuungsunterhalt 195
Kindesunterhalt
– Alleinvertretung eines Elternteils bei der Geltendmachung 15 ff.
– Auskünfte von Dritten 342
– Belege 342
– für die Vergangenheit 341
– für volljährige Kinder 340
– Gleichstellung ehelicher und nichtehelicher Kinder 337
– Individualunterhalt 339
– Prozeßstandschaft 20 ff.
– Regelunterhalt 338, 343
– – Dynamisierung 339
– Stufenmahnung 341
Kindesunterhaltsgesetz
– Entwurf 336 ff.
Kindeswohl
– Berücksichtigung bei Trennung, Scheidung 351
– Generalklausel 75 f.
– Kampf um die elterliche Sorge 350, 352 ff.
– Kindeswohlgefährdung, s. dort
– Tod des Sorgerechts-Inhabers 34 ff.
– Übertragung der elterlichen Sorge bei Trennung, Scheidung 52
Kindeswohlgefährdung 26

– Entziehung der Vermögenssorge 26
– Generalklausel für gerichtliche Maßnahmen 27
Körperliche Mißhandlung, s. Mißhandlung, körperliche

Legitimation nichtehelicher Kinder
– bisherige Rechtslage 161 ff.
– – Übersicht 177
– Erwerb der deutschen Staatsangehörigkeit 174
– Legitimation durch Ehelicherklärung 161
– – auf Antrag des Kindes 165
– – auf Antrag des Vaters 162 ff.
– – Übergangsregelung 170
– – Wirkungen 163
– Legitimation durch nachfolgende Ehe 161
– neue Rechtslage 166 ff., s. a. Elterliche Sorge
– – Übersicht 177
– Wegfall der – 166
Leihmutterschaft 124

Mediation 347
Mißhandlung, körperliche
– Begriff 31
– Verbot der – 30 f.
Mutterschaft
– genetische Mutter 124
– Legaldefinition 123
– Leihmutter 124
Mutterschaftsgeld 188

Nachehelich geborene Kinder 130 ff.
– Auflösung der Ehe durch Scheidung, Aufhebung, Nichtigerklärung 132 f.
– Auflösung der Ehe durch Tod 131

– Legitimation, s. dort
Namensrecht
– bei alleiniger elterlicher Sorge eines Elternteils 236
– – Doppelname 239
– – Erteilung des neuen Ehenamens 239 ff., 244
– – Name der Mutter 237
– – Name des Vaters 238
– bei gemeinsamer elterlicher Sorge 225
– – Bestimmungsrecht der Eltern 227 f.
– – gemeinsamer Ehename der Eltern 226
– – nachträgliche Bestimmung des Ehenamens 230
– – unterschiedliche Namen der Eltern 227 ff.
– bei nachträglicher Begründung der gemeinsamen elterlichen Sorge 231 ff.
– – Anschlußerklärung des Kindes 233
– – Frist 232
– bei Vaterschaftsanfechtung 234 f.
– – Frist 235
– ehelicher Kinder nach bisherigem Recht 216
– – Änderung des Familiennamens der Eltern 217
– – Namensänderung aus wichtigem Grund 218 ff.
– Namensänderung nach dem NamÄndG 242
– neue Rechtslage 224 ff.
– nichtehelicher Kinder nach bisherigem Recht 222
– – Einbenennung 223
– – Heirat der Eltern 222
– Übergangsregelung 243

244

Stichwortverzeichnis

- Übersicht 244
- Wiederannahme des Geburtsnamens durch die Mutter 242

Nicht verheiratete Mutter
- Elterliche Sorge, s. a. Elterliche Sorge bei nicht verheirateten Eltern
- – Alleinsorge 47
- – Nachweis der Alleinsorge 43
- Unterhaltsansprüche, s. Unterhalt für die Mutter

Nichteheliche Kinder
- Aufhebung der Unterhaltsbestimmungen 337
- Begriff 314
- Erbrecht, s. dort
- erbrechtliche Gleichstellung, s. dort

Nichteheliche Lebensgemeinschaft
- Vaterschaft 129

Nichtehelicher Lebenspartner
- Umgangsrecht mit Kind des Lebenspartners 112

Nichtehelichkeit
- eines Kindes 10, 41, 122, 126

Personensorge 5, 12
- Inhalt und Grenzen 28

Pflegekind, s. Familienpflege

Pflegeperson, s. a. Familienpflege
- Übertragung der elterlichen Sorge 24
- Umgangsrecht 111
- Verbleibensanordnung 37 f.

Prozeßstandschaft 20 ff.
- bei nicht verheirateten Eltern 22

Rechtsmittelzug 286
- Abstammungsverfahren 289
- Sorgerechtsverfahren 287
- Unterhaltsklagen 288, 290

Regelunterhalt 338, 343
- Dynamisierung 339

Regelunterhaltsverfahren
- Zuständigkeit 268

Scheidung, einvernehmliche
- Anwaltsstil 349 ff.
- Berücksichtigung
- – der Interessen des Mandanten 345 f.
- – der Kinder 351
- – des Familiensystems 345 f.
- gesetzliches Leitbild 344
- Mediation 347
- Wege zur – 347 f.

Scheidungsantrag
- Inhalt 276 ff.
- – Angabe der gemeinschaftlichen Kinder 276
- – bei einverständlicher Scheidung 277

Scheidungsverbund
- Abtrennung des Sorgerechtsverfahrens 275
- Scheidungsantrag, s. dort
- Sorgerechtsantrag 273
- Sorgerechtsregelung auf Antrag 271

Scheidungsverfahren
- Anhörung der Eltern zur elterlichen Sorge 278
- Anwalt des Kindes 280 f.
- Anwaltsstil 349 ff.
- elterliche Sorge, s. Elterliche Sorge bei Trennung, Scheidung
- Hinweise an die Eltern auf Beratungsmöglichkeiten 279
- Scheidungsantrag, s. dort
- Scheidungsverbund, s. dort
- Verfahrenspfleger für Kind 280 f.

245

Sorge–und Umgangsrechtsverfahren
- Antragsverfahren 265
- Anwalt des Kindes 281
- bei Kindeswohlgefährdung 272
- eigenständige Konfliktlösung durch die Eltern 282 ff.
- – Beratung durch Jugendhilfe und Jugendamt 283 f.
- – gerichtliches Vermittlungsverfahren 285
- Sorgerechtsantrag
- – im Scheidungsverbund 273
- – isolierter – 274
- Verfahrenspfleger für Kind 281
- von Amts wegen 272
- Zuständigkeit 265
- – Familiengericht 265
- – Vormundschaftsgericht 266

Sorgeerklärung 43 ff.
- Bedingung, Befristung 44
- Begriff 47
- Form 48
- Mitteilung an Jugendamt 48
- Wegfall der – 45
- Zeitpunkt der Abgabe 44

Sorgerechts-Inhaber
- Tod des – 33 ff.
- – bei Alleinsorge der nicht verheirateten Mutter 35, 169
- – bei Alleinsorge nach Trennung 34
- – bei gemeinsamer elterlicher Sorge 33
- – Rückübertragung der elterlichen Sorge nach Sorgerechtsentzug 36
- – Verbleibensanordnung bei Stiefelternteil, Pflegeperson 37 f.

Sorgerechtsverfahren
- Anwaltsstil in – 350

- Kampf um die elterliche Sorge 350, 352 ff.
- Rechtsmittelzug 287
- Übergangsvorschriften 296, s. a. dort

Staatsangehörigkeit, deutsche 174 ff.
- Erwerb 174
- – Anerkennung, Feststellung der Vaterschaft 177
- – aufgrund Erklärung 175
- – aufgrund Geburt 176

Standesamt
- Mitteilungspflicht an Jugendamt 309

Stiefelternteil
- Umgangsrecht 111
- Verbleibensanordnung 37

Stieffamilie
- Erteilung des neuen Ehenamens 239
- – Doppelname 239
- – Einwilligungen 240, 244
- – Wohl des Kindes 241, 244

Teilübertragung der elterlichen Sorge 51, 56

Telefongespräche
- mit dem Kind 113

Tod des Sorgerechts-Inhabers, s. dort

Trennung
- elterliche Sorge, s. Elterliche Sorge bei Trennung, Scheidung

Übergangsvorschriften 291 ff.
- Abstammungsverfahren 295
- Außerkrafttreten der – 299
- Ehelicherklärungsverfahren 297
- Kosten 298
- Rechtsmittel

Stichwortverzeichnis

- – Zulässigkeit, Zuständigkeit 293 f.
- Sorgerechtsverfahren 296

Umgangsrecht mit dem ehelichen Kind
- bisherige Rechtslage 83 ff.
- – Berücksichtigung des Kindeswillens 91
- – Beschränkung, Ausschluß des Umgangsrechts 92 f.
- – Pflicht der Eltern zu loyalem Verhalten 87 f.
- – Rechte des Kindes 89 ff.
- – Umgangsberechtigte 94
- – Umgangsrecht und Umgangspflicht 84 ff.
- – Wohlverhaltensklausel 87 f.
- neue Rechtslage, s. Umgangsrecht, neue Rechtslage
- Übersicht 121

Umgangsrecht mit dem nichtehelichen Kind
- bisherige Rechtslage 95 ff.
- – Umgangsbestimmungsrecht der Mutter 83, 96
- – Umgangsrecht aufgrund vormundschaftsgerichtlicher Entscheidung 97 f.
- neue Rechtslage, s. Umgangsrecht, neue Rechtslage
- Übersicht 121

Umgangsrecht, neue Rechtslage 99 ff., s. a. Sorge- und Umgangsrechtsverfahren
- Aufgaben des Jugendamts 117 ff., s. a. Jugendamt
- Auskunftsrecht 114
- Ausübung des Umgangsrechts bis zum Inkrafttreten der neuen Regelung
- – für nicht verheiratete Väter 120
- – für verheiratete Väter 121

- Beratungsrecht der Eltern, sonstigen Umgangsberechtigten 118
- Beratungsrecht der Kinder 117
- beschützter Umgang 107 ff.
- – Dritter 107
- – Jugendamtsmitarbeiter 107, 109
- – Verein 107
- Briefkontakte zum Kind 113
- Einschränkung, Ausschluß des Umgangsrechts 104 ff., 108 ff.
- Gewährleistung des Umgangs 99
- Regelung durch das Familiengericht 102 f.
- Telefongespräche mit dem Kind 113
- Übersicht 121
- Umgangspflicht und Umgangsrecht 100
- Umgangsrecht des nichtehelichen Lebenspartners eines Elternteils 112
- Umgangsrecht nichtelterlicher Bezugspersonen 111 f.
- Vertretungsbefugnis während der Ausübung des Umgangs 115
- Wohlverhaltensklausel 101

Unterhalt aus Anlaß der Geburt
- allgemeiner Unterhalt 187
- Entwicklung 179
- Voraussetzungen, s. Voraussetzungen der Unterhaltsansprüche der Mutter
- Zuständigkeit 269

Unterhalt für die Mutter
- allgemeine Vorschriften über den Verwandtenunterhalt 186
- allgemeiner Unterhalt 185
- aus Anlaß der Geburt, s. dort
- Betreuungsunterhalt, s. dort
- Eigenbedarf 189

- erweiterter Unterhalt 186
- neue Rechtslage 183 ff.
- Voraussetzungen, s. Voraussetzungen der Unterhaltsansprüche der Mutter

Unterhaltsanspruch des Kindes, s. Kindesunterhalt

Unterhaltsklagen
- Rechtsmittelzug 288, 290

Unterhaltsverfahren aufgrund Ehe und Verwandtschaft
- Zuständigkeit
- – örtliche – 268
- – sachliche – 267

Vaterschaft
- Anknüpfung an die Ehe der Eltern 128
- bei nachehelich geborenen Kindern 130
- – Auflösung der Ehe durch Scheidung, Aufhebung, Nichtigerklärung 132 f., 142
- – Auflösung der Ehe durch Tod 131
- bei nichtehelicher Lebensgemeinschaft 129
- bei während des Scheidungsverfahrens geborenem Kind 134, 142
- Legaldefinition 127

Vaterschaftsanerkennung 135 ff.
- Anerkennungserklärung
- – Bedingung, Befristung 140
- – bei bestehender Vaterschaft eines anderen 140
- – Form 141
- – vor Geburt des Kindes 140
- – Widerruf 142
- Anfechtung 149
- – Übergangsregelung 159 f.

- bei während des Scheidungsverfahrens geborenem Kind 134
- bei nicht verheirateten Eltern 135
- bisheriges Recht 137
- Zustimmung
- – der Mutter 138
- – des Kindes 139
- – Form 141
- – Frist 142

Vaterschaftsanfechtung 149 ff.
- Anfechtungsberechtigte 149
- Anfechtungsfrist 150
- Auswirkung auf Kindesnamen 234 f.
- – Frist 235
- durch das Kind 152 f.
- – minderjähriges Kind 155
- – volljähriges Kind 154
- durch die Eltern des Mannes 156, 159
- durch die Mutter 151
- im Internationalen Privatrecht 158
- Zuständigkeit 270

Vaterschaftsfeststellung 135, 143 ff.
- beim minderjährigen Kind
- – Befristungen, Beschränkungen 146
- – Geltendmachung der Rechtswirkungen der – 147
- – Klage 145
- – Klageberechtigte 144
- – Vaterschaftsvermutung 145
- – Zuständigkeit 145
- beim volljährigen Kind 148
- Voraussetzung 135, 143
- Zuständigkeit 145, 270

Vaterschaftsvermutung, beschränkte, s. dort

Verbleibensanordnung
- bei Stiefelternteil, Pflegeperson 37 f.

Stichwortverzeichnis

– für Pflegekind 25
– nach Tod des Sorgerechts-Inhabers 37 f.
– von Amts wegen 38
Verfahrenspfleger
– für Kind im Sorgerechts-/Umgangsverfahren 281
Verfahrensrecht
– bisherige Rechtslage 262
– neue Rechtslage, s. Familienverfahrensrecht
Vermittlungsverfahren, gerichtliches
– im Umgangsrechtsverfahren 285
Vermögenssorge 5, 12
Vertretung des Kindes 14 ff.
– Alleinvertretung, s. dort

Voraussetzungen der Unterhaltsansprüche der Mutter 187 ff.
– Bedürftigkeit der Mutter 188
– Erwerbstätigkeit der Mutter 190 ff.
– Leistungsfähigkeit des Vaters 189
– – Rangfolge der Unterhaltsbedürftigen 197
– Vaterschaftsfeststellung 187
– Vaterschaftsvermutung 187
Vormundschaftsgericht
– Zuständigkeit, sachliche 266
Vorzeitiger Erbausgleich 317, 324 f., 333 f.
– Abschaffung 329
– als vertragliche Regelung 335

Wohl des Kindes, s. Kindeswohl